Wolf von Lojewski, 1937 in Berlin geboren, studierte
Rechtswissenschaften, bevor er sich dem Journalismus
verschrieb. 1971-74 war er ARD-Korrespondent in
Washington, 1978-82 Leiter des *Weltspiegel* in Hamburg
und Moderator der *Tagesthemen,* 1982-87 Korrespondent
in London. 1987-91 zog es ihn erneut nach Washington.
1992-Januar 2003 war er Leiter und Moderator
des *heute journal.*
Der »Künstler der Nachricht« (Frankfurter Rundschau)
erhielt für seine Tätigkeit zahlreiche Auszeichnungen,
darunter die Goldene Kamera (1995) und den Hanns-Joachim-
Friedrichs-Preis (1999), und ist mit seinen Reportagen im
deutschen Fernsehen noch immer sehr präsent.

Weitere Titel des Autors:

Live dabei
Der schöne Schein der Wahrheit

INHALT

1. Meine Heimat, deine Heimat   7
2. Der Blick ins Universum   19
3. Im Rauschen des Memelstroms   31
4. Eine Grenze in Europa   43
5. Annäherung an Kaliningrad   53
6. Das verwunschene Schloss   63
7. Der letzte Preuße   81
8. Gudwallen, der erste Besuch   87
9. Gudwallen, der zweite Besuch   95
10. Gerdauen ist schöner   109
11. Träume vom schlafenden Paradies   117
12. Von Menschen und Störchen   127
13. Es war einmal...   137
14. Die Geschichte zweier Brüder   145
15. »Schlaflos ist die Nacht vergangen...«   155
16. Zweimal durch die Hölle   165
17. Unter masurischem Himmel   175
18. Besuch bei Siegfried Lenz   189
19. Nach Hause...   203
20. Ein Streit um die Versöhnung   215
21. Woher? Wohin?   227

Anmerkungen   233
Ortsverzeichnis   235
Bildnachweis   237

1. Meine Heimat, deine Heimat

Der Mann kam fröhlich auf mich zu. Er hob den rechten Arm und wies zum Horizont, in eine unbestimmte Ferne. Dabei hob und senkte sich seine Hand wie ein flatternder Vogel. »Ich habe Ihre Sendungen im Fernsehen gesehen: Sie waren schon wieder einmal dort…« Wo genau, wollte ihm in der Plötzlichkeit unserer Begegnung nicht einfallen, und so musste ich ihm ein wenig helfen.

»Ja!«, rief er aus, und sein Gesicht strahlte noch eine Spur heller. »Ich liebe solche Geschichten, kann gar nicht sagen, warum.« Nein, nein, er selbst komme nicht aus dem Osten, sondern aus dem schönen Hessenland. Und mal hinzufahren, dorthin, wo ich nun wieder gewesen sei, das schien ihm doch etwas abseits der Wege. Natürlich Spanien, Kanarische Inseln, Marokko – da habe er überall schon mal Urlaub gemacht. Aber Masuren oder so etwas in der Art, darauf sei er einfach nie gekommen.

Ich kann ihn verstehen. Es gibt Ziele, Orte, Namen, die wir mit der Seele suchen, aber nicht auf der Landkarte oder gar in der Realität. Sie haben sich verklärt, sind versunken in der Tiefe der Zeit. Da hilft es auch nicht, sich klarzumachen, dass es beispielsweise von Berlin nach Kaliningrad, dem früheren Königsberg, eine kürzere Strecke ist als nach München. Das eine ist eben Alltag und das andere Träumerei. Ganz abgesehen davon, dass die Flug- und Bahnverbindungen nach Süden selbstverständlich im Stundentakt zur Verfügung stehen, während die Reise »dorthin« wie ein Abenteuer erscheint. Mit dem Auto ist natürlich beides eine Qual. Aber auf den Autobahnen sind wir ja die Staus und Lästigkeiten gewohnt, während uns der Weg nach Osten unkalkulierbar und fremd erscheint.

Für mich ist das Heimat. Aber was ist Heimat in einem Herumtreiberleben? Viele Antworten bieten sich an: immer da, wo die Familie gerade lebt und wo deine Möbel und Bücher stehen; der Ort, der im Personalausweis als Wohnsitz oder als Geburtsort eingetragen ist; der Stammsitz deiner Vorfahren. Unbestimmte Sehnsucht nach Liebe und Geborgenheit steckt darin. Vielleicht hat uns eine Landschaft geprägt: echter Bayer, handfester Schwabe, Nordfriese – zupackend und wortkarg –, typisch rheinische Frohnatur. Dürfen wir es uns denn aussuchen? Ist der Begriff bei jedem Umzug von hier nach dort übertragbar? Und wie könnte wohl die Mehrzahl von Heimat lauten? Wortanalytische Nachschlagewerke helfen nicht weiter. Heimate, Heimaten ... Jeder Versuch endet irgendwie seltsam.

Eigentlich widerspricht das ja auch der Emotion. Der Klang zielt auf etwas Einmaliges hin – eher vom Schicksal bestimmt als von uns, mehr gefühlt als vermessbar. Der Mensch muss sich entscheiden, oder es ist von höheren Mächten für ihn entschieden worden: entweder dies oder das! Ich zum Beispiel bin in Berlin geboren. Aber danach ging es schnell wieder raus aus der Stadt. Und wenn ich gelegentlich mal mit der Taxe an dem Häusergebirge der Großklinik vorbeifahre, in der ich meine ersten Schreie tat, regen sich keine sentimentalen Gefühle in mir.

Machen wir's kurz: »Du bist ein Ostpreuße, ein Masure!«, haben mir meine Eltern mit auf den Weg gegeben. Ich habe es ihnen versprochen, ich werde das Versprechen halten. Aber auch das ist natürlich leichter gesagt als empfunden. Und doch hat es einen lockenden Reiz. Das Ferne, Verlorene, im Strudel der Geschichte Versunkene kann dem Menschen in einer sich rasch verändernden Welt intensiverer Halt und Heimat sein als die alltägliche, selbstverständliche, einen immer und zu jeder Zeit umgebende Kulisse. Es macht mich sogar ein bisschen stolz, ein Ostpreuße zu sein. Denn eine solche Heimat hat nicht jeder.

Und noch etwas hebt sie heraus. Während über Jahrzehnte in dem Anspruch »meine Heimat« die Betonung sehr stark auf dem Wörtchen »meine« lag – sie gehört mir und keinem anderen! –, habe ich auf meinen Reisen festgestellt, dass in einem zusammenwachsenden Europa der Begriff »Heimat« selbst zwischen Menschen, die verschiedene Sprachen sprechen, etwas Versöhnliches und Verbindendes sein kann. Marion Gräfin Dönhoff, ein leuchtender Name in der wechselhaften Geschichte dieser Region, hat uns gelehrt, dass man auch lieben kann, ohne zu besitzen.[1] Ich stimme ihr aus vollem Herzen zu, obgleich mein Verhältnis zu dieser gemeinsamen Heimat nicht unbedingt typisch ist. Es ist geprägt von schwärmerischer Erinnerung und jugendlichem Drang in die Ferne. Und von einem Erlebnis auf der Flucht, durch das mir klar wurde, wie zufällig der Mensch auf diese oder jene Seite nationaler Leidenschaften geraten kann.

Denk ich an Ostpreußen, so tauchen Weite, Stille und Einsamkeit in meiner Erinnerung auf. Heiße Sommer und kalte Winter. Und um es aus den Erzählungen meiner Eltern und Verwandten zusammenzufassen: Dort war eigentlich alles schöner als irgendwo sonst auf der Welt! Dann der abrupte Bruch: von ländlicher Geborgenheit durch das Feuer eines Krieges in ein Leben als wanderndes Volk, das an die Türen fremder Häuser klopfte und keine eigenen Betten mehr hatte. Das Gehirn des Menschen ist ein verblüffender Speicher des Erlebten. Du fährst durch fremde Orte, machst neue Bekanntschaften, und schon nach einer Stunde hast du ihre Namen vergessen. Und dann wiederum wird Erlebtes aus der Tiefe der frühen Kindheit hochgespült, angelockt durch träges Sonnenlicht, durch ferne Lichter in der Nacht oder durch Geräusche und Gerüche, die mir vertraut sind, ohne dass ich weiß, woher. Ich war siebeneinhalb, als meine Mutter allerlei Sachen in Koffer und Kisten packte und erklärte: »Wir fahren zu Tante Lilo nach Allenstein!«

Mutters Stimmung, so nehme ich an, wird gedrückt gewesen sein, als der Kutscher ein letztes Mal anspannte, um uns zum Bahnhof zu bringen. Ich dagegen bin immer gern nach Allenstein gefahren. Das Leben in der Einsamkeit war mir häufig recht eintönig. Und Allenstein war eine richtige Stadt. Meine Vettern und Cousinen wohnten dort – Sabine, Dore, Eberhard und Winfried, der in meinem Alter ist. Jahrzehnte danach haben Winfried und ich einmal versucht, unsere Erinnerungen abzugleichen. So ganz ist es uns nicht gelungen. Was mir klar und lebhaft vor der Seele stand, konnte in seinem Gedächtnis gelöscht sein oder umgekehrt. Nur gelegentlich deckten sich unsere Geschichten.

Es war sicherlich klug von unseren Eltern, dass sie mit uns Kindern nicht über Krieg und über Politik redeten. Und schon gar nicht über etwas so Heikles wie die militärische Lage. Nach der Propaganda der Nazis siegte Deutschland ja an allen Fronten, allenfalls da und dort gab es ein paar Umgruppierungen und taktische Manöver im Einklang mit Adolf Hitlers genialer Strategie. Und zunächst war ja auch Allenstein eine behagliche, interessante Zwischenstation. Die Wohnung meiner Tante Liselotte war groß und warm, keiner musste hungern, wir Kinder spielten, und manchmal zankten wir uns auch. Ich trottete für ein paar Wochen mit Winfried in die zweite Klasse seiner Schule, an Geschäften vorbei durch belebte, schon früh am Abend beleuchtete Straßen. An die Kriegsweihnacht 1944 kann ich mich besonders klar erinnern – sie war so anheimelnd und festlich wie immer, vielleicht sogar noch schöner, weil der Kreis unter dem Tannenbaum größer war als in den Jahren davor. Weihnachten und Ostpreußen – ein Fest im Schnee abseits der lauten Welt –, das passte so stimmungsvoll zusammen. Noch kurz zuvor hatten Berliner Familien ihre Kinder zu Verwandten nach Osten aufs Land verschickt, weil sie dort vermeintlich sicherer waren als in der von nächtlichen Bomben bedrohten

Hauptstadt. Und dann, der Tannenbaum mag noch im Wohnzimmer gestanden haben, wurden wieder die Koffer gepackt. Diesmal jedoch für eine richtig lange Reise.

Die erste Etappe war kurz, und es ging in die falsche Richtung: nach Klein-Bertung auf ein Gut von Verwandten mütterlicherseits. Überhaupt: Aus allen Erzählungen erscheint mir Ostpreußen wie eine Landkarte der Verwandtschaften. Wie genau diese Linien verliefen, hat mich als Kind nicht weiter interessiert. Die meisten, die sich mir als Onkel oder Großtanten vorstellten, brachten immer etwas mit, und das machte sie mir schon ohne Familienerforschung sympathisch. Einige Besucher blieben recht lange, die Gutshäuser auf dem Lande hatten ja Zimmer genug. Klein-Bertung – heute Bartazek – liegt etwa zehn Kilometer südlich von Allenstein. Das Unheil aber lauerte im Westen und Norden.

Ich weiß nicht mehr, ob es noch in derselben Nacht weiterging oder erst am Tag darauf. Aber an die Beförderungsmittel erinnere ich mich genau: ein Konvoi offener oder mit Planen gedeckter Kastenwagen, von dampfenden Pferden gezogen, setzte sich über verschneite Straßen in Bewegung. Der Winter 1944/45 soll einer der strengsten in der Geschichte Ostpreußens gewesen sein. Meine Mutter erzählte später von mehr als zwanzig Grad unter null und starkem Ostwind. Alles, was die Planung, den Verlauf, die Hindernisse und Umwege, die Gefahren und glückhaften Wendungen dieses Flüchtlingstrecks betrifft, bekommt für mich seine nachträgliche Klarheit im Wesentlichen durch die Erinnerungen meiner Mutter. In den Jahren danach haben die Erwachsenen natürlich immer wieder davon erzählt, aber wir Jüngeren hörten selten mit der nötigen Aufmerksamkeit hin. Es waren eben Geschichten, von denen wir glaubten, sie schon tausendmal gehört und ein für alle Mal begriffen zu haben.

Es musste fünfzig Jahre später jemand kommen, den es nicht

persönlich betraf, um meine Erinnerungen zu ordnen. Eines Tages meldete sich eine Kollegin vom »History Bus« des ZDF, dessen Mannschaft durch die Lande zuckelt, um Zeitzeugen aller Art zu ihren jeweiligen Themen auszufragen und ihre Geschichten dann früher oder später in große Dokumentationen einzuflechten. Aus dem Interview mit meiner Mutter entstand ein Protokoll, das in vielem einer dramatischen Fernsehverfilmung der ARD realistisch nahekam: Deutschland vom Teufel befallen, Schuld und Sühne einer verführten und verwirrten Nation, die Stunde der Frauen, die große Flucht…

Als Moderator von Nachrichtensendungen habe ich es mir angewöhnt, nie etwas Schlaues über ein Land oder eine Gegend zu verkünden, ohne wenigstens zu wissen, wo das Land oder die Gegend überhaupt liegen. Schaue ich heute auf die Landkarte des Ostseeraums, so kommt mir das verzweifelte Unternehmen dieser Flucht hoffnungslos vor. Die Männer waren beim Militär, und verlässliche Nachrichten über die Lage an den vielen Fronten und die Chancen, irgendwo durchzukommen, gab es keine. Vorbereitungen zum Aufbruch durften nicht getroffen werden, weil das als Zweifel, wenn nicht gar als Verrat am Führer galt, der diesen Krieg ja noch gewinnen werde. Und dann der plötzliche Zusammenbruch eines Systems aus Siegesrausch und Größenwahn. Panische Angst trieb die Menschen ins Ungewisse, und die Gefahr, auf der Strecke zu bleiben, war eigentlich größer als die Möglichkeit zu überleben: ein Slalom zwischen Kanonenrohren – mal von vorn und mal im Rücken die Rache und der schreckliche Ruf der sowjetischen Armee. Viele, vor allem die Alten, sahen sich nur noch vor die Wahl gestellt, zu Hause zu sterben oder draußen in der Kälte.

Denn als Ostpreußen sich überstürzt auf die Flucht machte, war es eigentlich schon zu spät. Bei Elbing waren die sowjetischen Panzer zum Frischen Haff vorgestoßen und hatten den Weg in die Räume gnädigerer Sieger abgeriegelt. Die Kühnheit des Ausbruchsversuchs ist eigentlich nur zu erfassen, wenn man gleichsam mit dem Zeigefinger über die Landkarte fährt. Wo liegt überhaupt dieses Elbing und heutige Elblag? Wo Allenstein, das heute Olsztyn heißt? Was ist ein Haff, und was die dazugehörende Nehrung?

Die Küste der Ostsee ist ein verblüffendes Kunstwerk. An mehreren Stellen haben die Elemente die Uferlinie zu seltsamen Kringeln und Schleifen geformt. Unter anderem entstanden zwei Buchten – eben Haffs oder Binnenseen –, die jeweils von einem schmalen, an einer Seite offenen Streifen gegen das Meer abgeschirmt sind. Es ist kein Bollwerk aus Fels, das den anbrandenden Wellen widerstanden hätte. Die Theorie der Entstehung solcher Nehrungen besagt eher, dass das Meer, aus welcher Laune auch immer, den ausgewaschenen Buchten nachträglich einen zarten Sandriegel vorgeschoben habe. Woher das Wort Nehrung kommt, ist nicht geklärt. Möglicherweise leitet es sich vom frühhochdeutschen »Nerge« (Enge) ab.

Das zum Fluchtweg. Und nun zur militärischen Lage: Bis zum westlichen, dem sogenannten Frischen Haff zwischen Königsberg und Danzig, dem heutigen Gdansk, hatten die sowjetischen Panzer Mitte Januar 1945 einen Keil getrieben. Der einzige Weg an ihnen vorbei führte nach Norden zum Frischen Haff und dann kilometerweit über das Eis auf den rettenden Küstenstreifen, der nach Westen zum Festland und in Richtung Danzig führte.

Die weniger glückliche Alternative war der Umweg über Königsberg und seinen Hafen Pillau – sozusagen ein Stück zurück nach Osten –, um mit dem Schiff aus der Falle zu entkommen. Aber davon hörte man schreckliche Geschichten. Sowjetische U-Boote lauerten in der Tiefe. Am 30. Januar 1945 – es muss ein paar Tage vor oder nach unserem Aufbruch zur Flucht gewesen sein – wurde die »Wilhelm Gustloff« ein Opfer ihrer Torpedos. Neuntausend Menschen ertranken im eiskalten

Wasser. Zehn Tage später traf es den Passagierdampfer »General Steuben«. Zudem hatte sich herumgesprochen, dass in Pillau Chaos herrschte. Tausende drängten sich dort um die wenigen Plätze zum Roulettespiel mit dem Tod.

Unser Treck quälte sich von Allenstein erst einmal siebzig oder achtzig Kilometer nach Norden, sechs oder zehn Kilometer über das Haff und dann sozusagen nach links in Richtung Westen um die sowjetischen Panzer herum, die mit ihren dreißig Tonnen Gewicht nicht auf das Eis vorstoßen konnten. Für den heutigen Autoreisenden mögen solche Distanzen eine Sache von ein paar Stunden sein. Aber bei Glatteis im Pferdewagen auf engen, von knorrigen Bäumen gesäumten und Tausenden solcher Fuhrwerke verstopften, kopfsteingepflasterten Straßen war es eine Unendlichkeit. Meine Mutter schildert die Verhältnisse so: »Die Straße war eine Perlenschnur von Wagen. Man sah keinen Anfang und kein Ende. Immer wieder standen wir, manchmal tagelang. Entweder hatten sich die Treckwagen ineinander verkeilt und es ging nicht vorwärts, oder das Militär sperrte die Straße, weil irgendwo wieder einmal der Russe durchgebrochen war und eine neue Front aufgebaut wurde. Bis auf einen halben Kilometer ist unser Treck an die sowjetischen Panzerspitzen herangekommen. An einer Stelle hatten die deutschen Truppen schon die Straßen vermint. Soldaten hoben unseren Wagen als letzten über den gefährlichen Riegel ...«

Meinem Cousin Winfried, seinen Geschwistern und mir waren diese Gefahren nie ganz bewusst. Eine fremde, aufregende und oft sogar interessante Welt zog an uns vorüber. Jede Rast in einer überfüllten Schule oder Halle war ein neues Abenteuer. Gelegentlich gab es Anweisungen oder Ermahnungen: »Tut dies, tut das, Kopf unter die Decke, jetzt alle austreten, nicht toben, nicht zanken, am besten schlafen!« Und so erinnere ich mich an wildes oder auch stilles Geschaukel und stundenlanges Warten, an ferne Lichter in klarer Nacht, an gefrorene

Milchsuppen und ebenso hartes Brot, an enges Aneinanderschmiegen, um sich gegenseitig zu wärmen, an Donnergrollen – mal näher, mal weiter entfernt – und an die Nervosität der Erwachsenen, wenn es wieder einmal so aussah, als gehe es nun endgültig nicht mehr weiter.

Auf einem Bauernhof bei Groß-Rödersdorf wurden wir freundlich aufgenommen und großzügig bewirtet, bis das Eis des Haffs so dick war, dass es für Pferdewagen freigegeben werden konnte, von denen man alles irgendwie Verzichtbare abgeworfen hatte, um ihr Gewicht zu verringern. Ich habe Groß-Rödersdorf lange auf den Landkarten gesucht. Es heißt heute Novozelovo und liegt ungefähr vier Kilometer nördlich der polnisch-russischen Grenze im Verwaltungsbezirk Kaliningrad. Von dort sind es noch etwa zehn Kilometer bis zum Haff. Ich erinnere mich an strahlenden Sonnenschein und glitzerndes Weiß, als wir die ersten vorsichtigen Schritte auf die Eisfläche taten. Meine Mutter erzählte später von Jagdbombern, die aus dem blauem Himmel auf uns hinabstießen und Bomben warfen, von Menschen und Pferden, deren Leichen halb versunken die Strecke säumten. In meinem Gedächtnis sind solche Bilder glücklicherweise gelöscht.

Als ich mit den Kamerateams des ZDF noch zwei Mal an diese Orte der Kindheit und der Flucht gezogen war, bekam ich nach den Sendungen Hunderte von Briefen. Weit mehr als nach irgendeiner Sendung zuvor. Und während es sonst bei solcher Zuschauerpost meist um Lob oder Tadel geht oder um das Richtigstellen oder Besserwissen in diesem oder jenem Detail, fiel mir dieses Mal das Antworten außerordentlich schwer. Denn die meisten, die mir schrieben, nahmen die Reportagen eigentlich nur zum Anlass, um noch einmal ihr Leben zu erzählen. Sie schickten Aufzeichnungen, Tagebücher, Buchmanuskripte, alte Urkunden und Fotos. Tieftraurig war das meiste, berührend war einfach alles. Und aus dieser Flut von ostpreußischen Erinnerungen wurde mir klar, dass ich in jenem Winter 1944/45 am Rande des Abgrunds entlanggewandert bin. So viele sind hineingestürzt, und ihr Leid hätte auch mein Schicksal werden können, wenn nicht an diesem oder jenem Kreuzweg jemand seine schützende Hand über mich gehalten hätte.

Ein solches Schicksal, ein solcher Bericht erreichte mich aus Amerika. Aus Chicago schickte mir Günter Nitsch, ein Auswanderer und späterer Marketingberater deutscher und amerikanischer Firmen, seine Erinnerungen, die wohl auf Deutsch den Titel haben könnten: »Unkraut vergeht nicht!«[2] Was er über seine Erinnerungen an die Überquerung des Frischen Haffs schreibt, deckt sich in groben Zügen mit meinem Erleben an diesem gigantischen Wassergrab. Eine Art Fluss hatte der kleine Günter erwartet, den es im Pferdefuhrwerk zu überwinden galt. Was er sah, war ein glitzerndes Meer. Sie zogen bei Mondlicht über das Eis – wahrscheinlich noch ein paar Tage später als wir. Leichen und tote Pferde säumten den Weg, man hörte bedrohliches Knacken. Doch als sie am frühen Morgen wieder festes Land erreichten, traf sein Großvater eine verhängnisvolle Entscheidung: An dem Punkt, an dem meine Mutter und meine Tante Lieselotte links abbogen, fuhren sie nach rechts in Richtung Pillau. Allein dieser instinktive oder auch verhängnisvoll durchdachte Entschluss hatte für Günter Nitsch und seine Familie drei grauenvolle Jahre unter sowjetischer Militärherrschaft zur Folge.

Das ist nur eine von vielen düsteren Möglichkeiten, die mir ein gütiges Schicksal ersparte. Millionen von Menschen sind während des Krieges und in den Jahren danach über zwei Kontinente hin und her geschoben worden – Sieger und Besiegte: aus der Ukraine nach Polen, von überall her in Osteuropa nach Sibirien, von der Wolga und dem Ural nach Kirgisien, Kasachstan, Usbekistan … Und es hätte nicht viel gefehlt, dass auch ich als Kriegswaise in einer fernen Gegend gelandet wäre und irgendwann vergessen hätte, wer ich eigentlich war. Denn da gab es eine Nacht in Danzig, in der für mich die Tore der Zukunft in alle Richtungen offen standen und in der die Karten des Schicksals noch einmal völlig neu gemischt worden wären, hätte ich nicht außergewöhnlich viel Glück gehabt. Das Erlebnis hat mein Denken als Journalist geprägt, wann immer einmal wieder unter den Völkern und Nationalitäten Streit oder gar Krieg ausbrach.

Unser Treck hatte es glücklich bis kurz vor Danzig geschafft. Die Pferde waren erschöpft, und wir kletterten in eine Art Vorortzug, um in die große Stadt zu gelangen – die Vettern und Cousinen, unsere Großmutter, Tante Lieselotte, meine Mutter und ich. Als wir in Danzig eintrafen, war es Nacht, und wie es nun weitergehen sollte, war nicht ganz klar. Erst einmal irgendwohin, wo es warm war und es vielleicht sogar etwas zu essen gab... Die Erwachsenen gingen voraus ins unbekannte Dunkel. Großmutter und wir Kinder bekamen die strenge Anweisung, uns an den Händen zu halten und zu folgen. Ich war der Letzte in der Kette: ein Kind vom Lande, das eine so große Stadt noch nie gesehen hatte. Ich staunte, träumte vor mich hin, ließ die Hand vor mir los und blieb stehen, um die faszinierende Umgebung genauer zu betrachten. Und plötzlich war ich allein.

Das Weitere ist nur zu verstehen, wenn man an Wunder glaubt und sich in das Denken und die Logik eines Kindes hineinversetzen kann. Ich heulte, fror und hatte genug von der Herumzieherei in der Kälte. Ich wollte einfach wieder nach Hause. Statt dort stehen zu bleiben, wo man mich sicher bald wieder aufgesammelt hätte, suchte ich den Weg zurück zum Bahnhof. Auf einem der Gleise stand noch der Zug, mit dem wir in Danzig angekommen waren, in den stieg ich ein. Menschen saßen darin, schweigsam, mit müden Gesichtern, und warteten auf die Abfahrt. Wohin, darüber hatte ich mir nicht die geringsten Gedanken gemacht. Einfach nach Hause. Der

Zug aber fuhr nicht. Denn in den letzten Wochen des Krieges standen die Züge mehr, als dass sie fuhren. Ich weiß nicht mehr, wie lange wir so gewartet haben. Doch plötzlich hörte ich die Stimme meiner Mutter. Passanten hatten ihr erzählt, da sei ein kleiner Junge heulend in Richtung Bahnhof gelaufen.

Seither beschäftigt mich der Gedanke, was wohl aus mir geworden wäre, wenn der Zug den Bahnhof verlassen hätte. Wo hätte er mich ausgeladen? Wer hätte sich irgendwo nahe der Front eines elternlosen Knaben angenommen? Vielleicht hätten mich Soldaten auf einen Militärlastwagen gehoben und auf dem Rückzug nach Westen mitgenommen. Vielleicht hätten russische Panzer den Zug schon auf halber Strecke zum Halten gebracht. Vielleicht hätte mich irgendwann nach dem Ende des Krieges eine mitleidige Familie adoptiert. Vielleicht wäre ich in ein Heim gekommen. Vielleicht wäre ich heute Pole oder Russe. Viele Kinder, die der Krieg von ihren Eltern trennte, irrten damals hungernd und bettelnd in einem verwüsteten Land umher. In Litauen, so hieß es später, seien die Überlebenschancen dieser sogenannten Wolfskinder noch am größten gewesen.

Wer sortiert die Schicksale und Völker, die durch einen Landstrich fluteten, der einmal Ostpreußen war? Auf meinen Reisen mit dem Fernsehteam habe ich an viele Türen geklopft und einen Eindruck vom Ausmaß dieser Völkerverschiebung bekommen. Die meisten – Sieger wie Besiegte eines sinnlosen Krieges – hat das Schicksal erheblich härter getroffen als mich. Sie haben mir ihre Geschichten erzählt, uns verbindet eine gemeinsame Heimat. So viele dieser Geschichten könnten auch mein Leben gewesen sein, wenn ein Zug in jener Nacht in Danzig etwas früher abgefahren wäre.

Frauenburg ist ein Erlebnis! Eine Stadt ist es eigentlich nicht, die Einwohnerzahl von Frombork – wie es heute polnisch heißt – mag irgendwo zwischen drei- und viertausend liegen. Es besteht aus einer wuchtigen Festung und Kathedrale sowie einem kleinen Hafen und ein paar Gaststätten und Wohnhäusern drum herum. Das backsteinrote Gebirge des Doms hängt über Ort und Haff, und auf dem zum Wasser abfallenden Hang schaut eine Gestalt in eine unbestimmte Weite: Nikolaus Kopernikus. Man hat seinem ehernen Denkmal vier schmale, quadratische Felsklötze untergesetzt – als wollte man ihm eine Kiste unter die Füße stellen, damit er als Kundschafter der Menschheit noch besser ins Universum schauen kann.

Sechs spitze Türmchen strecken sich vom Dach des Gotteshauses in den Himmel. Der siebente Turm, davon abgesetzt in einer Ecke der Festungsmauer, überragt sie alle. Es ist ein bisschen anstrengend, diesen Glockenturm zu besteigen. Aber die Mühe lohnt sich. Schon in der unteren Etage wird der Besucher auf etwas eingestimmt, das jedem, der sich mit der Unruhe unseres Planeten noch nie so recht befasst hat, wie Zauberei erscheinen muss: Hoch oben an der Decke ist ein Seil befestigt, an dessen unterem Ende eine Kugel in sanftem Rhythmus hin- und herpendelt. Ein Motor oder irgendeine Mechanik, die das Ganze antreiben könnte, ist nicht zu sehen. Und während diesem einschläfernden Hin und Her verändert das Pendel auch noch seine Richtung. Das, so sagt der Führer mit Bestimmtheit, sei der Beweis, dass sich die Erde um die eigene Achse drehe. Nicht jedem leuchtet das auf Anhieb ein, aber der staunende Betrachter bekommt eine Ahnung, womit sich derjenige beschäftigt hat, dem dieses Museum und eigentlich der ganze Ort gewidmet ist.

Oben auf der Brüstung des Turmes hat der Besucher weit über Frombork hinaus alles im Blick: viel Wald und Wasser, dazwischengestreut ein paar bunte Häuschen. Die Gegend ist ideal zum Angeln, zum Wandern und um Reiterferien zu machen. Zu Füßen des Betrachters das Frische Haff mit sanft geschwungener Uferlinie. In der Ferne ist jener feine Sandstreifen, die Nehrung, zu erkennen – eine etwa siebzig Kilometer lange Landzunge, die nur nach links, nach Westen, Anschluss an das Festland hat. In der Gegenrichtung ist der Riegel offen, dort ist die Ausfahrt zum Meer. Doch nicht für polnische Schiffe und Fischerboote, denn die Öffnung des Frischen Haffs zur Ostsee hin liegt jenseits einer EU-Außengrenze. Und seit Polen Mitglied der europäischen Familie ist, blockieren Bojen und Wachboote die Weiterfahrt. Denn etwa zwölf Kilometer östlich von Frombork beginnt russisches Hoheitsgebiet.

Schwere Gedanken gehen mir durch den Kopf, wenn ich von diesem Turm aus auf das freundlich blinkende Wasser schaue. Da, irgendwo weiter rechts, sind wir damals über das Eis gezogen ... Dieses liebliche Haff ist eines der größten Massengräber Europas. Wie viele Menschen dort im Januar, Februar und März 1945 versanken, hat niemand gezählt. Ein Stein am Ufer erinnert auf Polnisch und auf Deutsch:

»450000 ostpreußische Flüchtlinge flohen über Haff und Nehrung, gejagt vom unerbittlichen Krieg. Viele ertranken, andere starben in Eis und Schnee. Ihr Opfer mahnt zu Verständigung und Frieden.«

Und dann der Blick nach oben. Von hier, von diesem Domgebirge aus, hat ein Mensch vor fast fünfhundert Jahren ein Fenster zum Himmel aufgerissen: Nikolaus Kopernikus. Er ist ein Gelehrter gewesen, wie es sie in unseren Tagen kaum noch gibt: Theologe, Mathematiker, Arzt und Jurist. Sein Onkel war Bischof im Ermland und hatte ihn zum Domherrn und Verwaltungschef des Bistums ernannt. Und während wir sonst mit allem, was den Namen oder auch nur den Zusatz »Preußen« trägt, ganz automatisch das Schnörkellose des evangelischen Glaubens verbinden, stellt das Ermland – grob umrissen die Gegend zwischen Elbing, Allenstein und Frauenburg – seit acht Jahrhunderten eine Bastion des Katholizismus dar. Und ausgerechnet hier und ausgerechnet durch einen Würdenträger der Kirche wurde den Hütern der Glaubenslehre das Monopol auf die ewige Wahrheit streitig gemacht.

In den Himmel zu schauen war – bei all seinen sonstigen Aufgaben und Talenten – sozusagen das Hobby des Nikolaus Kopernikus. Er war ein Mann, der alles prüfen und nachrechnen musste, was andere für selbstverständlich nahmen. Leute wie er kamen einfach mit dem herkömmlichen Kalender nicht klar. Die Drehungen der Gestirne, an denen wir unsere Tage und Jahre bemessen, wiesen Unregelmäßigkeiten auf, für die die Wissenschaft seiner Zeit hilflos nach Erklärungen suchte. So ließ er Schlitze in die Wand seines Arbeitszimmers schlagen und vermaß mit selbst gebastelten Instrumenten über Monate und Jahre den Verlauf der Kurven, die das Sonnenlicht an die Mauer gegenüber malte. Und dabei fand er bestätigt, was eigentlich schon andere vor ihm herausgefunden hatten: dass die Sonne und all die bekannten Lichter am Himmel in seltsam schlingernden Kurven ihre Bahnen ziehen.

Mathematisch ergab das keinen Sinn, es war keine exakte, verlässliche Logik herauszulesen, wenn man dem ehernen Gesetz des Griechen Ptolemäus folgen wollte, dass die Erde der ruhende Pol und Mittelpunkt des Universums sei und sich alles andere artig um sie drehte. Und so kam Kopernikus auf die Idee, ein seit mehr als tausend Jahren geltendes System einfach umzukehren: Er stellte die Sonne in den Mittelpunkt, brachte sie damit zum Stehen und setzte die Erde um diese große Lichtquelle herum in kreisende Bewegung.

In Rom hatte man das Revolutionäre dieser Entdeckung nicht sofort begriffen, aber nach und nach erhoben die Schriftgelehrten Einspruch. Denn es stand doch geschrieben im Buche Josua 10, Vers 12, dass Josua in der Schlacht gegen die Amoriter der Sonne befahl: »Stehe still!« Und die Sonne und der Mond standen still, »bis sich das Volk an seinen Feinden rächte«. Wozu aber hätte Josua – und dazu noch mit dem Segen Gottes – der Sonne solch einen Befehl erteilen sollen, wenn diese doch ohnehin immer stillstand? Für die Kirche war das Ganze keine Frage der Astronomie oder der Mathematik, sondern des Prinzips: Die Bibel war das Grundgesetz aller Wahrheit und Wissenschaft, sie konnte und durfte nicht irren.

Kopernikus starb im Mai 1543, Jahrzehnte bevor die Heilige Inquisition gegründet wurde, die seine Lehre für Ketzerei erklärte und denen, die ihr folgten, mit dem Scheiterhaufen drohte. Hundert Jahre später musste Galileo Galilei in dieser Angelegenheit vor das Inquisitionsgericht. Erst im 18. Jahrhundert lenkte die Kirche langsam ein, bis schließlich 1992 ein polnischer Papst für die Irrtümer und Sünden der Kirche um Vergebung bat und sich – wenn man so will – bei Kopernikus entschuldigte. Der religiösen Fairness halber sei an dieser Stelle noch angemerkt, dass auch Martin Luther seinen Zeitgenossen Nikolaus Kopernikus mit Verweis auf das Buch Josua einen »Narren« nannte.

Ist es nun Zufall, oder hat es eine geheimnisvolle Bedeutung, dass nur fünfzig Kilometer von Frauenburg entfernt im damaligen Königsberg ein anderer das Denken der Menschheit neu geordnet hat? Es gibt Zusammenhänge zwischen den Lehren von Kopernikus und Immanuel Kant, die verblüffend, wenn nicht gar unheimlich sind. Nichts ist mehr statisch, in uns und um uns herum ist alles in Bewegung geraten. Vielleicht liegt es ja auch an der Gegend – so abseits vom Lärm der großen Ballungsräume –, dass sie ein ruhiges Klima bot, um mit der Strenge der Vernunft in Bereiche vorzudringen, die dem Blick und den Instinkten des Menschen eigentlich verborgen sind. Es gibt ja Orte, die eine besondere Aura haben. Jerusalem zum Beispiel. Mir gehen die verschmitzten Worte eines Juden durch den Kopf, der seine Gäste in dieser Stadt mit den Worten begrüßte: »Wenn Sie mal den lieben Gott anrufen wollen, greifen Sie einfach zum Hörer: Von hier ist es nur ein Ortsgespräch!« In diesem Dialog mit Gott sind die Urfragen der Menschheit noch längst nicht abschließend beantwortet, aber man ist dem Ziel ein gutes Stück näher gekommen. Salopp ausgedrückt: Vor Kopernikus und Kant war der Mensch verwirrt. Heute ist er zwar immer noch verwirrt – aber auf weitaus höherem Niveau.

Was vor diesem unendlich komplizierten Hintergrund ist nun Heimat? So eng und abgegrenzt, dass wir andere davon ausschließen müssten, entweder meine oder deine… Machen wir noch einen Rundgang durch Frombork – bummeln wir durch die Museen und Kneipen der Stadt, schauen wir im Dom und im Bischofspalast vorbei. Gleich nach der Ankunft ruft uns ein netter Pole zu: »Sie wollen sicher mit Lemke sprechen!« Und ein paar Minuten später kommt Lemke auch schon angeradelt. Er ist der letzte Deutsche im Ort: Fischer seit früher Jugend, kräftige Statur, gut erhaltener ostpreußischer Dialekt. Auf jede Frage beginnt seine Antwort mit den Worten: »Na, sehn Se mal…« Josef Lemke hat schon vielen Besuchern sein Leben erzählt, und es wird wohl seine Erfahrung sein, dass sich kaum jemand vorzustellen vermag, was einer wie er erlebt hat.

Im Prinzip ähnelt Lemkes Geschichte der eines Fischers aus dem Memelland, den wir später noch kennenlernen werden: Anfang Februar 1945 zu Fuß über das Eis – Vater, Mutter und vier Kinder. Das Tauwetter hatte schon eingesetzt, sowjetische Artillerie schoss auf die Flüchtlingstrecks, Flugzeuge warfen

Fünf-Kilo-Bomben. Die Familie erreichte die Weichsel. In Danzig wurde schon gekämpft, und der Weg nach Westen war versperrt. Sie kehrten zurück nach Bodenwinkel auf der Nehrung und zogen im Mai wieder in ihr zerstörtes Haus in Frauenburg. Im August 1945 rückten die sowjetischen Truppen ab und übergaben die Stadt der polnischen Verwaltung. Vier Monate später, im Dezember, begann die Aussiedlung der Deutschen. Viehwaggons standen auf dem Bahnhof. Aber die Lemkes hatten Angst, dass die Züge nicht nach Westen, sondern nach Sibirien fahren würden.

Es war für diese Familie die letzte Chance, denn: »Na, sehn Se mal, wir waren unabkömmlich.« Die meisten der neuen Bewohner von Frauenburg kamen aus den Bergen an der ukrainisch-polnischen Grenze und hatten keine Ahnung, wie man in Haff und Meer auf Fischfang geht. Lemkes Vater war der Letzte am Ort, der sich darin auskannte. Seine Aufgabe war es, für die neu aufgestellte Genossenschaft Fischer auszubilden: »Na, sehn Se mal, da musste auch der Sohn mit ran.« Aber heute, im großen Europa, da könne doch jeder reisen, wohin er wolle, werfe ich ein. Er sei doch sicherlich wenigstens zu Besuch inzwischen in Deutschland gewesen? »Nein«, kommt die Antwort diesmal ohne Anlauf und längere Begründung: »Wozu?«

In einem der Bierlokale am Markt stehen mehr gefüllte Gläser vor uns auf dem Tisch, als wir trinken können. Christof Sznepanik, ein polnischer Kollege und Herausgeber seiner eigenen lokalen Zeitung, hat immer fröhlich nachbestellt. »Diese Stadt war nach dem Krieg ein Trümmerhaufen. Mindestens achtzig Prozent aller Häuser waren zerschossen, gesprengt oder ausgebrannt. Aber auf wundersame Weise ist der Dom einigermaßen heil geblieben.« Wir sprechen über den Gedenkstein am Haff, über Josef Lemke und über Polen und Deutsche, über die vielen Menschen, die hier vor der Küste ertrunken sind. »Ach, wissen Sie, die jungen Leute in Frombork haben schon keine

24

Ahnung mehr, worum es da eigentlich ging. Für sie ist das, was damals im Krieg geschah, einfach unbegreiflich.«

Als Journalist hat er aktuellere Sorgen. Da oben, zwölf Kilometer weiter im Nordosten, werde die Welt einfach zugenagelt. Früher, da habe es rege wirtschaftliche und menschliche Kontakte zur Region Kaliningrad gegeben. Heute sei alles seltsam verstopft. Seit 2005 können Segler aus Frombork und Braniewo, dem früheren Braunsberg, nicht mehr in die Ostsee auslaufen. Russen brauchen teure Visa, um nach Polen einzureisen, und Polen brauchen Visa, um Kaliningrad zu besuchen. Diese russische Insel im Meer der EU werde immer strenger von Moskau aus regiert. Und dort sehe man die Europäische Union nicht als Chance für eine gute Nachbarschaft, sondern als eine Art ansteckende Krankheit. Der Umgang mit Kaliningrad, so fasst er zusammen, sei eine Qual.

Und dann sind wir noch mit Tadeusz Graniczka verabredet. Er ist der Propst und Domkapitular – und somit in einer langen Kette ein Amtsnachfolger von Nikolaus Kopernikus. Dem Propst liegt sehr daran, dass auch in Deutschland *ein* treuer Gottesmann nicht vergessen werde: Maximilian Kaller, der letzte Bischof zu deutscher Zeit. Der habe so manches offene Wort gegen die Nazis gewagt und Gottesdienste in Deutsch und Polnisch abgehalten. Zum Ende des Krieges habe die Gestapo oder die SS ihn gegen seinen Willen nach Danzig gebracht und ihm befohlen, nach Deutschland auszureisen.[3]

Kaller hatte wie alle Menschen seine Stärken und seine Schwächen. Auch in der kirchlichen Literatur wird ihm angekreidet, sein Verhältnis zum Nationalsozialismus sei lange Zeit von gutgläubiger Naivität gewesen. Aber er war ein mutiger Mann. Im August 1945, als viele der zurückgebliebenen Deutschen von Ost nach West drängten, schlug sich der Bischof in der Gegenrichtung durch. Er wollte zurück in seine Diözese und sein Amt wieder aufnehmen. Das wurde ihm nun vom polnischen Kardinal unter Hinweis auf Order aus Rom verwehrt. So reiste Kaller wenige Tage später wieder ab und ließ sich schließlich in Frankfurt am Main nieder. 1946 ernannte ihn Pius XII. zum päpstlichen Beauftragten für die heimatvertriebenen Deutschen. In Hirtenbriefen beschwor Kaller seine Ermländer immer wieder, am Verlust ihrer Heimat nicht zu zerbrechen. Als Politiker den Vertriebenen noch Hoffnung auf eine baldige Rückkehr machten, schrieb der Bischof schon im Jahr nach der Flucht: »Es ist der Wille Gottes. Wir sind nur Gast auf Erden ...« Er starb 1947 an einem Herzschlag. In Königstein im Taunus wurde er beigesetzt. Mehr als fünfzig Jahre später hat seine Kirche den Prozess eingeleitet, den Bischof seligzusprechen.[4]

»Maximilian Kaller ist in Frombork unvergessen«, versichert der polnische Domkapitular seinen Besuchern aus Deutschland. »Vielleicht wird er eines Tages hier im Dom bestattet. In der Erlöserkapelle im Untergeschoss der Kathedrale haben wir noch viel Platz. Hundertvierzig Bischöfe und Kanoniker sind hier beigesetzt – Polen und Deutsche. Unter ihnen auch Nikolaus Kopernikus.«

Ja, der Dom: Für meinen Geschmack ist das Innere etwas überladen und wirkt dadurch enger – wenn man es an seinem imposanten Äußeren misst. »Es war wie ein Wunder, dass ausgerechnet das größte Bauwerk und markanteste Ziel für die Bomberpiloten und Kanoniere im Krieg nicht zerstört wurde«, sagt der Propst, »aber es war viel Arbeit, es nach und nach wieder herzurichten. In sowjetischer Zeit wurde das Kirchenschiff als Pferdestall genutzt, und das Militär hat sich wenig Mühe gemacht, gelegentlich auch mal auszumisten. Die Fenster waren kaputt, Feuchtigkeit war in die Wände gezogen. Und Baumaterial gab es ja erst einmal nicht.«

Wir sprechen noch über den Stein am Ufer des Haffs. Über ein solches Symbol des Gedenkens in Berlin sei doch wie-

derholt heftiger Streit zwischen Deutschland und Polen entbrannt – auf polnischer Seite von der Sorge getragen, die Deutschen könnten sechzig Jahre nach dem großen Krieg aus der
Rolle der Täter in die Rolle von Opfern hinüberwechseln. Hat
es je in der Bevölkerung von Frombork einen Streit darüber gegeben, ob man der Ostpreußen gedenken dürfe, die hier auf der
Flucht gestorben sind? »Nein«, erwidert der Propst. »Der Stein
wird von uns in Ehren gehalten. Es macht uns nachdenklich, an
ein so grausames Schicksal vor unserer Haustür erinnert zu werden. Und doch haben sich die Zeiten geändert. Wir können uns
nur noch schwer vorstellen, was damals geschah. Wissen Sie,
sogar das Klima hat sich verändert. Die Winter sind nicht mehr
so kalt wie damals, das Haff friert heute nur noch selten zu.
Ein junger Pole kann es sich kaum vorstellen, dass einmal Tausende von Pferdewagen über diese riesige Wasserfläche gefahren sind.«

Und dann verabschiedet er uns mit einem verschmitzten
Lächeln und dem guten Rat, doch unbedingt noch einmal im
ehemaligen Kutschenschuppen des Bischofs vorbeizuschauen.
Dort sollten wir eine Dame kennenlernen, die uns bestimmt gefallen werde. Das Gebäude befindet sich nur ein paar Schritte
entfernt, nahe dem Tor des bischöflichen Palastes. »Schätze
vom Dachboden« steht an der Tür. Auf den ersten Blick erscheint die Sache wenig spannend: ein großer Raum voller
Schränke, Töpfe, Bügeleisen, Nähmaschinen, Häkeldeckchen…
Beschweren kann sich der Besucher nicht, es ist ja alles so, wie
es an der Tür versprochen war: Hausrat und sentimentales Ge-
rümpel – eben das, was man so auf dem Dachboden findet,
wenn ein paar Jahrzehnte lang niemand mehr die Luke geöffnet
hat, um es wieder ans Licht zu holen und abzustauben.

Die eigentliche Attraktion ist sie: Suzanna Falinska, eine
ältere Dame von zarter Statur, Brille, kurz geschnittenes wei-
ßes Haar. Sie war achtzehn, als sie kurz nach dem Krieg aus

einem Dorf in der Nähe von Lublin nach Frombork kam und versuchte, hier Arbeit zu finden oder irgendetwas Vernünftiges zu tun. Es waren wilde Zeiten. Aus allen Himmelsrichtungen Polens, aus Litauen, der Ukraine und Weißrussland, aus zerbombten Städten und Gefängnissen strömten die Menschen in den »neuen Westen« des Landes. Die einen kamen freiwillig, die anderen unter Zwang. Die Neuankömmlinge suchten sich ein Dach über dem Kopf, viele wechselten in den ersten Jahren mehrmals ihre Unterkunft. Festen Wohnraum gab es kaum, die noch brauchbaren Ziegel aus den Ruinen wurden zusammengetragen, abgeklopft und zum Wiederaufbau Warschaus abtransportiert. Diebesbanden zogen durch die vom Krieg verwüstete Stadt. Viele Polen, so erinnert sich Suzanna, fühlten sich in der ihnen zugewiesenen neuen Heimat weder sicher noch zu Hause. Die meisten hatten Angst. Eines Tages würden die Deutschen ja doch wiederkehren und sie aus Frombork vertreiben.

In diesem sprachlichen und kulturellen Durcheinander zog die junge Frau durch die Ruinen, wühlte in den Trümmern und sammelte ein, was ihr Interesse weckte und was man vielleicht irgendwie verwerten konnte. Zunächst war es noch Teil des Überlebenskampfes, dann wurde es eine archäologische Mission: aus noch Brauchbarem, Weggeworfenem und später auch Geschenktem eine Art Völkerwanderungsmuseum zusammenzustellen, um auch Enkeln und Urenkeln ein Gespür dafür zu vermitteln, wer hier alles durchgezogen war, hier starb, sich niederließ, floh oder vertrieben wurde, und Zeugnisse davon zu bewahren.

Kleiderbügel liegen herum – einer mit dem Aufdruck »W. Stein Osterode/Ostpreußen«, ein anderer mit dem Schriftzug »Sklad Mebli Mlawa«. Trachten aus Sibirien, Karelien und Kasachstan, Häkeldeckchen aus Vilnius in Litauen sind auf Truhen und Koffern aus Moskau oder Lublin ausgebreitet oder kunstvoll auf einer Wäschemangel aus der Gegend von Krakau drapiert. Die rührige Museumsdirektorin hält einen aus Birkenholz geschnitzten Topf in die Höhe: »Den hat meine Tante aus Kasachstan mitgebracht. Dorthin hatte man sie und ihren Sohn verschleppt, und in diesem Topf haben sie im Arbeitslager ihre Essensrationen empfangen … Hier eine Stampfmühle russischer Fabrikation. Auch die hat jemand aus einer fernen Gegend herangeschleppt, um damit Getreide für Grütze oder sonst irgendetwas zu mahlen.«

Wir gehen vorbei an Ermländer Trachten und alten Fotos. Hier zeigt Frau Falinska auf einen Lübecker Teller, dort auf einen Bierhumpen mit der Aufschrift »Bavaria Bräu«; und schließlich fasst sie den Sinn und Zweck ihrer Schatzsammlung so zusammen: »Ich möchte für kommende Generationen die Erinnerungen an all die Menschen bewahren, aus denen diese Stadt zusammengeschmolzen ist. Für mich macht es keinen Unterschied, ob sie Deutsche, Polen, Juden oder Russen waren. Politik interessiert mich nicht, ich will nichts politisch oder historisch beweisen. Nur zeigen, was hier alles im Boden liegt.«

Noch ein Wort zu Nikolaus Kopernikus. War er eigentlich Deutscher, oder war er Pole? Als wir zum ersten Mal mit der Fernsehkarawane durch Masuren zogen, hatte das ZDF gerade für eine große Unterhaltungsshow eine Liste berühmter Namen in Umlauf gebracht, um in einer Art von Meinungsumfrage herauszufinden: »Wer sind oder waren die größten Deutschen?« Mozart war dabei, auch Schiller und Thomas Mann. Sie brachten es weit in der Publikumsgunst, wenn auch nicht ganz so weit wie Daniel Küblböck oder Dieter Bohlen. Gesiegt hat am Ende Konrad Adenauer vor Martin Luther. Einem polnischen Boulevardblatt war ein anderer Name auf dieser Liste aufgefallen, und es protestierte mit einer dicken Schlagzeile auf der Titelseite: »Nein, nicht er! Er gehört uns!« Nach dem Geschmack unserer Tage hätte Nikolaus Kopernikus ohnehin keine Chance gehabt, einen solchen Popularitätswettbewerb zu gewinnen.

Denn ob sich nun die Erde um die Sonne oder die Sonne um die Erde dreht, hat gerade bei der für die Werbung so wichtigen Zielgruppen einen viel zu geringen Unterhaltungswert.

Ein Streit um die Nationalität des großen Entdeckers hat da schon erheblich mehr Reizpotenzial. Zu seiner Zeit hätte solch eine Frage übrigens auch keine große Rolle gespielt. Er war Mitglied des Ermländer Domkapitels. Und da das Ermland damals zu Preußen gehörte, war er eine Art preußischer Standesgenosse. Dies aber wiederum unter der Oberhoheit der polnischen Krone. Wie das alles zusammenpasst, versteht heute kaum noch jemand. Seit dem Ersten Weltkrieg kam es dann in Mode, nationale Geschichte aus der Gegenwart heraus in die Vergangenheit zu verlängern und auch den Menschen früherer Jahrhunderte Nationalitäten auf den Leib zu schneidern, die bei einem Streit oder nach einem Krieg zu den jeweils aktuellen Ansprüchen passten.[5]

Eine tröstliche und aufmunternde Geschichte über die Nationalität des Nikolaus Kopernikus erzählte mir der Historiker Arnulf Baring. Er hatte an der Universität von Torun, dem früheren Thorn, gemeinsam mit einem polnischen Professor ein national gemischtes Seminar abgehalten. Am 19. Februar 1473 wurde Kopernikus in dieser Stadt geboren. War er nun Deutscher? Oder war er Pole? Die Professoren hatten eine originelle Idee: Sie gaben den polnischen Studenten den Auftrag, alle historischen Umstände und Daten zusammenzutragen, aus denen sich schlüssig ergeben könne, dass er ein Deutscher gewesen sei; die deutschen Studenten sollten, ebenfalls anhand historischer Fakten und Belege, nachweisen, Kopernikus sei Pole gewesen. Beide Gruppen haben die ihnen gestellte Aufgabe mit Bravour gelöst.

3. Im Rauschen des Memelstroms

Die Straße hat keinen Namen. Genau genommen ist es ja auch keine Straße mehr. Ein holpriger Weg am Mündungsdelta der Memel, der sich an überschwemmten Wiesen vorbei durch die Büsche schlägt. »War früher die Bismarckstraße«, sagt der kleine, gebeugte Mann, der uns führt. Unter struppigem weißem Haar ein heller Blick aus leuchtend stahlblauen, fast jugendlichen Augen. »Dort wohnten die Endrigkeits, die Jurkeits, Jokschieß, Jernat, Telleit, dann meine Tante Hedwig, August Mokolies, Bitchkus, Mertineit, Waschkies, die Pawels...« Mir ist das eigentlich schon genug, aber Walter Wallenschus ist nicht mehr zu bremsen: »...dann Barbe, Trinkies, Pallok, noch mal Barbe...« So geht es weiter und immer weiter. Der Ort hieß einst Bismarck, und über die Straßennamen hat man damals in patriotischer Begeisterung auch nicht mehr lange nachgedacht: Kaiser-Wilhelm-Straße, Große-Wilhelm-Straße, Königin-Luise-Straße, Große- und Kleine-Müller-Straße... Ganz klar: Die Schlagader des Ortes war die Bismarckstraße. Dort wohnte die Familie Wallenschus, hier wurde Walter am 21. August 1931 geboren. In demselben kleinen, von der Zeit nun doch schon ziemlich niedergedrückten Haus, in dem er heute noch wohnt.

Das Problem mit den Namen aus der Kaiserzeit hat sich inzwischen erledigt. Der Ort ist litauisch und liegt in einem toten Winkel dieses baltischen Staates, der vor Kurzem Mitglied der EU geworden ist. Ein paar Hundert Meter weiter beginnt Russland. Von einst etwa dreihundert Gehöften sind vier geblieben: das von Walter und seiner Frau Wale und drei weitere Höfe, die litauische Familien irgendwann in den Fünfzigerjahren in Besitz genommen haben. Noch zehn Jahre nach dem Krieg gab es in dem verlassenen Dorf Häuser in reicher Auswahl. Ein jeder konnte sich nehmen, was ihm gefiel – zwar waren alle Gebäude von durchziehenden Plünderern abgewrackt und leer geräumt, die Fenster eingeschlagen, die Zimmer verwüstet, aber die Substanz war noch gut erhalten. Die technische Attraktion der Gegend ist immer noch ein altes Schöpfwerk, das die Felder und Wiesen trocken hielt. Man kann die Anlage besichtigen, aber sie funktioniert längst nicht mehr, und so treten die Memel und ihre Nebenflüsse immer wieder über die Ufer und drücken der Familie Wallenschus das Wasser ins Haus.

Natürlich hat Bismarck inzwischen einen litauischen Namen: Zalgerriu. »Musst aussprechen ›Schalgeru‹«, erklärt Walter dem Besucher aus Deutschland. »Kannst übersetzen mit grüner Wald.« Man sagt, das Litauische sei dem Skandinavischen verwandt. Jedenfalls nicht den slawischen Sprachen, in denen der Fremde zur groben Orientierung doch immer mal dieses oder jenes Wort verstehen und dann den Zusammenhang erraten kann. In meiner Jugend- und frühen Journalistenzeit in Schleswig-Holstein habe ich zwar allerlei Brocken Dänisch aufgeschnappt, doch auch damit ist es mir nie gelungen, auf Litauens Reklametafeln, Geschäfts- oder Hinweisschildern irgendetwas skandinavisch Klingendes zu enträtseln. Das einzige Wort, das ich schon bei der Ankunft auf dem Flughafen der Hauptstadt Vilnius und dann auf der Autofahrt nach Klaipeda, dem ehemaligen Memel, verinnerlicht hatte, war »Remontas«: Das ganze Land ist eine Baustelle.

Das heißt: das ganze eben nicht. Wie überall auf dem Weg durch eine Region Europas, die einmal Ostpreußen war und die nun in litauische, russische und polnische Parzellen unterteilt ist, traf ich auf wirtschaftlich explodierende Gebiete und dann wieder auf verwunschene, vergessene und verwilderte Ländereien. Jenseits der Stadtzentren, der Touristengebiete und Industrieparks erlebt der Reisende Landschaften und Dörfer –

und leider auch eine ärmliche Bevölkerung –, die den Eindruck machen, als seien sie fast siebzig Jahre nach dem Krieg noch immer im Dornröschenschlaf versunken und warteten auf den Investor, der sie endlich wach küsst. Doch die Investoren sind schüchtern geworden. Sie küssen nicht mehr so stürmisch. Nach einem litauischen Wirtschaftswunder, das mit dem in der Bundesrepublik nach dem Krieg durchaus vergleichbar war, zieht sich das Geld aus den vorher überhitzten Volkswirtschaften Osteuropas zurück. Der Staat kürzt seine Ausgaben, die Arbeitslosigkeit steigt. Und während die Menschen auf dem Land vorher nichts oder doch nur wenig von den guten Jahren hatten, lässt sie das Leid der großen Krise nicht aus.

Was treibt mich ausgerechnet in solch eine Gegend und auf den im Wald versteckten Hof von Walter Wallenschus? Warum locke ich all diese Namen und Erinnerungen aus ihm heraus, die mir so vertraut in den Ohren klingen und dann doch wieder so fern und fremd sind? Sein Leben und meines – sie könnten unterschiedlicher nicht sein. Und doch haben sie einen gemeinsamen Ausgangspunkt. In einem dramatischen Augenblick des Kriegswinters 1944/45 wurde dem einen der Weg in die weite Welt und in ein besseres Leben geöffnet, dem anderen wurde er versperrt.

Kinder waren wir ja beide, als über Ostpreußen der Feuersturm losbrach – er sieben Jahre älter als ich. Mich hat meine Mutter durch alle Gefahren hindurch aus dem Kriegskessel herausgebracht, seine Eltern haben dasselbe versucht und sind gestrandet. Dabei sind die Chancen für die Familie Wallenschus eigentlich größer gewesen als unsere. Denn an die Memel waren die sowjetischen Panzer schon Monate früher vorgestoßen. Und so hatten die Ortsgruppenleiter oder die sonst zuständigen Naziinstanzen den Bewohnern von Bismarck und der nahen Stadt Heydekrug, die heute Silute heißt, schon im September 1944 die Erlaubnis zur Flucht gegeben. Und damals im Herbst war der Weg nach Westen noch frei. So packten die Wallenschus und ihre Nachbarn das Nötigste zusammen, als der Kanonendonner näher rückte, schlossen die Türen ab und zogen fort. Sie kamen allerdings nur bis Labiau, dem heutigen Polessk am Kurischen Haff, etwa auf halber Strecke nach Königsberg. Dort wurden sie von den Behörden abgefangen und in eine provisorische Unterkunft eingewiesen. Es sei nicht nötig, weiter nach Westen zu ziehen, denn die Wehrmacht sei schon aufmarschiert, den sowjetischen Angriff zurückzuschlagen. In Kürze könnten sie wieder in ihre Dörfer zurück. Im Frühjahr 1945 rückte dann die Rote Armee auch in Labiau ein.

Zwei leidvolle Jahre lang waren die von ihren Führern und Verführern Belogenen und Verratenen der Rache und der Willkür der Sieger ausgesetzt und kämpften ums Überleben. Schließlich waren es die sowjetischen Militärbehörden, die der Familie Wallenschus die Rückkehr an die Memel erlaubten. In Bismarck fanden sie die Höfe leer, Vater und Sohn begannen wieder zu fischen, und die Familie musste nun nicht mehr hungern. So trostlos ihre Lage auch war, andere der von der Front Überrollten hatte es ja viel schlimmer getroffen. In der ersten Zeit fischten sie vor allem nachts. Denn einer der Kommissare des KGB, mit denen Vater Wallenschus eine äußerst praktische Freundschaft geschlossen hatte – geräucherter Fisch gegen Wodka –, sprach eines Tages die düstere Warnung aus: »Seid heute Nacht nicht zu Hause, steigt ins Boot, fahrt aufs Haff. Sie werden kommen, um euch zu holen. Auf dem Bahnhof von Heydekrug stehen Güterwagen, die alle Deutschen aus dieser Gegend nach Sibirien schaffen sollen. Die litauischen Genossen wollen das so. Bei uns geschehen solche Aktionen immer nachts. Die Leute werden aus den Betten geholt und ab … Geht davon aus, dass ihr auf der Liste steht!« Die Familie hörte auf diesen Rat und verbrachte wochenlang ihre Nächte auf dem Wasser.

Erst nach Stalins Tod 1953 war die Zeit der Unruhe vorbei, und das Leben floss in ruhigeren Bahnen. Diese oder jene Nachbarfamilie, die ebenfalls nach Bismarck zurückgekehrt und ebenfalls dem Transport nach Sibirien entkommen war, hatte inzwischen die Papiere und Stempel mit der Erlaubnis bekommen, in die DDR auszureisen. Nur die Anträge der Familie Wallenschus wurden jedes Mal abgelehnt. Und diesmal wurde ihnen die Fischerei zum Verhängnis. Sie seien Experten, hieß es, und somit für die Versorgung der Bevölkerung unentbehrlich. Immer einsamer wurde das Leben der letzten Deutschen in Bismarck, und eines Tages war Walter allein. Vater und Mutter waren gestorben, er übernahm die Fischerei und den Hof – ein paar Ziegen, ein Dutzend Schafe und Hühner. Kein Russe oder Litauer meldete sich mehr, um ihm das Haus an den sumpfigen Ufern des Flusses streitig zu machen. Nur Einbrecher und Plünderer zogen noch gelegentlich durchs Land. 1982 lernte der einsame Mann die Litauerin Wale Waltitis kennen und heiratete sie. Als der Hund bellt und wir mit unserer Kamera anrücken, ist Wale leider nicht da. Sie besucht ihren Bruder in Klaipeda.

Wie kam es dazu, dass plötzlich im Sommer 2007 ein Fernsehteam aus Mainz in Zalgerriu oder Bismarck an Walters Gartenpforte stand? Es war wie so oft im journalistischen Alltag eine Aneinanderreihung von Zufällen und Routine. Hanna Kassyanowicz, eine Journalistin aus Warschau, hatte den Besuch arrangiert. Hanna spricht Polnisch, Russisch und Deutsch. Und vor allem hat sie eine ungewöhnlich einfühlsame Art, auf Menschen einzugehen. Sie kann ihnen stundenlang zuhören, ohne dass es ihr langweilig wird. Über Jahrzehnte hat sie für deutsche, österreichische und amerikanische Fernsehsender polnische, baltische, russische oder ukrainische Schicksale aufgespürt – ein Gestrüpp von Willkür und Leid, das Menschen, die nicht selbst darin verfangen waren, nie ganz durchschauen werden. Zweimal hat mich Hanna durch Masuren geleitet. Litauisch spricht sie nicht, obgleich sie in Litauen geboren ist. Die sowjetischen Behörden hatten ihren Vater – Journalist und politisch verdächtig – vor die Wahl gestellt: entweder Sibirien oder ab nach Polen! Warum Polen als Alternative zu Sibirien, mag selbst für linientreue Sozialisten schwer zu begreifen sein. Es war eben eine Zeit, als die Behörden oft selbst keine Erklärung dafür hatten, was der Sinn ihrer Anordnungen und des Terrors sein könnte. Wahllos wurden ganze Volksgruppen auf der Landkarte hin und her geschoben.

Der erste Schritt zur Vorbereitung unserer litauischen Expedition: Hanna fährt mit ihrem VW Golf von Warschau nach Klaipeda, um Menschen, Schicksale und Ideen für die nächste Reportage zu sammeln. Es ist Sonntag, alle Türen sind geschlossen. »Spricht jemand von Ihnen Russisch?«, ruft sie an einem Taxistand in der Innenstadt den auf Kundschaft wartenden Fahrern zu. Ein Ukrainer hebt die Hand, und sie diskutieren darüber, ob hier in der Gegend noch ein Deutscher lebe, der damals im Krieg den Zug nach Westen verpasst habe. Im Prinzip gibt es noch zwei- bis dreitausend Deutschstämmige in Litauen, und gleich in der Innenstadt, im Simon-Dach-Haus, dem Sitz des Vereins der Deutschen, führt man ungefähr sechshundert örtliche Mitglieder in der Kartei. Aber Hanna droht ja nun ein ruhiger, arbeitsfreier Tag, und dieser ukrainische Taxifahrer erlöst sie. Er habe gehört, dass es in Silute mehrere von denen gebe, nach denen sie suche. Und so fahren die beiden etwa achtzig Kilometer in westlicher Richtung zur russischen Grenze. Dort beginnt wieder eine Diskussion unter Taxifahrern, und die Mehrheit der örtlichen Kollegen fasst den Beschluss: am besten nach Zalgerriu. Das ist nicht ganz leicht zu finden: erst einmal Richtung Rusne und dann irgendwo vor einer großen Brücke links ins Gebüsch…

Ganz sind die Umstände und Motive damit aber noch nicht

geklärt. Warum überhaupt ins Memelland? Steckt das die Grenzen alter Landkarten nicht viel zu weit nach Osten? Nach dem verlorenen Ersten Weltkrieg wurde ja das Memelgebiet im Versailler Vertrag von Deutschland abgetrennt und zur späteren Klärung der Zugehörigkeit unter das Mandat des Völkerbundes und unter französische Verwaltung gestellt. Gestützt vom Wohlwollen der Franzosen, hatte sich Litauen dann 1923 diesen lange begehrten, im Wesentlichen von Deutschen besiedelten Küstenstreifen mit Gewalt einverleibt. Ende der Dreißigerjahre gab das kleine Land ihn freiwillig an Deutschland zurück. Der damaligen Regierung blieb gar keine andere Wahl. Hätte sie es nicht getan, wäre den Litauern das zugestoßen, was kurz zuvor in Prag und kurz danach den Polen geschah: der Einmarsch der hochgerüsteten Wehrmacht.

Manchmal ist es das Persönliche oder Emotionale, das den Reporter auf alte Spuren setzt. In meinem Bücherschrank steht eins der letzten Exemplare eines Buches mit Märchen und Sagen, die mein Vater als Zweiundzwanzigjähriger aus den Erzählungen und Überlieferungen entlang der Memel zusammengetragen hatte – lange bevor ich geboren wurde. Es sind Geschichten von streitlustigen Göttern und Riesengeschlechtern – von Memulus und seinen Söhnen Tilsatis, Wilmantis und Rombinus, von Hexen, Kobolden und Schlossteichfrauen. Vor Jahrhunderten ist diese pruzzische Sagenwelt untergegangen. Von weit her, aus Jerusalem, kamen Ritter mit einem schwarzen, manchmal auch roten Kreuz auf den weißen Mänteln und fällten die heilige Eiche im Götterhain. Der junge Autor der Sagensammlung wollte all diese Geschichten vor dem Vergessen bewahren und veröffentlichte sie unter dem Titel »Im Rauschen des Memelstromes«. Ich wollte diesen Strom einfach mal rauschen hören.

Die Szene, die ich betrete, ist etwas skurril. Walter Wallenschus hatte sich als Führer angeboten: »Den besten Blick auf die

Memel habt ihr in Ruß!« Der Weg ist nicht weit – nur über die Brücke, heute heißt der Ort Rusne. Ein alles in allem hübscher Flecken mit zwei Läden und einer wuchtigen, aber leider verschlossenen, fast schon verbarrikadierten Kirche. Ein paar alte, ein paar neue Häuschen und eine seltsame Galerie kleiner Ställe, in denen zu sozialistischer Zeit ein jeder sein privates Schwein halten durfte, um einigermaßen über die Runden zu kommen und über die Kanäle des »schwarzen Marktes« die stets kränkelnde staatliche Wirtschaft zu stützen. Das Ganze garniert mit Storchennestern auf Schornsteinen, Strom- und Laternenmasten. Und schon öffnet sich das Bild, und es rauscht die Memel …

Was sofort ins Auge fällt, ist ein Wachtturm direkt gegenüber am anderen Ufer des reißenden Gewässers. Davor in einem Schlauchboot zwei uniformierte Gestalten. Was sie in Händen halten, sieht nicht nach Gewehren aus. Walter bestätigt meine Vermutung, dass es russische Grenztruppen beim Angeln seien. Auf unserer, auf der litauischen Seite des Flusses zwei Mädchen in knappen Bikinis. Sie liegen im Sand und sonnen sich. Gewaltige Betonsäulen ragen vor ihnen aus dem Wasser. Meine Vermutung, dass dies irgendwelche Grenzmarkierungen seien, weist unser weißhaariger Begleiter lächelnd zurück: »Sollen das Eis aufhalten im Winter. Manchmal türmt hier die Memel die Schollen meterhoch und schiebt den Berg auf die Häuser zu.« Jetzt sieht es hier aus wie an südlichen Gestaden, und doch: »Der Sommer ist kurz, der Winter mindestens doppelt so lang.«

Eine starke Strömung läuft auf das Ufer zu, und wir sehen uns gleich von drei Seiten von Wasser umschlossen. Das Ganze hat die Form eines riesigen H. Aber wo oder was ist denn nun die Memel? Von links kommt ein Fluss auf uns zu, ein Wasserweg liegt quer vor uns und markiert die Grenze zu Russland. Rechter Hand wieder so ein reißendes Gewässer, und es ist schwer zu glauben oder gar nachzuvollziehen, was Walter uns jetzt erklärt: In beiden Richtungen fließe das Wasser dem Haff entgegen. Nach vorne sei der Weg neun Kilometer weit, nach hinten nur noch fünf bis sechs. Er hat mir schließlich das System dieser Mündungsarme aufgezeichnet, aber begriffen habe ich es trotzdem nicht. Links vorne also die Memel und in der Ferne – gerade noch sichtbar – ein Zufluss, der Alte Memel heißt. Auf unserer Höhe links wechselt der Strom seinen Namen und heißt plötzlich Atmata. Das reißende Gewässer zwischen uns und dem russischen Ufer – wie der Querbalken in dem H – heißt Skirvyte, und der rechte Senkrechtstrich des H ist die Polkana. Die Flussgeister mögen wissen, wie sich dieses Wasserspiel zusammenfügt und wie das ganze Gebrodel dann schließlich seinen Weg ins Kurische Haff und in die Ostsee findet.

Aber ich bin ja auf Geheimnisvolles und Sagenhaftes vorbereitet. Meinen Vater hat diese Landschaft nicht losgelassen, und er hat den Sohn darauf eingestimmt, unter allen Hügeln versunkene Burgen und Schlösser zu vermuten, an jedem Wasser das Wehklagen verwunschener Jungfrauen zu hören und darauf gefasst zu sein, dass in bestimmten Vollmondnächten die Heere der alten Pruzzen keine Ruhe finden und über Wiesen und durch Wälder ziehen. Das letzte Buch meines Vaters, 1956 erschienen, trägt den Titel »Die Memelhexe«. Diese Hexe – verflucht von Tilsatis, dem letzten Fürsten des Riesengeschlechts – sitzt auf dem Grund der Memel auf einem feurigen Stuhl. Warum also nicht hier irgendwo in der Tiefe? Jeder Hollywood-Regisseur, der sein Handwerk versteht, würde sich für diese Stelle begeistern.

Die Memel – mehr als sein Geburtsort im Kreise Lötzen – war die seelische Heimat meines Vaters. »Ich schrieb dies Buch für Dich, mein Sohn!«, steht in einem der ersten Exemplare. Viele Jahre habe ich es beiseitegelegt und hörte auf meinen journalistischen Expeditionen den Mississippi, den Mekong, den Nil oder den Amazonas rauschen, bis mir klar wurde: Es gibt auf dieser Welt noch einen Fluss, zu dem du endlich auch einmal reisen musst! Mein Vater hat es nicht mehr gekonnt. Bis zu seinem Tod war das Mündungsgebiet der Memel militärisches Sperrgebiet. Auch davon handeln viele gruselige Märchen, aber das ist eine andere Geschichte. Heute ist die Reise an diesen Strom zwar verkehrstechnisch etwas kompliziert. Aber wer sich als Bürger der EU der Memel von der litauischen Seite nähert, muss keinen Pass mehr vorzeigen und keine Grenze mehr passieren. Und wenn er sich dort aus heimatlichen Gefühlen ganz niederlassen möchte, dann wird ihn niemand daran hindern.

Nur mit dem Auto muss man einen weiten Bogen fahren. Ein Zipfel Russland hat sich wie ein Keil zwischen die europäischen Nachbarstaaten geschoben. Wer die scharf gezogene Trennlinie zum Verwaltungsgebiet Kaliningrad einmal mit dem Auto überquert hat, wird das Erlebnis lange in Erinnerung behalten. Selbst von meinen Reisen durch die DDR, als sich zwei Welten feindlich gegenüberstanden, kann ich mich an solche Warteschlangen, an ein derart langsames, quälendes, in seinen Abläufen undurchschaubares System von Kontrollen nicht erinnern. Und es ist nicht nur die russische Seite, die den Fuß auf der Bremse hält. Zumindest die polnischen Kontrolleure tanzen als Wächter einer Außengrenze der Europäischen Union das bürokratische Ballett in aufreizend langsamen Schritten mit. Ob aus dieser komplizierten geografischen Konstellation für die Zukunft Gutes erwachsen kann, erscheint mir zweifelhaft. Aber welche andere politische Lösung könnte Kaliningrad aus seiner Isolation befreien? Die Hoffnungen auf ein vertrauensvolles und unverkrampftes Verhältnis zwischen Russland und seinen europäischen Nachbarn haben nach dem EU-Beitritt Polens und der baltischen Staaten eher einen Rückschlag als eine Ermutigung erfahren.

Für Walter Wallenschus haben solche bangen Gedanken wenig Bedrohliches. So viel hat er erlebt und überlebt und sich dabei kaum vom Fleck gerührt. Seit er auf der Welt ist, hat seine Heimat mehrfach die Nationalität und das politische System gewechselt, er war in diesem Chaos stets wie ein Fels in der Brandung: Litauer ist er gewesen und Deutscher, dann Sowjetbürger und schließlich wieder Litauer. Über einen alten Fernsehapparat und eine technisch auch schon etwas überholte Satellitenschüssel ist er mit dem Rest der Welt verbunden. ARD und ZDF kann er zwar nicht empfangen. Dafür aber – auf dem Umweg über den Weltraum – Phoenix und das Bayerische Fernsehen. Seine Begeisterung über die politische Szene in Berlin ist gedämpft, aber das Urteil über die neue litauische Elite fällt noch etwas schlechter aus. Und trotz allem, was er in seiner Kindheit erlebte, sind seine Erinnerungen an die Zeit, als er Sowjetbürger war, verblüffend positiv. Die Russen konnten gut singen, die Kaufkraft seiner Rente ist damals höher gewesen als heute, und auf der Basis Fisch gegen Wodka ist so manche Freundschaft gewachsen …

Plötzlich erblicke ich in seinem Regal eine Gruppe von Mainzelmännchen. Ach ja, vor drei Jahren sei schon mal so ein Fernsehteam auf seinem Hof gewesen. An Namen kann er sich nicht erinnern. Ich kläre ihn auf, für welchen europäischen Sender diese guten Geister Reklame machen. Die Entdeckung drückt etwas auf meine Laune, weil die putzigen Gestalten unserer Begegnung die Illusion des Spontanen, Einmaligen, Zufälligen nehmen. Wahrscheinlich sind die litauischen Taxifahrer schuld, die jeden Fremden, der etwas ausgefallene Wünsche hat, kurz vor der Brücke nach Rusne links in den Waldweg schicken … Beim Abschied versprechen wir uns, dass wir uns wiedersehen in unserer gemeinsamen Heimat. Aber beiden ist eigentlich auch klar, dass es wohl nichts mehr wird. Jedenfalls nicht in diesem Leben.

Grenzen haben immer etwas Gruseliges. Du musst warten, und es ist schwer abzuschätzen, wie lange. Du zählst die Autos oder die Reisenden vor dir und versuchst, in einer Mischung aus Ungeduld und Unterwerfung die Gemütslage der Kontrolleure zu entschlüsseln. Meist hat ja ausgerechnet deiner diesen misstrauischen, kleinlichen Gesichtsausdruck, während die nette Kontrolleurin in der Schlange nebenan viel fröhlicher und zügiger mit dem Stempel hantiert. Mutig spielst du mit dem Gedanken, noch schnell die Reihen zu wechseln, und dann schreckst du doch davor zurück, aus Angst, das Misstrauen der Obrigkeit zu wecken. Du sitzt in der Falle, hilflos, ausgeliefert… Erst wenn sich der Schlagbaum hebt, wenn sich die letzte Schranke zum fremden Land endlich öffnet, entkrampft sich die Seele. Selbst bei der Einreise in die USA – in das nach dem Selbstverständnis der Amerikaner freieste Land auf Erden – spürt der Europäer, der aus dem Flugzeug steigt, die absolute Macht der Grenzbehörde. Ein voreiliger Schritt über eine gelbe Linie, eine leere Zeile im auszufüllenden Formular, ein Eintrag in der falschen Rubrik, ein Aufmucken oder lockeres Wort, und der nach langem Flug erschöpfte Reisende wird über die Möglichkeit aufgeklärt, sofort wieder ins Flugzeug gesetzt und nach Europa zurückgeschickt zu werden.

Glückliches Europa! Der Spanier kann heute in sein Auto steigen und bis Finnland brausen, der Litauer oder Lette hat freie Fahrt bis Sizilien, ohne dass ihn jemand nach seinen Papieren fragt. Nur da, wo die Freiheit eben doch noch an Grenzen stößt, ist die Qual umso intensiver. Da gibt es zum Beispiel die »Bratpfanne« am russischen Übergang Bagrationovsk – dem ehemaligen Preußisch Eylau. Das ist eine riesige Senke kurz vor dem ersten Kontrollpunkt, in die die Flut der anrollenden Fahrzeuge erst einmal abgeleitet wird, damit der Rückstau die Landstraße nicht bis weit ins Binnenland hinein blockiert. Wer im Sommer über diese Grenzstation in Richtung Polen will, kann sich glücklich schätzen, wenn er die Pfanne schon nach zehn Stunden wieder verlassen darf. Auf die weniger Glücklichen wartet eine doppelt so lange Zeit des Bratens in brennender Hitze, Staub und dem Gestank von Benzin.

Professor Woitek Lukowski von der Universität Warschau hat in einem solchen Chaos – im Grenzgebiet zwischen dem polnischen Goldap und dem russischen Gusev, das früher Gumbinnen hieß – soziologische Studien getrieben, deren wissenschaftliche Erkenntnis weit über das Pass- und Zolltechnische hinaus bis in die menschliche Verhaltensforschung reicht. Um es schon mal vorwegzunehmen: Eine Kernthese des Professors lautet, dass Polen für das Wirtschaftsleben und die Arbeitswelt der Zukunft besser gerüstet seien als andere Europäer – zum Beispiel die Deutschen.

Um die Grundlagen seiner These und die Ursache des so lebhaften Grenzverkehrs zwischen Polen und der russischen Insel oder Exklave Kaliningrad zu begreifen, muss man zunächst einmal wissen, dass in der Region Kaliningrad Benzin, Alkohol und Zigaretten erheblich billiger sind als in den Ländern der EU. Russen kaufen in Polen Fleisch, Zucker und andere Lebensmittel ein, aber das ist, verglichen mit dem Warenstrom in der Gegenrichtung, nur ein Rinnsal. Stark ist dagegen der wirtschaftliche Anreiz, jene Produkte in die EU einzuführen, auf denen bei uns und in den westlichen Staaten Europas saftige Steuern lasten. Und natürlich verleiten die krassen Preisunterschiede zum Schmuggeln. Eine gewaltige Menge von Waren tröpfelt sogar völlig legal über die Grenze. Die sogenannten Ameisen beispielsweise verfrachten ganze Berge von Zigaretten und Flasche um Flasche ganze Seen von Alkohol aus Russland nach Polen. Ihr unermüdlicher Fleiß ist eine feste Säule im Wirtschaftsleben einer etwas abgelegenen Region im Nordosten Europas.

Denn das, was auf den ersten Blick so unbedeutend erscheint und was die Finanzbehörden auf beiden Seiten der Grenze in edler Einfalt als eine Art Souvenir oder Reiseproviant einstufen, addiert sich zu gewaltigen Mengen, wenn man dessen Mitnahme in regelrechten Netzwerken organisiert. Da stehen dann beispielsweise in polnischen Grenzstädtchen kleine Busse am Marktplatz bereit, die Rentnern oder anderen Bewohnern des Grenzgebiets einen Tag in netter Gesellschaft anbieten und obendrein noch einen Lohn von fünf oder gar sieben Euro. Dafür müssen die Passagiere nicht viel tun. Erst sitzen sie ein paar Stunden entspannt an der Grenze (nicht zu lange, denn Busse werden bevorzugt abgefertigt), dann fährt man sie zum nächstgelegenen russischen Supermarkt, in dem sie sich schon so gut wie zu Hause fühlen, und sie bekommen vom freundlichen Busunternehmer Geld in die Hand gedrückt, um Schnaps und Zigaretten einzukaufen. Kaum sind die Besorgungen erledigt, steigt die Reisegesellschaft auch schon wieder in den Bus, wieder ein wenig Warten und Plaudern an der Grenze, und bei der Heimkehr auf dem Marktplatz liefert ein jeder seine Tüte mit dem zollfreien Einkauf artig beim Busfahrer ab und bekommt die fünf oder sieben Euro in die Hand gedrückt. Die Zigaretten und der Alkohol nehmen dann ihren Weg nach Deutschland. Von diesem Zeitpunkt an wird das Geschäft natürlich illegal. Aber damit haben die »Ameisen« ja nichts mehr zu tun.

Es gibt natürlich auch Einzelunternehmer, die ihren privaten Pkw ein wenig umgerüstet haben. Der Benzintank wurde zulasten des Kofferraums oder der Rücksitze vergrößert, diese und jene auf kurzen Fahrten nicht dringend nötige Technik ist ausgebaut, wodurch dann allerlei Hohlräume geschaffen wurden, in die sich passgenau Wodka- oder Cognacflaschen oder eben

Zigarettenstangen verstauen lassen. Die polnischen Zöllner kennen natürlich all diese Verstecke, und gelegentlich wird auch einmal etwas konfisziert. Aber wirklich nur gelegentlich, weil sonst ein für alle Seiten einträgliches Wirtschaftssystem zusammenbrechen würde. Und so kursieren denn auch die abenteuerlichsten Gerüchte über die Möglichkeiten und den finanziellen Rahmen des Nebenverdienstes beim sonst ja eher schlecht bezahlten Zoll.

Als nun der Soziologieprofessor Lukowski im Rahmen seiner Forschungsarbeit und zu streng wissenschaftlichen Zwecken unermüdlich die Grenze kreuzte und jede Wartezeit und jede behördliche Schikane geduldig über sich ergehen ließ, ohne durch irgendwelche Mengen von Wodka oder Zigaretten aufzufallen, spürte er eine starke Irritation sowohl unter seinen Mitreisenden als auch der staatlichen Instanzen. Anders ausgedrückt: Man hielt ihn für etwas schrullig, wenn nicht gar für masochistisch oder verrückt, sich all die Strapazen anzutun, ohne zu schmuggeln. Sein wissenschaftlicher Lohn für oft tagelanges Warten, Plaudern, Beobachten oder Meditieren an der Grenze war ein gründlicher Einblick in die polnische Seele und deren Schicksalsergebenheit und Flexibilität. Denn mal dauert es lange, mal geht es überraschend schnell an der Grenze nach Kaliningrad; mal sind die Grenzwächter gut aufgelegt, mal quälen sie ihre Gemeinde; mal hat jemand Pech, und seine Schmuggelware wird beschlagnahmt, meist aber geht es gut.

Die erste Frage eines jeden, der sich frisch in die Warteschlange einreiht, lautet: »Wer hat heute Dienst?« Die Antwort erleichtert es dann dem Eingeweihten, den weiteren Verlauf seines Tages abzuschätzen. Denn die Kundschaft kennt ihre Dompteure und deren Launen, und die Kontrolleure kennen ihre Kundschaft und deren Temperament. Nationalitäten mit unruhigerer Seelenlage könnten an solch einem Wechselbad von Willkür und gütiger Nachsicht zerbrechen, seine Landsleute – so Lukowski – seien gegen solche Erschütterungen gewappnet. Denn wenn man über einen längeren Zeitraum Gewinn und Risiko gegeneinander rechnet, ergibt das in einer sonst ja etwas wirtschaftsschwachen Region ein durchaus zufriedenstellendes Einkommen. Natürlich mischen sich auch immer wieder Touristen in diese Schicksalsgemeinschaft, aber den Urlaubern wird von ihren Reisebüros oder anderen hilfreichen Instanzen abgeraten, mit dem Auto über Polen nach Kaliningrad einzureisen. Und auch der übliche kommerzielle Verkehr fließt hier recht dünn.

Derartige Zustände, die Atmosphäre, das Klima an dieser Außengrenze der Europäischen Union sind dem Soziologieprofessor ein Beleg mehr für seine These von einer überdurchschnittlichen Anpassungsfähigkeit seiner Landsleute, ihrer Risikobereitschaft und innovativen Talente. Kaum habe sich eine Marktlücke aufgetan, werde sie auch schon genutzt, meint er. Natürlich: Auf der Skala der sozialen Milieus bildeten die größeren Unternehmer und die lokale politische Elite (immer dieselben Leute bekleiden die wichtigen Posten) auch im Raum Goldap die obere Klasse; es folgen die Inhaber oder Betreiber kleinerer Läden; die »Ameisen« und andere Sparten der sogenannten Schattenwirtschaft seien aber schon die Nummer drei und somit eine feste Größe im Wirtschaftsleben; und schließlich gebe es noch die ebenfalls höchst flexible Gruppe junger Leute, die vor der Frage stünden, ob sie bleiben oder wegziehen sollten. In früheren Jahren gingen die meisten zur Arbeit nach Deutschland, dann wurden England und Italien für sie attraktiver. Diese Wanderarbeiter ziehen ja auch nicht für immer fort. Sie nehmen nur etwas längere Wege zur Arbeit in Kauf und kehren in regelmäßigen Abständen zurück in die Heimat.

Insgesamt – so der optimistische Blick des Professors in die Zukunft – habe sich im Ermland und in Masuren eine Mentalität entwickelt, die nicht unbedingt der klassischen Lebensperspektive entspreche. Im internationalen Vergleich diagnostiziert der in Gizycko (dem früheren Lötzen) lebende Soziologe an den Menschen um ihn herum ein vergleichsweise schwach ausgeprägtes Interesse am Eintönigen und Regelmäßigen. Jeden Morgen pünktlich zur selben Zeit am selben Arbeitsplatz zu erscheinen, lebenslang den gleichen Ablauf des Tages zu haben, auf langsamen Aufstieg zu hoffen und dafür Sicherheit und festen Lohn zu erhalten, erscheint ihnen nicht sonderlich erstrebenswert. Gerade die jüngere Bevölkerung des ehemaligen Ostpreußen sei darauf eingestellt, mal eine Zeit lang dieses und dann auch schnell entschlossen etwas ganz anderes zu tun, wenn sich eine günstige Möglichkeit zum Wechsel biete. Falls möglich oder nötig auch mehrere Tätigkeiten oder Berufe nebeneinander her... Eine solche Flexibilität werde wohl ganz allgemein in der globalen Wirtschaft mehr und mehr zur geforderten Norm und der lebenslange Beruf zur Ausnahme. Denn die Welt verändere sich schnell. Was heute noch eine Mode oder eine technische Neuheit sei und reißenden Absatz finde, könne morgen schon überholt oder vergessen sein. Aber was auch immer geschehe: Jungen Polen werde es leichter fallen als anderen Europäern, sich auf raue Zeiten einzustellen und Krisen zu überstehen.

So weit die Forschung und die Theorie – und nun zum persönlichen Erlebnis. So ein Kamerawagen mit all seiner technischen Ausrüstung ist nun einmal an jeder Grenze der Welt eine besondere Herausforderung für Kontrolleure wie Kontrollierte. Da ist ein ganzes Bündel von Dokumenten mal an diesem und mal an jenem Schalter abzustempeln, um behördlich sicherzustellen, dass alles, was unter dem Siegel einer hier mehr und dort weniger freien Information in ein Land eingeführt wird, dieses Land auch wieder verlässt. Das gilt für die digitale Kamera, das drahtlose Aufzeichnungsgerät für den Stereoton und alle möglichen Lampen und Objektive bis hin zum für Fernsehzwecke besonders ausgerüsteten Automobil. Und so verliert irgendwann auch die versierteste Filmcrew den Überblick, in welcher Phase der Prozedur ihre Grenzabfertigung sich gerade befindet – was schon als erledigt betrachtet werden darf und was noch fehlen könnte, wie lange es noch dauern mag und ob überhaupt am Ende der Tortur das grüne Licht zur Weiterfahrt gegeben oder die Rückkehr angeordnet wird, weil dieses oder jenes Dokument eben doch nicht die nötige Anzahl von Stempeln aufweist.

Auf unserer ersten Drehreise im Sommer 2003 nach Kaliningrad haben wir die meisten dieser Probleme elegant, wenn auch moralisch nicht ganz einwandfrei umschifft. Da haben nette Menschen, mit denen wir auf polnischer Seite gefilmt haben, mit netten Menschen, die wir auf russischer Seite treffen wollten, telefoniert. Ein jeder telefonierte dann noch mit den Zuständigen seiner jeweiligen Grenzbehörde, und schließlich stand morgens ein russischer Kleinbus vor der Tür des Goldaper Hotels, wir luden unsere Gerätschaften um, schlossen den eigenen Kamerawagen ab und zogen schon zwanzig Minuten später am Grenzübergang an der Schlange der Wartenden vorbei zum ersten Schlagbaum. Natürlich war dann immer noch allerlei Papierkram zu erledigen, aber das verlief in konstruktiver, entspannter Atmosphäre. Der Chef der russischen Grenzstation kam, uns zu begrüßen, und die freundlich burschikose Larissa, die unsere Pässe stempelte, gab uns die Adresse ihrer Mutter in Chernyachovsk, dem ehemaligen Insterburg, weil die etwas auf ihrem Dachboden gefunden habe, das uns möglicherweise interessieren könne… Eine Woche später verlief die Rückreise ebenso reibungslos. Nur Larissa hatte an dem Tag dienstfrei, so konnten wir sie nicht von ihrer Mutter grüßen.

Dies alles aber geschah zu einer Zeit, als Polen und die baltischen Staaten noch nicht EU- und NATO-Mitglieder waren und sich das Verhältnis zwischen Russland und den Ländern des ehemaligen sowjetischen Imperiums nicht aus vielerlei Gründen noch einmal deutlich verspannt und verschlechtert hatte. Selbst die politisch völlig unverdächtigen gutnachbarschaftlichen Beziehungen sind in der Zwischenzeit stark abgekühlt. So klagt zum Beispiel Jaroslav Sloma, der als Mitglied der Regionalregierung Ermland und Masuren die polnische Seite im Rat für gemeinsame Entwässerungsfragen vertritt, dass die Verwaltungs- und Entscheidungsstränge diesseits und jenseits der Grenze immer stärker auseinanderliefen. In Polen liege die Zuständigkeit praktischerweise bei den Kommunen oder Regierungsbezirken, im Distrikt Kaliningrad dagegen würden selbst regionale Angelegenheiten mehr und mehr zentral in Moskau entschieden. In Litauen hört man die gleichen Klagen – auch wenn die eigenen Behörden im nachbarschaftlichen Miteinander nicht immer Vorbilder sind. Als im Mai 2006 auf der Kurischen Nehrung bei Nida, dem früheren Nidden, ein Großbrand ausbrach, der viele Hektar Wald vernichtete und dessen Feuerwalze auf die litauischen Dörfer zuraste, schickten die Kaliningrader spontan zwei Löschzüge zur Unterstützung der litauischen Feuerwehren. Die litauischen Grenzwächter ließen die russischen Helfer erst einmal mehrere Stunden an der Grenze warten, weil sie keine litauischen Visa hatten.

Als wir uns vier Jahre später, im Sommer 2007, zur nächsten Fernsehexpedition ins ehemalige Ostpreußen aufmachen, muss sich das Team aus Mainz bei Braniewo, dem früheren Braunsberg, ohne freundliche gutnachbarschaftliche Unterstützung ganz allein über die Grenze schlagen. Wir wählen dafür einen Sonntag, und das erweist sich als kluge Entscheidung. Schon nach zweieinhalb Stunden ist die Prozedur überstanden. Allerdings ist die nervliche Anspannung diesmal erheblich größer. Denn als die polnischen Zöllner ihren Teil an Kontrolle und Gestempel erledigt haben, verabschieden sie uns mit einem etwas mitleidigen Lächeln und der düsteren Prophezeiung, dass es auf der anderen Seite Probleme geben könne. Sonntags würden dort nur Personenwagen abgefertigt und nichts Gewerbliches oder irgendwie zolltechnisch Kompliziertes. Und tatsächlich machen die russischen Zöllner besorgte Gesichter. Lange Zeit sieht es so aus, als müssten wir wieder zurück nach Polen oder bis Montag früh am Grenzübergang warten. Schließlich aber findet sich eine irgendwie provisorische Lösung, deren Auflagen oder Einzelheiten keiner von uns so richtig durchschaut.

Als sich der Schlagbaum hebt, den wir für den endgültig letzten halten, fühlen wir uns glücklich und befreit und rollen auf breiter, überraschend gut ausgebauter Straße auf Mamonovo, das ehemalige Heiligenbeil, zu. Auch Groß-Rödersdorf, wo unser Treck im Winter 1944/45 das Zufrieren des Haffs abgewartet hatte, liegt nur ein paar Kilometer rechts von dieser Straße. Ich überlege gerade, dort kurz einmal vorbeizufahren, als auf der Gegenfahrbahn plötzlich Chaos und Tumult entsteht. Der Schlagbaum, den wir soeben passiert haben, ist eben doch noch nicht der allerletzte gewesen: Ein Meer von Autodächern glitzert in der Mittagssonne. Für uns hebt sich die Schranke, ein irgendwie nervöser, schlecht gelaunter Uniformierter winkt uns quer über die Fahrbahn an einer Mauer aufgeregter Menschen vorbei, um uns zu signalisieren: »Steht nicht herum, haut ab!« Unser Kameraassistent Jan Beck am Steuer des Kamerawagens und ich in Hannas privatem VW-Golf treten auf die Gaspedale, als seien wir gerade einer großen Gefahr entronnen. Jetzt nur nicht zögern oder irgendwelche Fragen stellen, nur weg von dieser Grenze!

Gelegentlich ändern sich die Verhältnisse – mal zum Guten, mal zum Schlechten. Russland und die EU bemühen sich seit Jahren, an dieser Schengen-Außengrenze zu irgendwie zivilisierten Zuständen zu kommen. Mal werfen die Polen den Russen böse Absicht vor, mal klagen die Russen über Schikanen der

Polen. Die »Ameisen« beobachten dies und richten ihre Geschäfte und Warenströme sehr schnell auf geänderte Verhältnisse aus. Benzin ist im Kaliningrader Gebiet etwas teurer und in den Ländern der EU etwas billiger geworden. Aber auch das kann sich wieder ändern, und immer noch gibt es eine lohnende Preisdifferenz. Ende 2008 waren die Übergänge auf russischer Seite wieder einmal heillos verstopft, weil seit Beginn des Jahres 2009 ein neuer Einfuhrzoll auf gebrauchte Kraftfahrzeuge erhoben wird und Tausende versuchten, noch kurz vor dem Stichtag einen solchen Wagen ins Kaliningrader Gebiet zu schaffen. Mal entspannt sich die Lage und dann verspannt sie sich wieder, mal ist es lokale Willkür, mal sind es neue Brüsseler oder Moskauer Verordnungen, die den Personen- und Warenverkehr bremsen oder beschleunigen. Und alles in allem ist Russland stärker auf den guten Willen seiner Nachbarn angewiesen als umgekehrt. Denn Kaliningrad ist die Insel, und die EU ist das Meer.

Es ist schwer, ein Urteil über Kaliningrad abzugeben, wenn man Königsberg nicht gekannt hat. Ich kannte es nicht, und doch hatte ich meine festen Vorstellungen von Ostpreußens einstiger Hauptstadt: Krönungsstätte preußischer Könige; eine Insel der Gelehrsamkeit, die Stadt Immanuel Kants; aus den Erzählungen meiner Eltern Inbegriff einer pulsierenden und gleichzeitig anheimelnden Metropole; wirtschaftlicher und kultureller Mittelpunkt mit einer Ausstrahlung weit über die Region hinaus; im Krieg und in der Nachkriegszeit völlig zerstört und Schauplatz von unendlichem Leid; zum Stützpunkt der sowjetischen Ostseeflotte ausgebaut, jahrzehntelang »verbotene Stadt«, da militärischer Sperrbezirk; eine Mischung aus Trümmerlandschaft und grauer sozialistischer Plattenbaukulisse … Nach allem, was ich gehört und gelesen hatte, machte ich mich darauf gefasst, in Kaliningrad eine der hässlichsten Städte Europas zu erblicken. Um das gleich vorwegzunehmen: Mich hat die Stadt angenehm überrascht!

Annäherung an einen Ort des Gruselns und der Verklärung. Der Verkehr nimmt zu, die Straßen werden schlechter, wir haben die Außenbezirke Kaliningrads erreicht. Die Autos um uns herum, die manchmal ungeduldig hupen, sind keinesfalls nur billige Marken oder gar klapprige Kisten. Überraschend viele deutsche Fabrikate überholen uns oder brausen uns entgegen – neueste Modelle, nichts für Bescheidene, blitzsaubere, kraftstrotzende Geländewagen, wie sie weltweit im Stadtverkehr so überaus beliebt geworden sind. Das Einzige in diesem Gebrodel, das etwas hilflos und hinderlich ist, sind wir. Einen Stadtplan haben wir natürlich nicht dabei, so bleiben wir an jeder Ampel ein paar Sekunden zu lange stehen und versuchen, die kyrillischen Straßenschilder zu entziffern. Mal gibt es welche, mal gibt es keine. Wir haben uns entschlossen, am besten stur geradeaus zu fahren – einfach weiter in die Richtung, in der der Verkehr immer dichter wird. Irgendwann, so hoffen wir, werden wir wohl auf den Lenin-Prospekt stoßen, der in den Prospekt des Friedens übergehen soll. Und dort, zwischen dem Monument der Kosmonauten und dem Zoo, muss unser »Hotel Moskwa« liegen…

Wir überqueren zwei Flussarme – linker Hand Schiffe und Kräne, rechts eine Insel in parkartigem Grün mit einer einsamen backsteinroten Kirche im Hintergrund. Kein Zweifel: Das muss der wiedererrichtete Königsberger Dom sein, von dem ab und an etwas in unseren Zeitungen steht! Denn gleich links davon, am anderen Ufer, erkennen wir einen hellblauen Betonklotz. Mit Sicherheit ist das jenes viel geschmähte »Haus der Sowjets«, das einmal das Prunkstück und Wahrzeichen eines nagelneuen, von jeglicher Geschichte gereinigten Zeitalters werden sollte…

An einer besonders lebhaften Kreuzung blinkt und leuchtet eine elektronische Reklamewand, rechts ein Panzerdenkmal, geradeaus ein bedrohlich großes Hotel, das glücklicherweise nicht das unsere ist. Dann eine sanfte Kurve, und links, von gläsernen Bank- und Bürotürmen umrahmt, ein modernes Shoppingcenter. Rechter Hand leuchten die goldenen Türme einer nagelneuen orthodoxen Kathedrale auf, vor dem Hauptquartier der baltischen Flotte das Denkmal für Zar Peter den Großen, davor ein Theater im klassizistischen Stil, und auf der Straßenseite gegenüber schaut Friedrich Schiller ernst und heroisch in den wilden Kaliningrader Verkehr. Links jetzt ein Stadion mit parkähnlichem Vorhof, rechts der Zoo und dort gegenüber endlich das »Moskwa«. Wir haben unser Hotel erreicht.

Vor der Tür stehen zwei Busse, Touristen steigen aus, ein junger Mann geht durch die Reihen und verkauft den *Königs-*

berger Express/Deutschsprachige Zeitung in Kaliningrad. Die Spannweite der Berichte reicht von »Protest gegen die US-Raketen in Polen« über »Finanzkrise bedroht Kaliningrads Wirtschaftswunder« bis zum deutschen wie russischen Dauerthema dieser Stadt: »Debatten über den Wiederaufbau des Königsberger Schlosses«. Im Anzeigenteil werben Zahnkliniken um Patienten aus Deutschland.

Es ist nicht leicht, einen Parkplatz zu finden. Wir umkreisen den Block, vorbei an einem Pizzarestaurant und einem Supermarkt, der, wie sich später herausstellen soll, bis in die späten Abendstunden geöffnet hat und in reicher Auswahl alles führt, was der Reisende überall in Europa in den Regalen findet. Überhaupt scheinen der Lenin-Prospekt und die Gegend links und rechts des Prospekts des Friedens die gehobene Einkaufsmeile zu bilden. Im Straßencafé in der Seitenstraße neben dem Hotel herrscht lebhafter Betrieb. Das Publikum ist überwiegend jugendlich, fast überall liegen Handys auf den Tischen. Wer das Telefon nicht gerade am Ohr hat, signalisiert damit seiner auf Statussymbole wohlbedachten Umgebung doch immerhin, jederzeit erreichbar zu sein. Auch Kaliningrader, mit denen wir uns verabredet haben, um etwas über das Lebensgefühl dieser Stadt zu erfahren, schlagen beim ersten Anruf spontan diesen belebten und beliebten Treffpunkt vor: »Wir sehen uns in Ihrem Hotel!«

Natürlich ist der Zufall der Regisseur all dieser flüchtigen Bekanntschaften. Wer könnte schon eine Stadt mit derart wechselvoller Geschichte innerhalb einer Woche begreifen. Anna Chenkanova ist vorbeigekommen – siebenundzwanzig Jahre jung, sportlich, schlank, sie spricht fließend Deutsch – mit jenem charmanten slawischen Akzent – und lehrt dieses Fach an der Kant-Universität. Das Thema ihrer Diplomarbeit war »Nietzsches Übermensch«. Seit fünfzehn Jahren lebt sie in Kaliningrad: »Dies ist meine Heimat!«, erklärt sie uns. Allerdings:

Wie so viele Lebenswege, die sich in der Stadt an der Ostsee kreuzen, ist auch Annas Heimat Resultat einer komplizierten, weit ausschweifenden Vorgeschichte. Die Eltern kamen ursprünglich aus Saporoschje am Dnjepr in der Südukraine, dann zog es sie etwa siebentausend Kilometer nach Nordosten auf die Halbinsel Kamchatka – an einen der letzten Zipfel Russlands, bevor jenseits der Beringstraße Alaska und Amerika beginnt. Dort, im kalten hohen Norden, wurde Anna geboren. Neun Jahre später ließen sich die Eltern scheiden, und die Mutter zog mit ihrem zweiten Mann und der Tochter wieder Tausende von Kilometern durch das riesige Russland nach Südwesten. Anna besuchte eine Sprachenschule und nahm schließlich das Studium der Germanistik auf.

Damals, so erinnert sie sich, sei Kaliningrad in der Tat eine herbe und traurige, eher militärische denn anheimelnde Kulisse gewesen, doch in den letzten Jahren blühe die Stadt auf wie ein Tulpenbeet im Frühling. Es gebe eben, so wirft ein uns begleitender russischer Journalist und Kollege ein, viel vagabundierendes Geld im »wilden Osten«, das nach Anlage suche. Die Grundstückspreise in Moskau und Sankt Petersburg seien inzwischen selbst für Neureiche unerschwinglich, und so sei Kaliningrad zum neuen Tummelplatz für Investoren und Spekulanten geworden. Wie aus einem plötzlich aufgedrehten Wasserhahn sei Geld in diesen russischen Außenposten an der Ostsee gesprudelt und eine moderne, geschäftstüchtige »Businessklasse« nachgeströmt. Na ja, die Finanzkrise hat inzwischen kräftig dazwischengehauen, der Geldhahn ist plötzlich wieder trocken. Der Ölpreis sinkt, die Arbeitslosenquote steigt – eine traurige Statistik, um die man sich bis zum Jahresende 2008 eigentlich keine Sorge machte. Jedenfalls nicht in der Stadt.

Nur die Löhne der Normalverdiener haben mit der schönen neuen Welt nie Schritt gehalten. Ja, bestätigt Anna, für Wohnungen, die früher zwar schäbig, doch dafür auch äußerst billig gewesen seien, würden nunmehr horrende Mieten verlangt. Und unser Kollege fügt hinzu: »Wenn Sie eine Wohnung kaufen wollen: Zweitausend Dollar pro Quadratmeter Wohnfläche sollten Sie schon hinblättern! Selbst für eine Immobilie in schlechter Lage.« Wenn es um größere Summen geht, rechnet man in Kaliningrad in Euro oder Dollar, das ist eines der Probleme der russischen Wirtschaft. Sinkt der Kurs des Rubel, muss jeder, der Zinsen oder Schulden zu bezahlen hat, gleich tiefer in die Tasche greifen. Hunderte von rasch hochgezogenen, völlig überteuerten Luxuswohnungen stehen leer.

Stephan Stein, der Chef der Deutschen Außenhandelskammer, berät deutsche Firmen, die auf den russischen Markt drängen, und russische Firmen, die mit Deutschland ins Geschäft kommen wollen. Er spricht von einer gewaltigen Spekulationsblase, die erst einmal geplatzt sei. Dennoch: Stein, der Hamburger, der nun schon seit zwanzig Jahren in Russland lebt, ist vorsichtig optimistisch, dass die wilden Sturz- und Höhenflüge der Kaliningrader Wirtschaft schneller als anderswo in ruhigere Bahnen zurückgleiten werden.[6]

Die Optimisten sehen ihre Stadt auf lange Sicht als Brücke zwischen Russland und der Europäischen Union. Der Flug nach Berlin sei billiger und kürzer als der nach Moskau, die Zugreise in die Hauptstadt oder nach Sankt Petersburg dagegen quälend lang. Etwa vier Stunden stehen die Expresszüge allein an den Grenzen herum – Ausreise aus Russland, Einreise nach Litauen und Weißrussland und schließlich die Kontrollen durch die eigenen Behörden beim Wiedereintauchen ins »Mutterland«… Überhaupt – darin sind sich der Journalist und die Germanistikdozentin einig –, die meisten aus ihrem Bekanntenkreis dränge es nicht in die russischen Metropolen. Eher nach London, Paris, Hamburg oder Kopenhagen. Die Jugend Kaliningrads sei optimistisch, dass die einengenden bürokratischen Reiseformalitäten in naher Zukunft fallen werden.

Fremdsprachen, so erzählt Anna, gehörten deshalb an der Kant-Universität zu den beliebtesten Fächern, um in Kombination mit den Wirtschaftswissenschaften oder dem Fach Tourismus Anschluss an westliche Lebensverhältnisse zu finden. Etwa sechzig Studenten belegten Deutsch als Studienfach. Das sei zwar nur die Hälfte des Andrangs, der in den Englischkursen herrsche, aber doch deutlich mehr als zum Beispiel in Französisch oder irgendeiner der übrigen Fremdsprachen.

Wir greifen zum Telefon, um in einer fremden Stadt immer neue Kontakte zu knüpfen. Die ersten und wohl auch wichtigsten Gesprächspartner hat unsere polnische Kollegin Hanna schon vorher angerufen oder getroffen und auf unser Kommen seelisch vorbereitet. Alles Weitere muss sich ergeben. Aus jedem Treffen sprudeln neue Namen, Telefonnummern und Adressen hervor. Journalisten und Pfarrer, Wirtschafts- und Tourismusexperten kommen auf einen Kaffee vorbei und hüllen uns in ein Netz von Geschichten. Zu beurteilen, was davon eherne Wahrheit ist und was nur Gerücht, ist jeweils Instinkt- und Vertrauenssache. Viele Erzählungen und Ratschläge haben etwas Vages und Spekulatives. Mal sind die Antworten auf unsere naiven Journalistenfragen kurz und klar, meist aber etwas verschlungen und gleichnishaft: »Na sagen wir mal so...«, oder: »Das kommt darauf an...«, oder: »Im Prinzip ist das möglich, wenn man die richtigen Leute kennt...«

Und wenn man wissen will, wer denn nun die richtigen Leute sind, die einem Besucher oder Investor verbindliche Auskunft geben, ihnen helfend unter die Arme greifen oder ihre Illusionen dämpfen könnten, wird das Gespräch meist etwas unverbindlich, und es herrscht der Eindruck vor, dass diese entscheidenden Leute oder fachkundigen Berater eher in Moskau zu suchen seien als in Kaliningrad. Über die Lokalmatadore wird meist recht abfällig geredet oder spekuliert – wie lange sie wohl noch im Amt sein könnten oder wann schon wieder verschwunden, befördert oder abserviert. Und die allgemeine Einschätzung ist nicht zu überhören, dass diese Politiker vor Ort ja eigentlich auch nicht so viel zu vermelden hätten ...

An Interviews mit westlichen Journalisten hätten die ohnehin kein Interesse, weil bei solcherlei eitlen Abenteuern mehr falsch als richtig zu machen sei. Zumal zu den immer wieder gestellten Fragen höheren Ortes selten ein klarer Kurs vorgegeben sei. Mal wird Kaliningrad als »Russlands Tor zu Europa« gepriesen, dann wieder droht jemand im Kreml, auf diesem vorgeschobenen Posten Raketen mit Atomsprengköpfen zu stationieren. Und selbst wenn das mit der treuherzigen Versicherung verbunden wird, selbstverständlich solle Kaliningrad nicht zum »Dolch im Fleisch der NATO« werden, klingt das eher alarmierend als tröstlich. Die Grenzgebiete nach Litauen und Polen hin wurden in einem Gürtel von fünf Kilometern zur Sicherheitszone erklärt, die nur noch von Anwohnern oder mit einer Sondergenehmigung befahren oder betreten werden darf. In der Praxis wird allerdings vieles wieder dadurch etwas entschärft, dass die Behörden es mit den Kontrollen recht lässig nehmen.

Den Kaliningradern, das ist nicht zu überhören, gefällt die Vision, Tor oder Brücke nach Europa zu sein, erheblich besser als das Säbelrasseln. Aber es wäre nun auch wieder nicht klug, in einem autoritären Staat irgendetwas rundheraus als unsinnig abzutun, das in Moskau gesagt oder angeordnet wurde. Diese Vorsicht im Umgang mit schwer einzuschätzenden Besuchern finden wir durch eigenes Erleben bestätigt. Auf unsere überaus diplomatisch formulierten und artig ins Russische übersetzten Bitten um ein Interview mit dem Gouverneur der Exklave erhalten wir keine Antwort – nicht einmal eine Absage.

Das politische Klima will sich nicht so recht entkrampfen. Fand man noch im Jubiläumsjahr 2005 den versöhnlichen Kompromiss, die 60-Jahr-Feier Kaliningrads mit der 750-Jahr-Feier Königsbergs/Kaliningrads zu verbinden, so sind alle Diskussionen um einen hübscheren Namen für diese Stadt inzwischen verstummt. Zwar ist es schwer, noch einen Kaliningrader zu finden, der weiß, wer eigentlich jener Michael Iwanowitsch Kalinin war, dem die Stadt ihren heutigen Namen verdankt: ein Revolutionär in der Zarenzeit, dessen Name eng mit dem stalinistischen Terror der Dreißigerjahre verbunden ist. Gleich drei Städte wurden in sowjetischer Zeit nach ihm getauft, denn formell war Kalinin einst eine Art Staatsoberhaupt der Sowjetunion – erst Vorsitzender des Allunionskongresses, dann Vorsitzender des Präsidiums des Obersten Sowjets. Kalinins Frau landete in einem der vielen Straflager, und er, das Staatsoberhaupt, wollte oder konnte nichts für sie tun.

Josef Stalin, dem alles überstrahlenden Stern jener Epoche, wurde die Ehre längst wieder aberkannt, sich durch die Umbenennung einer Stadt ein ewiges Denkmal zu setzen: Aus Stalingrad wurde Wolgograd, aus Leningrad wieder Sankt Petersburg. Und nur aus Ratlosigkeit oder aus Sorge, dass sich die Bindung der Eroberungen an der Ostsee an Russland durch solch einen symbolischen Akt lockern könnte, bleibt einem Funktionär aus der zweiten Reihe die hohe Ehrung erhalten. »Kantograd« war eine Zeit lang als Alternative für Kaliningrad im Gespräch, auch »Baltisk« – also Stadt an der Ostsee – und sogar Königsberg. Aber das ist auf Russisch schwer auszusprechen. Es würde so ähnlich wie »Kjoningsbershy« klingen. Und irgendwie ist es auch zu verstehen, dass ein solcher Rückgriff in die Geschichte die russische Seele etwas zu stark strapazieren würde. Der Einmarsch in Georgien im August 2008 war ein überdeutliches Signal, wie sehr sich in diesem riesigen Land die Stimmung wieder ins Nationalistische drehen kann.

Kaliningrad hat seine Rolle noch nicht gefunden. Es bleibt ein Sorgenkind der Politik, es bleibt ein Fall für den Psychiater. Und ehrlich gesagt weiß ja auch niemand eine vernünftige Lösung. Welche Möglichkeiten gäbe es denn? Spekulieren wir einfach einmal wild und fröhlich drauflos. Schnell stoßen alle optimistischen Konzepte auf die Erkenntnis, dass das Verhältnis der Litauer und Polen zu Russland ja noch viel stärker von Misstrauen und von jüngerem Schmerz geprägt ist als die Beziehungen zu Deutschland. Schon die Idee, mit ungeheurem technischen und finanziellen Mehraufwand eine Gaspipeline lieber auf dem Grund der Ostsee zu verlegen, als sie einfacher und umweltschonender auf dem Landweg durch das Gebiet ehemaliger sowjetischer Satellitenstaaten zu ziehen, setzt jeder politischen Fantasie ziemlich enge Grenzen.

Und sollte jemand immer noch davon träumen, Russland werde in einem Anfall von Güte und Reue Königsberg wieder an Deutschland zurückgeben, der hat das Problem damit auch nicht gelöst. Warum sollte Russland das tun? Und würde es uns und Europa denn glücklicher machen? Es würde wohl eher auf einem Kontinent, der nach einer langen Geschichte von Kriegen endlich etwas zur Ruhe kommt, noch größere Ängste und heftigste Emotionen wecken. Es könnte die Europäische Union zerreißen und alles, was in den letzten Jahrzehnten an Vertrauen und guter Nachbarschaft aufgebaut wurde, mit einem Schlage wieder zum Einsturz bringen. In ihrer entschlossenen Ablehnung einer solchen Lösung wären sich Polen, Litauer und Russen wohl ausnahmsweise einmal einig.

Was man auch tut oder denkt: Königsberg/Kaliningrad bleibt immer eine Insel. Und von solch komplizierten Konstruktionen und dem Streit um die Zugangswege zwischen den zerrissenen Gebilden ist schon viel Unheil ausgegangen. So bleibt nur die Hoffnung, dass sich das Verhältnis Europas zum heute noch unkalkulierbaren, eher autoritären als demokratischen, bettelarmen und dann wieder so protzig reichen Russland auf irgendeine wundersame Art normalisiert und entspannt. Und dass man die unnatürliche Umklammerung endlich lösen kann. Aber auch das ist vorerst nur eine hübsche Idee.

6. Das verwunschene Schloss

Ein Sonnabend im Sommer, wir bummeln durch die Straßen. Wie in jeder Stadt, die der Besucher einfach auf sich wirken lassen möchte, ist das zu Fuß viel angenehmer und erlebnisreicher, als sich mit dem Auto oder dem Bus von Sehenswürdigkeit zu Sehenswürdigkeit zu quälen. Überlange Limousinen, mit bunten Girlanden geschmückt, rasen vorbei und veranstalten Hupkonzerte. Die jungen Passagiere lehnen sich aus den geöffneten Wagenfenstern und schwenken ausgelassen Sekt- und Wodkaflaschen. Die Wochenenden im Sommer sind Hochzeitssaison. Nur wenige Schritte vom Hotel entfernt, im Park zwischen Zoo und Stadion, turnen Brautpaare auf den Rändern der Wasserbecken herum und lassen sich in romantischer oder auch übermütiger Pose fotografieren. Passanten bleiben stehen, und hier und dort werden auch völlig Fremde eingeladen, auf das Wohl des Paares mit anzustoßen.

Ich stelle mir vor, meine Eltern könnten mich begleiten – Königsberg, ihr Königsberg mit der Seele suchend... Seit früher Jugend haben sie mir die Geschichten eingeträufelt: Ostpreußen, wunderschön und einsam. Königsberg dagegen eine Weltstadt, eine Bühne des Geistigen und Mondänen. Die berühmtesten Schauspieler, Maler und Dichter traf man hier. Paris und London schön und gut, aber was hatten diese Städte schon zu bieten, das Königsberg nicht hatte? Und zwar viel eindrucksvoller: das Schloss, den Dom, die Universität Albertina und natürlich Kant. Sein kategorischer Imperativ schwebte sozusagen um jede Straßenecke... Na gut, die Fischfrauen auf dem Markt sollen sich nicht immer so benommen haben, dass man danach Gesetze hätte schmieden müssen. Und vom »Blutgericht«, dem sagenhaften Weinkeller im Königsschloss, kursieren auch so allerlei Geschichten nicht immer druckreifer Moral. Selbst Kant ließ, wenn es um Rotwein ging, gern mal fünfe gerade sein. Aber es musste ja auch nicht immer der gestirnte Himmel sein oder das moralische Gesetz: Es ging um Königsberg! Wenn es je ein Paradies gegeben haben sollte, dann war es hier. Ich habe das von der Generation meiner Eltern immer wieder gehört, und schließlich habe ich aufgehört, es zu bezweifeln.

Wer heute den Versuch unternimmt, Kaliningrad mit einem alten Plan von damals zu durchwandern, dem steht die örtliche Touristen-Information aufgeschlossen und hilfreich zur Seite. Denn es wird längst nicht mehr als unhöflich oder gar beängstigend empfunden, wenn der deutsche Tourist von »Königsberg« spricht. Der Kaliningrader – wenn er heiter gelaunt ist – tut das auch. Und für den Fremdenverkehr hat der historische Name erheblich größeren Reiz als der aktuelle. In reicher Auswahl sind Karten, Pläne und alte Fotos im Handel, auf denen der sentimentale Besucher in groben Zügen verfolgen oder auch nur vermuten kann, dass der »Prospekt des Friedens« früher die Hufenallee war, die »Theatralnaja« die Kniprodestraße und der »Lenin-Prospekt« der Steindamm und die Kneiphöfsche Langgasse. Und dennoch ist eine solche Tour auf den Spuren der Vergangenheit ein verwirrendes Unternehmen. Meine Eltern, hätten sie es noch erlebt, wären diese Wege wohl mit traurigen Gesichtern gegangen. Denn viel ist nicht übrig geblieben von ihrem verlorenen Paradies.

In zwei Nächten im August 1944 war die bis dahin weitgehend vom Krieg verschonte Stadt Ziel britischer Bomberverbände. Sie setzten eine in Jahrhunderten gewachsene historische Kulisse mit derart massiver Perfektion in Brand, dass Königsberg auf der Skala des Grauens und der Zerstörung durchaus mit Dresden in einem Atemzug zu nennen ist. Dass Hitler im vorerst noch sicheren Berliner Bunker auch nach diesem Inferno keine Rücksicht auf die Bevölkerung nahm, die ostpreußische Hauptstadt zur Festung erklärte, Evakuierung oder Flucht untersagte und seinen Generälen befahl, Königsberg bis zum Heldentod zu halten, hat das Leiden sinnlos verlängert. Als die umliegenden Gebiete längst von sowjetischen Truppen erobert und die Belagerer den deutschen Verbänden am Boden und in der Luft um ein Mehrfaches überlegen waren, wurde die schon ausgebrannte Ruinenlandschaft noch monatelang den Bomben der sowjetischen Luftwaffe und den Granaten der Stalinorgeln ausgesetzt. Und als die Kanonen endlich schwiegen und der Krieg auch hier zu Ende war, setzten die Sieger allen ideologischen Eifer daran, die letzten Reste des Wiederherzurichtenden lieber verfallen zu lassen und durch Plattenbauten, Rollbahnen und heroische Monumente zu ersetzen. Eine neue sowjetische Stadt sollte entstehen.

Und doch – da leuchtet noch roter Backstein durch das Grau der sozialistischen Jahre und durch das Glitzern der Moderne. Vor allem sind es die alten Stadttore – das Brandenburger, Rossgärtner-, Königs-, Sackheimer, Friedland- und Friedrichsburger Tor –, die unvermutet das Bild unterbrechen. Auch der Dohna-Turm, der heute das Bernsteinmuseum beherbergt, das alte Stadtgericht mit seiner Säulenfassade – heute Museum der Baltischen Flotte –, die Börse, die heute Büros und ein Spielkasino beherbergt … Dies und noch die eine oder andere backsteinrote Kirche tauchen plötzlich aus der fremd gewordenen Landschaft auf und geben dem wehmütigen Besucher Anhaltspunkte, Königsberg, sein Königsberg zu suchen. Und vor allem natürlich er: der Dom. Er hat schon fast etwas Metaphysisches, denn Immanuel Kant hat ihn gerettet!

Nichts auf dem Wege dorthin macht das so deutlich wie das »Dom Sowjetow« – das »Haus der Räte« –, jener gewaltige, babyblau gestrichene Betonklotz, sechzehn Stockwerke hoch. Aus der Distanz vermittelt das Gebäude den Eindruck, als trage sich hinter seiner Fassade Bedeutsames zu. Zur 750-Jahr-Feier, als der damalige Präsident Putin der Stadt einen Besuch abstattete, wurde die Fassade gestrichen, und man setzte Glas in die leeren Fensterhöhlen ein, um die aufdringliche Hässlichkeit etwas zu mildern. Innen waren fast zwei Jahrzehnte zuvor die Wände einiger Räume mit Marmor ausgekleidet worden, aber nie wurde das Haus bezogen oder erfüllte irgendeine sinnvolle Funktion. So kurz war der Weg vom Neubau zur Ruine. Ende der Achtzigerjahre – vor der geplanten Fertigstellung und Übergabe – wurden alle Arbeiten eingestellt. Der sumpfige Untergrund hatte sich angeblich gesenkt, der Bau galt als einsturzgefährdet, und die Verwaltung sträubte sich erfolgreich, hier einzuziehen. Was zum Symbol einer neuen Gesellschaft werden sollte, wurde zum Symbol ihres Zusammenbruchs. Die Geschichte dieses Zauberschlosses ist so skurril und gleichzeitig so voller Bezüge zu den Verirrungen der menschlichen Seele, als hätte einer der großen Söhne der Stadt, E. T. A. Hoffmann, das traurige Märchen erfunden …

Wir stehen nun auf einem riesigen Areal im Herzen einer von Bauwut geprägten Großstadt. In leeren Zierbecken rosten irgendwelche Lampen und Gestänge vor sich hin. Jeder Baulöwe müsste sich eigentlich um ein solches Grundstück reißen. Nur gibt es da ein tückisches Problem: Was tun mit einem sechzehnstöckigen Klotz aus Stahlbeton? Es wird darüber spekuliert und in den Zeitungen herumgerätselt, wie viele Millionen Dollar es allein verschlingen würde, einen solchen Berg abzutragen. Überhaupt gibt es wenig solide Information über das »Haus der Räte«. Wem gehört der Bunker eigentlich? Im Zweifel einer schnell gegründeten Gesellschaft, die ebenso schnell wieder pleitegegangen ist … Aber wer sind die Gesellschafter oder ihre Hintermänner? Wo halten sich die Geschäftsführer auf, die man nach ihren heutigen oder früheren Konzepten befragen könnte? Überhaupt: Wie kam es zum Besitzerwechsel an wen auch immer? Und zu welchem Preis? Haben die Behörden oder hat die Politik irgendwelche Vorstellungen gehabt, was wohl damit passieren sollte? Hat sie den neuen Eigentümern Auflagen gemacht, als dieser zentrale Platz und dieses Gebäude vom Staatseigentum in private Hand übergingen?

Inzwischen stellte sich heraus – was in Russland eigentlich keine Überraschung ist –, dass Kaliningrads Zentrum sozusagen als Schnäppchen weit unter Preis an dubiose Spekulanten verscherbelt wurde. Der Staat oder seine Unterhändler hätten, so liest man in der Internetzeitung *Kaliningrad aktuell*, mindestens das Dreißigfache verlangen müssen.[7] Die Staatsanwaltschaft ermittle gegen ein Unternehmen, das wohl längst Bankrott gemacht habe, gegen nicht weiter benannte Beamte und alle möglichen Leute, von denen die meisten weder Namen noch Adressen hätten. Ein ganzer Wust von Spekulationen und Informationen, der sich an keinem Punkt zu einer halbwegs klaren Erkenntnis bündelt. Vielleicht fällt das Eigentum an der zentralen Bauruine ja eines Tages an die Gebietsverwaltung zurück. Aber was dann?

Es gibt da ein paar Interessenten, Träumer oder auch Idealisten, die einen schönen Plan verfolgen: Sie wollen das wieder zum Leben erwecken, was seit Jahrhunderten an dieser tristen Stelle stand – das Königsberger Schloss. Der Chefplaner Kaliningrads war von dieser Idee geradezu berauscht. Es gab schon Modelle und eine Kalkulation: Hundert Millionen Dollar sollte der Traum kosten. Spontan hatte der damalige russische Präsident Putin zugesagt, die Hälfte davon werde der Staat übernehmen. Aber dann wurde der Chefarchitekt abgelöst.

Nun war erst einmal Pause, eine Zeit lang verschwand das Thema aus den Schlagzeilen, dann tauchte es wieder auf: Gouverneur Georgi Boos brachte die Idee in Umlauf, das Schloss als künftigen Sitz der Gebietsregierung auszubauen – mit Kongresszentrum, einem Prussia-Museum und allerlei festlichen Sälen. Die Meldung erschien aber ausgerechnet in den Tagen, da die internationale Finanzkrise und die damit verbundenen Kürzungen im staatlichen Haushalt das alle großartigen Projekte erstickende Thema wurden.[8]

Aber nehmen wir einmal an, ja hoffen wir, dass dieses Beben an den Finanzmärkten sich bald wieder beruhigt, so steht man in Kaliningrad, wenn nicht gar zuständigkeitshalber in Moskau, vor einer sehr grundsätzlichen Entscheidung. Örtliche Zeitungen haben sie auf eine kurze Formel gebracht: Königsberg oder Shanghai? Will man die Zukunft der Stadt in halbwegs harmonischer Symbiose mit ihrer Vergangenheit suchen – also eine Art modernisiertes Königsberg zusammenstellen –, oder will man Wolkenkratzer in die Höhe ziehen, die alle Bausünden von gestern einfach überragen und verdecken?

Die Fundamente des Festungsbauwerks aus der Kreuzritterzeit mit der Krönungskirche der preußischen Könige sind noch im Boden. Im Krieg wurde die Anlage zerstört, aber die Pfeiler-, Turm- und Mauerreste ragten auch später noch aus den Trümmern. Man hätte das Schloss wiederaufbauen können. Doch die Stadt hatte damals andere Sorgen, und Generalsekretär Leonid Breschnew persönlich soll bei einem Besuch in Kaliningrad die Anordnung gegeben haben, das »Zeugnis des preußisch-deutschen Militarismus« zu schleifen. Wer sich in die Gedankenwelt eines ranghohen Kommunisten jener Tage hineinversetzt, den kann eine solche Einstellung zu preußischen Schlössern eigentlich nicht überraschen. Heute nun hat sich der ideologische Aspekt entkrampft, und es ist nur noch die Realität, die störend im Wege steht: ein Betonklotz, der sich nicht rührt, und Geld, das plötzlich knapp geworden ist.

Wir sind immer noch auf dem Weg zum Dom, und ich verspreche, wir werden dort auch ankommen! Man hat ihn ja schon vor Augen auf diesem zentralen, historischen, ziemlich heruntergekommenen Platz. Aber solch ein königliches Märchenschloss lässt einen Journalisten nun einmal nicht so schnell los. Vor allem auch deshalb nicht, weil wir uns hier an einem Ort befinden, der seit Jahrzehnten ganze Heere von Abenteurern und Schatzsuchern in Atem hält. Es geht um das berühmte Bernsteinzimmer.

Der »Soldatenkönig« Friedrich Wilhelm I. von Preußen hat diesen ausgefallenen Wandschmuck Anfang des 18. Jahrhunderts Zar Peter dem Großen geschenkt: eine kunst- und prunkvolle Vertäfelung, Einrichtung und Verzierung eines repräsentativen Raums aus dem »Gold der Ostsee«. Im Grunde ist solch ein Gefunkel in Braun und Rot und honiggelben Tönen ja nicht nach jedermanns Geschmack. Bei einem Museumsbesuch daran vorbeizuschlendern mag faszinierend sein, aber darin zu wohnen wäre wohl bedrückend. Auch der Zar, der dem auf seine »langen Kerls« so stolzen Preußenkönig zweihundertfünfzig groß gewachsene Soldaten für dessen Leibgarde als Gegengeschenk machte, ließ das Kunstwerk zunächst verpackt in den Kisten. Schließlich wurde die Bernsteinverkleidung im Winterpalais in Sankt Petersburg an die Wände gebracht, dann aber wieder abgebaut und ins fünfzig Kilometer südlich gelegene Sommerpalais im heutigen Städtchen Puschkin verlagert, um dort den Katharinenpalast zu schmücken. Das sollte zweihundert Jahre später für das ausgefallene Kunstwerk verhängnisvoll werden. Denn als Hitlers Truppen im Juni 1941 in die Sowjetunion einfielen, gelang es ihnen zwar nicht, das damalige Leningrad zu erobern, wohl aber den Raum darum herum. Und somit auch das Städtchen Puschkin. Eine Art Kunstraubkommando der Wehrmacht holte die Pracht von den Wänden und schaffte sie ins Königsberger Schloss. Drei Jahre war das Bernsteinzimmer dann dort zu besichtigen, und als die Front näher rückte, wurde es wieder abgenommen und erneut in Kisten verpackt.

In Königsberg, in den unteren Kellergewölben des Schlosses, wurden diese Kisten zum letzten Mal gesehen. Ob vor oder nach den verheerenden Bombennächten des August 1944 oder sogar noch kurz bevor die sowjetischen Truppen die Stadt einnahmen, ist nicht ganz klar. Seitdem ist das Bernsteinzimmer verschwunden. In Sankt Petersburg wurde inzwischen mit der finanziellen Unterstützung eines deutschen Energiekonzerns eine Kopie des Kunstwerks hergestellt. Aber wo ist das Original? Die Suche, die Jagd nach dem verlorenen Schatz führt kreuz und quer durch Europa. Es ist eine Krankheit, eine Besessenheit, es ist eine Sucht. Im Grunde sind der Rausch und der Rummel um das verschwundene Bersteinzimmer erheblich größer, als die Begeisterung jemals gewesen sein kann, als alles noch an seinem Platz war.

In gewisser Weise war auch ich von dem Virus infiziert. Denn zwei unserer besten Reporter in meiner Zeit beim »heute journal« hatte es schlimm erwischt. Ein ums andere Mal kamen die beiden in mein Büro, schlossen die Tür, begannen zu flüstern, um nur mich in ein Geheimnis einzuweihen: Nunmehr – und diesmal ganz sicher – stehe das Rätsel um das Bersteinzimmer vor der Lösung. Da gebe es eine ganz heiße Spur! Mal führten diese heißen Spuren in einen verschütteten Bergwerksstollen im Erzgebirge, mal in eine Höhle in Thüringen oder am Rhein, mal zum Wrack eines gesunkenen Schiffes und dann wieder auf den Grund einsamer Seen… Natürlich kamen selbst mir nach dem zweiten oder dritten erfolglosen Anlauf ernsthafte Zweifel, ob man dieses Bernsteinzimmer wohl jemals finden werde. Aber allein das Suchen, dieses fanatische und dann wieder herzinnige Graben, hatte nun einmal seinen journalistischen Reiz und brachte für den Zuschauer jedes Mal spannende Berichte. Es war wie auf der Löwenjagd, von der ein erfahrener Großwildjäger weiß: Selbst keinen zu schießen ist bei einem solchen Abenteuer schon viel! Und so unterschrieb ich – gleichsam mit geschlossenen Augen – einen Dienstreiseantrag nach dem anderen. Natürlich auch nach Kaliningrad.

Die Kollegen des *Spiegel* hatte es noch stärker gepackt. Sieben Jahre lang finanzierte das Nachrichtenmagazin aus Hamburg umfangreiche Grabungen russischer Wissenschaftler an der Stelle, wo einst der West- und der Südflügel des Königsberger Schlosses gestanden hatten. Nach dem heutigen Stadtplan ist das das Areal zwischen dem Lenin-Prospekt und dem »Haus der Räte«. Man hat dort die Reste eines geheimen Tunnels gefunden und in den Hohlräumen alter Kellergewölbe Tausende von Schätzen: Schwerter und Bronzetafeln mit dem Wappen des Ritterordens, und als geradezu sensationellen Fund eine jahrhundertealte Schatulle, gefüllt mit Medaillen und Amuletten sowie geheimnisvollen Aufschriften und Bildern, die den Verdacht aufkommen lassen oder doch stützen, einer der königlichen Schlossherrn im frühen 18. Jahrhundert sei der Zauberei und der Geisterbeschwörung verfallen.

Als der *Spiegel* im Herbst 2008 die Finanzierung einstellte, begründete man dies in Hamburg mit zunehmendem Desinteresse der Kaliningrader Behörden am Fortgang der Ausgrabungsarbeiten. Inzwischen heißt es, das Kaliningrader Kunsthistorische Museum wolle die Grabungen im Jahr 2010 in eigener Regie fortsetzen, wenn die Eigentumsverhältnisse des gesamten Schlossareals endgültig geklärt seien. An der Grabungsstelle sieht es vorerst traurig aus. Der Besucher steht auf den Resten alter Fundamente und schaut in einen wassergefüllten Graben. Da und dort liegen noch wuchtige Steinblöcke und allerlei rostiges Gerät herum, außerdem die Hälse alter Weinflaschen und die Bügel und Verschlüsse von Bierflaschen mit noch gut lesbarer deutscher Schrift. Vom Bersteinzimmer keine Spur. Was die internationale Bruderschaft der Schatzsucher natürlich nicht entmutigen wird, die Jagd und die Grabungen an immer neuen Orten in Europa fortzusetzen ...

Nun aber endlich auf zum großen Monument aus Königsberger Zeit, zum Dom! Es ist nur noch ein Sprung über eine

Schnellstraße und wenige Schritte auf der stark befahrenen, mehrspurigen Brücke über die beiden Pregelarme. So etwa auf halbem Weg führt eine Treppe hinunter auf eine Insel, auf die sich die große Brücke stützt. Wir steigen die Stufen herab und wandern durch einen Park, der einmal das enge, geschäftige Zentrum einer Großstadt war. Bänke säumen den Weg, da und dort hinter Büschen verborgen schimmern steinerne Männerköpfe auf glatten, weißen Säulen. Keine Inschrift, kein Hinweis, wer sie gewesen sind. Nichts lässt erahnen, dass hier einmal etwas anderes gewesen sein könnte als stilles, weites Grün.

Der jahrhundertealte Name »Kneiphof« ist ein bisschen irreführend und leitet die Fantasie auf die Fährte von Amüsierviertel und Bierlokalen. Das Wort »Kneip« soll der Sprache der pruzzischen Ureinwohner entnommen sein und das Wasserumströmte einer ursprünglich eigenständigen Stadt ausdrücken, die später mit Königsberg verschmolzen wurde. Für den Besucher heute ist schwer vorstellbar, welch ein Leben hier früher geherrscht haben muss. Lange Reihen von Geschäften, Handels- und Patrizierhäusern, das Rathaus, das Gymnasium und Speicheranlagen drängten sich eng aneinander. Die alte Universität stand hier, an der Immanuel Kant lehrte. Hier hatte er auch seine Wohnung, dies war sein Revier, und es genügte ihm, um von der Insel aus mit seinen Gedanken das Universum auszuleuchten. Des Öfteren soll er durch die lebhaften oder auch nächtlich stillen Gassen spazieren gegangen sein. Und nur ungern darüber hinaus. Es ist schwer, sich in der heutigen Leere ein Bild von der Blütezeit Königsbergs zu machen. Nur die mächtige rote Backsteinkirche am anderen Ende des Parkgeländes erlebte eine Wiederauferstehung.

Der Bau wirkt wie eine mutige Komposition verschiedener Zeitalter, Stile und Funktionen, und so manchen Besucher, der von der Parkseite auf das Gotteshaus zugeht, mag es verwirren, dass der Turm nicht präzise in der Mitte steht. Galerien schmaler Fenster stapeln sich übereinander, alle möglichen Elemente lassen sich in diese Backsteinfassade hineininterpretieren: der wuchtige Sockel einer mittelalterlichen Burg, auf dem wie auf einem Fels ein Ehrfurcht gebietendes, aber nicht auf Anhieb sakral anmutendes Gebäude thront – links und in der Mitte von kleinen Giebeln gekrönt wie ein hanseatisches Handelskontor oder historisches Rathaus. Erst der etwas zurückversetzte Turm auf der rechten Seite lässt den roten Fels ganz eindeutig als Gotteshaus erkennen.

Wir gehen links um die Kathedrale herum und stehen am Ende des fast zweihundert Meter langen Kirchenschiffs vor einer offenen Säulenhalle. Darin, hinter eisernen Gittern, ein steinerner Sarkophag und auf roten Tuffsteinplatten die schlichte Inschrift:

Immanuel Kant
1724–1804

Es heißt, der mehrfach umgebettete Philosoph habe den Dom seiner Heimatstadt gerettet. Das ist gleich aus mehreren Gründen ein Wunder.

Zunächst: Während der Luftangriffe im Sommer 1944 war die Insel im Herzen der Stadt mit der mächtigen Kathedrale ganz gewiss für die britischen Piloten einer der markantesten Zielpunkte gewesen, um ihre Bombenlast abzuwerfen. Es folgte der monatelange Beschuss aus Tausenden von Rohren der Stalinorgeln. Danach sah der Dom aus wie eine aufgebrochene Kiste. Nicht einmal mehr Reste eines Dachstuhls waren irgendwo hängen geblieben, das spitze Dach des Turms war weggeschossen, nur Teile der Fassade und die Außenmauern hatten dem Feuersturm widerstanden. Doch unversehrt unter seinem kleinen Säulentempel klebte das Grabmal des großen Philosophen zwischen ausgebrannten Fensterhöhlen.

Das zweite Wunder beginnt mit der Frage: Wieso ausgerechnet Kant? Welche Ehrfurcht mussten denn sowjetische Generäle und Politkommissare vor einem deutschen Philosophen haben, den das Lehrbuch des Marxismus-Leninismus verächtlich überging? Wohl hatte Friedrich Engels das eine oder andere nette Wort über den Königsberger fallen lassen, doch insgesamt galt er den Hütern der offiziellen Lehre als Denker und Ideologe des deutschen Bürgertums.

Die Moral des Mannes unter dem steinernen Sarkophag – sein kategorischer Imperativ – war für den braven, gläubigen Kommunisten gleich der Moral der nunmehr besiegten herrschenden Klasse. Hegel ja, den nahm man als geistigen Sparringspartner noch ernst, nicht aber Kant… Schließlich hatte Karl Marx doch für sich in Anspruch genommen, durch seine Philosophie des Materialismus die großen Fragen der Menschheit »vom Kopf auf die Füße« gestellt zu haben: Nicht das Bewusstsein des Betrachters präge das Sein, sondern das Sein – vor allem die gesellschaftlichen Verhältnisse – präge das menschliche Bewusstsein. Und so schrieb denn auch ein unbekannter sowjetischer Soldat nach der Einnahme der Stadt an die Wand des Grabmals: »Jetzt hast du hoffentlich erkannt, dass die Welt aus Materie ist!«[9]

So wäre es im Rausch des Sieges und des Klassenkampfes doch nur konsequent gewesen, den Urteilsspruch des sowjetischen Generalsekretärs nicht nur am Königsberger Schloss zu vollstrecken, sondern auch am Dom samt letzter Ruhestätte eines »vom Marxismus widerlegten« Philosophen. Und in den ersten zwanzig Jahren nach dem Krieg hat es auch zahlreiche Versuche gegeben, den »faulen Zahn mit seinen Wurzeln auszureißen«[10]. Oft hing das Schicksal des Doms am seidenen Faden, oft war sein Überleben nur dem glücklichen Umstand zu verdanken, dass für die Umsetzung bereits beschlossener Pläne zur Neugestaltung der Insel einfach kein Geld da war. Inzwischen aber wuchs die Ehrfurcht der Kaliningrader vor einem großen Namen. Wenn man so will, wurden Kant und der Königsberger Dom auch für die neuen Bewohner ein Stück Identität mit ihrer Stadt und Heimat. Ein anderer Leitspruch prägte nun die Diskussion: »Ohne Vergangenheit keine Zukunft!« Und allmählich drängte auch die Zeit. Auf dem Trümmerfeld gleich jenseits des Pregels hatte sich ein Markt angesiedelt. Zunächst war hier gehandelt und getauscht worden, um zu überleben. Später wurde daraus ein Flohmarkt. Und die Domruine war die öffentliche Toilette.

Das dritte Wunder war wahrscheinlich er: Igor Alexandrowitsch Odinzew, eine drahtige Gestalt, pensionierter Pionier und Oberst der sowjetischen Armee. Bei der ersten Begegnung macht er auf mich einen zurückhaltenden, strengen, fast schon abweisenden Eindruck. Kein künstlerisches Gehabe, keinerlei Bemühen um eine Aura von Genialität. Odinzew wirkt wie eine Mischung aus Handwerksmeister und Soldat – ein Typ, der die Dinge in die Hand nimmt, während andere noch reden. Als ihm das Fernsehteam aus Mainz vorgestellt wird, schaut er mit skeptisch gesenktem Kopf unter dem Schirm einer Art Schiebermütze hervor, und als eine Fremdenführerin ihre historischen Erklärungen unterbricht, um eine deutsche Reisegruppe auf die Anwesenheit des großen Baumeisters und Retters des Doms hinzuweisen, verdrückt er sich mit verlegenem Lächeln.

Wir setzen uns auf eine Bank, die unter der Regie unseres Kameramannes Jürgen Rapp nach einigem Hin- und Hergeschiebe endlich ihren Platz vor der Domtür gefunden hat. Ernest Bukrinzky, Journalist und Verleger der russischen Wochenzeitung *Lichter des Baltikums*, übersetzt. Meine Fragen sind etwas gewunden, seine Antworten militärisch kurz.

»Warum nimmt sich ein russischer Offizier einer alten deutschen Kirche an?« – Antwort: »Die Frage ist nicht korrekt. Das ist ein Denkmal des Christentums. Und Russland ist trotz allem ein christliches Land!«

»Na ja, es war schließlich eine alte Ordenskirche und später ein protestantisches Gotteshaus...« – »Aber es gibt nur einen einzigen Gott!«, ist die knappe Antwort.

Also packen wir die Sache andersherum an: »Erzählen Sie doch einfach mal, wie alles begann.«

Odinzew nimmt die Mütze vom Kopf, setzt sie wieder auf, und nun werden seine Antworten endlich länger: »Na ja, 1992 habe ich meinen Abschied von der Armee genommen. Und so ein pensionierter Soldat ist schließlich auf der Suche nach einer neuen Herausforderung. Aber das Allerkomischste ist: Bis zu diesem Augenblick bin ich nicht ein einziges Mal in der Domruine gewesen – immer vorbeigelaufen, nie stehen geblieben, um mir den Bau aus der Nähe anzuschauen. Der wichtigste Mann in Kaliningrad war damals Viktor Wassiljewitsch Denissow, der Vorsitzende des Stadtsowjets. Er hatte die fixe Idee, den Boden und die Außenmauern zu befestigen und darin eine Freilichtbühne, eine Art Sommertheater, aufzubauen. Da habe ich mir gesagt: ›Du läufst hier in der Stadt rum, von der du sagst, es sei deine Heimat, und solch ein Gebäude ist eine öffentliche Toilette...‹ So habe ich Denissow meine Dienste angeboten, um das Denkmal zu retten. Niemand hat von Wiederaufbau gesprochen, es hieß einfach nur ›retten‹. Wir hatten ja kein Geld. Es gab da einen Geschäftsmann namens Koroschenko, der hat uns hundert Rubel gespendet. Und mit diesen hundert Rubel haben wir begonnen, einen Dom wiederaufzubauen.«

Dabei ging der Oberst a.D. systematisch vor: Er gründete eine staatliche Firma, stellte Baubrigaden zusammen und nahm alle möglichen Aufträge an. Die Firma machte gute Geschäfte, und was vom Gewinn übrig blieb, wurde in den Dom investiert. Die Idee fand höheren Ortes Gefallen, die ersten Spenden liefen ein. Geld aus Russland, Geld aus Deutschland: von verschiedenen Fördervereinen und Stiftungen – die ZEIT-Stiftung ist besonders hervorzuheben –, von der evangelischen

Kirche, von Vertriebenenverbänden und staatlichen Institutionen. Experten aus Russland, Polen, Deutschland und dem Baltikum wurden in den einzelnen Stufen des komplizierten Vorhabens hinzugezogen. Jene, die bei allem sofort die Probleme sehen, warfen dem tatkräftigen Baumeister Eigenmächtigkeit und zu stürmisches Vorgehen vor. Zum Beispiel sei es ein Fehler gewesen, den langsam wieder in die Höhe strebenden Bau an einzelnen Stellen mit Zement zu stabilisieren. Der Untergrund zwischen den Pregelarmen sei schließlich sumpfig, und nur das Bauen Stein auf Stein könne eventuelle Absenkungen oder Verwerfungen abfangen. Der Dombaumeister Odinzew hält dagegen, das Fundament werde sich wohl in den letzten acht Jahrhunderten einigermaßen gesetzt haben, und wenn es später etwas zu korrigieren gebe, dann könnten sich eben kommende Generationen Verdienste um den Dom erwerben. Zunächst sei es wichtig gewesen, zu handeln.

Wir sprechen noch über Russen und Deutsche, über verbrecherische, im Nachhinein völlig sinnlose Kriege und ein tragisches, mal besonders gutes und dann wieder feindseliges Verhältnis. »Ach, wissen Sie«, sagt der Mann auf der Bank neben der Domtür, »ich weiß, was Krieg ist. Im Jahr 1941 habe ich die Blockade und die Bombardierung von Sewastopol überlebt. Gleich am ersten Tag wäre ich fast umgekommen. Meinen Onkel haben die Deutschen erschossen, mein Vater saß bei der Gestapo in Haft. Und ich als Jugendlicher auch ... Das war 1943, ich kann mich noch an das Gestapo-Gefängnis in Simferopol erinnern. Heute ist das Gebäude ein Hotel. Aber auch später, als einfacher Soldat, habe ich keinen Hass verspürt. Ich bin der Ansicht, dass die Deutschen und die Russen eine Geschichte des Friedens bauen könnten. In Russland haben doch immer viele Deutsche gewohnt. Es sind die Politiker, die die Völker mit den Hörnern gegeneinanderstoßen!«

Er macht eine Pause, und dann liegt ihm daran, auf jeden

Fall noch einen Nachsatz zu Protokoll zu geben: »Deutsch oder russisch... Nicht deshalb habe ich den Dom gerettet. Ich habe ihn gerettet, weil er ein Denkmal der Weltkultur ist. Nur deshalb!«

Im Innern probt jemand an der Orgel, Johann Sebastian Bachs »Toccata und Fuge d-moll« braust durch das Kirchenschiff... Mit zwei Orgeln ist dieser Dom inzwischen ausgestattet. Die kleinere mit zweiunddreißig Registern kommt aus Dresden, die größere mit neunzig Registern wurde von der Firma Schuke in Potsdam hergestellt. Sie sind zusammenschaltbar für besondere Konzerte. Wie überhaupt der gewaltige Bau mehr Denkmal, Kulturzentrum, Konzertsaal und Kant-Museum als Gotteshaus ist. In einer orthodoxen und einer protestantischen Kapelle im Turm werden Gottesdienste abgehalten, aber insgesamt ist der Komplex wohl mit dem Ausdruck »Kulturkirche« am besten beschrieben. Ein Begriff, der übrigens auch in Deutschland mehr und mehr in Mode kommt – in dem Bemühen, unsere Kirchen wieder mit Leben zu füllen. Jährlich in der Nacht vom 29. auf den 30. August läuten die Glocken des wiederaufgebauten Doms in Kaliningrad, um an die Schrecken im Jahr 1944 zu erinnern, als sechshundert britische Bomber über Königsberg einflogen.

An schönen Sommerwochenenden herrscht rund um den Dom Hochbetrieb. An die Tür, an die Gitter des Kant-Denkmals und in jede Nische des roten Backsteinbaus schmiegen sich die Hochzeitspaare. Es können dreißig, aber auch vierzig sein, die an einem Sonnabend heiraten und danach auf diese Insel pilgern... Fotografen toben um sie herum und geben Anweisung, wohin sie schauen, wie sie stehen, wie sie sich küssen sollen, und jede dieser Prozessionen hat ihren fröhlich lärmenden Anhang mitgebracht. Es gehört einfach zu einer Hochzeit in Kaliningrad, dem Dom einen Besuch abzustatten oder am Grabmal Kants einen Blumenstrauß abzulegen. Der Abschluss des Zeremoniells sind dann der Kuss und ein feierliches Gelöbnis auf der nur wenige Meter entfernten Fußgängerbrücke zum neuen Tourismuszentrum hin.

Dort holt der Bräutigam ein Sicherheitsschloss hervor – nichts Billiges, sondern schwere, glänzende Fabrikate, Marken wie »Diebstahlfest« oder »Extra Security«… Es wird an das Eisengitter der Brücke gehängt und abgeschlossen, und während sich das Paar noch einmal küsst, wirft der Bräutigam unter dem Jubel der Hochzeitsgäste den Schlüssel über die Schulter in den Fluss. Es mögen Hunderte solcher Schlösser sein, die die kleinen Brücken rund um die Dominsel zieren, und es lohnt sich, stehen zu bleiben und die eingravierten Namen zu studieren: »Jurij und Natscha«, »Natalja und Alexej« oder auch »Elena und Robert in ewiger Liebe«… Jedes Schloss ist ein Versprechen, dass die Bindung ewig hält und sich nie mehr öffnen lässt, weil der Schlüssel dieser Ehe auf dem Grund des Pregels liegt.

E r schläft schlecht, er träumt schlecht, und seinen Namen
will er mir nicht verraten. Im dunklen Anzug sitzt bei
sommerlicher Hitze ein älterer Herr auf der Bank an der kleinen Mauer, die das Domgelände zum Fluss hin abgrenzt –
rechts neben sich die Nachbildung des ehernen Denkmals des
ersten Preußenherzogs und Universitätsgründers Albrecht, vor
sich das Grabmal Immanuel Kants, an dessen Eisengitter sich
die Besucher gegenseitig fotografieren. Warum er sich gerade
mich vorgenommen hat, kann ich mir nicht erklären. Irgendetwas an meinem Auftreten mag ihn gereizt haben. Denn
nicht ich habe ihn angesprochen, sondern er mich. Und dann
nimmt das seltsamste Gespräch seinen Lauf, in das ich seit
Langem hineingeraten bin. Es ist nicht zu überhören, dass
er mir mit Hochmut begegnet. Es passt zwar nicht zu der zarten, blassen, im klassischen Sinne professoralen Gestalt, und
dennoch kann man es nicht anders beschreiben: Er pöbelt
mich an.

Seine ersten Worte sind von der Art: »Da laufen Sie hier
herum und halten sich für besonders gescheit. In Neuseeland
und Philadelphia sind Sie gewesen, und von Ihrer eigenen Geschichte und Kultur haben Sie keine Ahnung!« Warum gerade
Neuseeland und warum Philadelphia? Das Gespräch gerät ins
Stocken. Jetzt will er plötzlich nicht weiterreden. Doch nun
werde auch ich etwas gereizt und appelliere an seine Erziehung,
an sein Gefühl für Fairness, an Kant und an alles Edle und Heilige, das mir spontan in den Sinn kommen will. Er lacht – eher
verächtlich als gut gelaunt –, und dann gibt er mir eine Chance:
»Erklären Sie mir, wer die Gebrüder Humboldt waren und was
Sie mit dem Namen des Freiherrn vom Stein verbinden. Und

wie lautet das erste Gebot?« Ich krame alles zusammen, was ich über einen großen Entdecker und über preußische Staats- und Bildungsreformen weiß. Es beeindruckt ihn mäßig. Den Durchbruch bringt schließlich das erste Gebot: »Ich bin der Herr, dein Gott, du sollst keine anderen Götter haben neben mir!« – »Was heißt das?« – »Wir sollen Gott über alle Dinge fürchten, lieben und vertrauen.«

Sein Lächeln wird milde, eine Art Gespräch kommt in Gang. Eine Linie ist darin allerdings nicht auszumachen. Große Namen aus Preußens Geschichte, Belehrungen über Kant, schmerzhafte Erinnerungen und allerlei Vorurteile tropfen zu so etwas wie einer Unterhaltung zusammen. Seine Antworten wollen nicht so recht zu meinen Fragen passen, immer wieder will er Schluss machen. Der Vorwurf ist unüberhörbar, dass eine erhabene Vergangenheit und eine moderne geistige Öde sich nichts mitzuteilen hätten. Es sei sinnlos, sich weiter zu unterhalten. Ich versuche, sein Interesse doch noch zu ködern, ihn einfach zum Erzählen zu bringen. »Wer sind Sie?«, will ich wissen. »Was hat Sie so verbittert? Was haben Sie der heutigen Zeit vorzuwerfen?«

Mal schaut er mich mitleidig, mal vorwurfsvoll an. »Wissen Sie denn überhaupt, wo Sie hier sind? Sie trampeln auf dieser Insel herum, und unter Ihnen liegen Tausende von Leichen …« Und dann: »Schauen Sie auf diesen Dom! Ist es nicht wunderbar, dass er wiederhergerichtet ist? In dieser Kirche sind einmal sechshundert Frauen und Kinder verbrannt. Im Gotteshaus suchten sie Schutz, als die britischen Bomberverbände Königsberg in Flammen setzten. Was sollen wir von der Menschheit halten und was von der Politik? Wen erfüllt der gestirnte Himmel mit Ehrfurcht? Wer schert sich um das moralische Gesetz?«

Er macht eine Pause, und mir fällt nichts ein, womit sich seine düstere Laune vielleicht aufhellen ließe. Fast klingt es entschuldigend, als ich ihm nach einer Weile gestehe, dass mein Leben ganz unverdient glücklich verlaufen sei. Und ich erzähle ihm die Geschichte von der Flucht aus Ostpreußen und von jener Nacht in Danzig, in der ich fast verloren ging, von all den Kreuzungen in meinem Leben, an denen jemand seine Hand über mich und meine Familie gehalten und uns ans sichere Ufer geleitet habe.

Er ist nun sehr ernst, und Tränen sammeln sich in seinen Augen: »Mein Leben war schrecklich! Es war eine Tragödie!« Mehr ist nicht aus ihm rauszuholen. Nur, dass er all das Grauen miterlebte, das mit dem Untergang Königsbergs verbunden ist. Über Einzelheiten will er nicht reden. Die durchleide er Nacht für Nacht in seinen Träumen. Dass sein Vorname Eugen ist, schließe ich daraus, dass er mir von einem Brieffreund in Berlin erzählt. Der ist Professor und hat die Bitterkeit und das strenge Urteil seines Briefpartners aus Kaliningrad sicherlich auch immer wieder zu spüren bekommen. Denn eines Tages habe ihm dieser Freund geschrieben: »Eugen, wir kommen aus verschiedenen Welten!«

Ich lade ihn zum Mittagessen ein, möchte mehr hören und vielleicht verstehen. Aber nun ist endgültig Schluss, er will nicht mehr. Wir verabschieden uns ohne Handschlag, nur mit einem Blick. Seiner ist voller Resignation, jemals von einem Menschen verstanden zu werden, der nicht erlebt hat, was er erlebte. Aber auch mit einem Anflug von Triumph auf dem blassen Gesicht. Ein einsamer Mann aus einer untergegangenen Welt, dessen Leben voller Grauen war, der sich aber durch eine geradezu vorwurfsvolle Bildung über die Glücklichen und Ahnungslosen emporgehoben fühlt. Wie ein letzter Königsberger und Preuße.

Ich weiß bis heute nicht, wer er ist oder war und was sein Anteil an der Königsberger Tragödie gewesen sein mag. So bleibt es der Fantasie überlassen, diese unwirkliche Begegnung zu deuten. Vielleicht hat ihn jemand, der dies liest, einmal näher kennengelernt und beantwortet meine Fragen. Nur so viel weiß ich: Er soll fast täglich auf der Bank an der kleinen Mauer sitzen. So als bewachte er etwas, das der heutige Besucher nicht mehr sieht.

*

Kaum war das Buches heraus, kamen Fotos mit der Post – Bilder von Reisegruppen in Kaliningrad. Auf einigen war er schwer zu identifizieren, auf anderen sah er zwar etwas jünger aus, aber ich wusste sofort: Das ist er! Eugen, auf Russisch Jewgenij.

Die ausführlichste Antwort auf meine Frage an den unbekannten Leser kam aus Eutin. Harald Breede, der seit 1991 jährlich mit seiner Frau deren Geburtsstadt besucht, schickte ein kleines Buch – eine Liebeserklärung an Königsberg/Kaliningrad. Als sie den Dom fotografierten, sprach sie ein freundlicher Mann in bräunlichem Anzug an und schlug ihnen vor: »Wenn Sie wollen, führe ich Sie durch Königsberg. Ich lebe seit dem Kriege hier, kenne jede Straße und jedes Gebäude …« Und er führte sie – ohne sich auch nur zu einem Getränk einladen zu lassen – an die Stelle, wo einst Frau Breedes Elternhaus stand. Er zeigte ihnen auch die Wege, die Kant gegangen ist, und wo E.T.A. Hoffmann wohnte, und leitete seine Besucher über Kopfsteinpflaster in stille Winkel des alten Königsberg. Vor einem noch gut erhaltenen Bau im Barockstil mit dekorativem Säulenportal machten sie Halt, um andachtsvoll und staunend zu erfahren, dass hier einst der General York seine berühmte Rede gehalten habe, von der die Erhebung Preußens gegen Napoleon ausgegangen sei. Ihr Führer durch Königsberg zog – wie die Besucher sich erinnern – »den Vorhang der Geschichte auf«, erklärte Zusammenhänge, schilderte die handelnden Personen und füllte altes Gemäuer mit Leben. Er führte sie den ganzen

Tag – ausdrücklich nicht durch Kaliningrad, sondern durch Königsberg … Nur bei einem Thema war er zurückhaltend: Er erzählte kaum etwas über sich selbst. Aber sie holten mehr aus ihm heraus, als es mir gelungen war. Und so haben sie die geheimnisvolle Bekanntschaft in Erinnerung:

»Eugen, Weißrusse, Nachname unbekannt; 1942 von den Deutschen zur Zwangsarbeit nach Königsberg verschleppt; nach dem Kriege dort geblieben, studierte an der Universität Kaliningrad, wurde Professor für Mathematik und Physik; heute emeritiert; geht regelmäßig zum Dom, um deutsche Touristen zu treffen und seine Deutschkenntnisse nicht verkümmern zu lassen.«[30]

Irgendetwas habe ich also falsch gemacht. Beim nächsten Mal in Kaliningrad möchte ich ihn wiedersehen.

Ostpreußens Namen waren voller Poesie. Immer wieder reisten Schriftsteller mit der Bahn durch eine liebliche Landschaft, ließen sich von dem ratternden Gefährt in den Schlaf schaukeln, träumten und komponierten beim Erwachen aus dem Reigen der vorbeiziehenden Bahnhofsschilder anheimelnde Lautmalerei und stimmungsvolle Gedichte: Plaschken, Pogeggen, Tilsit, Bendiglauken, Papuschienen, Skaisgirren, Mehlauken, Schelecken, Labiau, Pronitten, Nautzken, Kuggen, Königsberg ... Und natürlich Suleiken – wie anders konnte dieser Ort als zärtlich sein. Hätte Siegfried Lenz sein berühmtes Buch über die Zärtlichkeit Rastenburgs oder Allensteins geschrieben, es hätte nicht so viele Auflagen erlebt. Suleiken ist einfach Musik. Natürlich: Man erzählt sich auch die Geschichten von Fischern und Bauern, die trinkfest waren und sich mit Freude geprügelt haben, aber hinterher lagen sie sich wieder in den Armen. Nehmen wir mal an, so sei es gewesen ... Noch rauschen die Wälder und blinken die kristallenen Seen in einem von trauriger Geschichte überwucherten Märchengarten.

Leider wurden die melodisch klingenden Namen auch immer wieder durch nationalistische Paukenschläge übertönt. Der in unseren Ohren so zärtliche Klang war ein letztes Lied, ein letztes Erbe der pruzzischen Ureinwohner. Das heidnische Urvolk hat die Bekehrung zum Christentum nicht überlebt. Nur die Namen seiner Helden, seiner Siedlungen, Flüsse und heiligen Erhebungen erinnerten die Nachwelt noch bis ins 20. Jahrhundert hinein, dass es diese Stämme einmal gegeben hat. Ironischerweise empfanden ihre Bezwinger im Nachhinein so viel Zärtlichkeit, Reue oder Stolz auf ihre sagenumwobenen Landsleute und Vorbewohner, dass sie deren Namen annahmen und sich fortan »Preußen« nannten. Das Wort wurde in der ganzen Welt zum Markenzeichen für kühle Vernunft und Toleranz, für Tapferkeit, Disziplin und Pflichterfüllung, aber schließlich auch für Militarismus und Überheblichkeit, für Kaiserbart und Pickelhaube.

Und mehr und mehr wurde Ostpreußens liberaler Geist zum Schlagwort nationalistischer Enge. Aus Marggrabowa wurde Treuburg, dann wurde es polnisch und heißt Olecko; aus Pillkallen ist vorübergehend Schlossberg geworden, die Russen tauften es Dobrovolsk. Es muss eine große intellektuelle Anstrengung erfordert haben, für Hunderte von Orten bei jedem Wechsel neue, halbwegs klangvolle oder zumindest irgendwie überzeugende Namen zu finden, die jegliche Vorgeschichte ausradieren sollten. So ist mein Vater in Masuchowken« im Kreis Lötzen geboren, 1938 wurde der Ort »germanisiert« und in Rodental umbenannt. Heute heißt er Mazuchowka, was für seine früheren wie seine heutigen Einwohner immerhin noch einen tröstlichen Wiedererkennungswert hat. Im Scherz hat mir Vater die nationale Verspanntheit früherer Tage einmal so erklärt: »Immer, wenn wieder einmal eine Seite die Oberhand gewann, fanden Ort für Ort entweder der Pfarrer oder der Lehrer eine alte Urkunde, aus der sich klar ergab, dass ihr Dorf schon seit ewiger Zeit so hieß, wie es gerade zur aktuellen Lage passte.«

Ein Erlebnis aus dem Sommer 2003… Wir sind mit dem Kamerateam unterwegs zwischen Gusev und Schelesnodoroschnij. Das eine war einmal Gumbinnen und das andere Gerdauen. Gerdauen führte diesen Namen nach einem pruzzischen Häuptling. Nun, aus dem Russischen übersetzt, ist »Eisenbahnstadt« daraus geworden. Das klingt weder romantisch noch historisch. Viele dieser in der Sowjetzeit hastig erdichteten Namen haben den Charme einer Militärverordnung oder eines Parteitagsbeschlusses. Gumbinnen bekam seinen neuen Namen nach dem sowjetischen Hauptmann Sergej Ivanowitsch Gusev, der im Januar 1945 im Kampf um diese Stadt gefallen war.

Es waren blutige, auf beiden Seiten verlustreiche Schlachten, die hier im Winter 1944/45 tobten. Und heute wölbt sich über allem ein stahlblauer Sommerhimmel, von Streifen weißer Wölkchen durchfurcht. Weites Land auf beiden Seiten der Straße, das meiste unbestellt, aber dennoch malerisch und friedlich. Die Landschaft strahlt eine Ruhe aus, wie wir sie im Zentrum Europas schon gar nicht mehr kennen. Auf den Schornsteinen zerfallener Gehöfte, auf Telegrafenmasten, von denen da und dort gekappte Drähte zu Boden hängen, und auf rostigen, stählernen Wassertanks nisten Störche. Die Jungen stehen im Nest und schlagen aufgeregt mit den Flügeln.

Gelegentlich zeigt unser russischer Begleiter in die braungelbe Weite und erklärt: »Da links war früher ein Dorf. Die Front ist mehrmals darüber hinweggezogen. Zunächst haben die sowjetischen Truppen es sturmreif geschossen und eingenommen, dann hat die deutsche Wehrmacht es zurückerobert, und schließlich stießen wieder die sowjetischen Panzer vor. Da ist kein Stein auf dem anderen geblieben ...«

Ich diskutiere mit unserem Kameramann Hartmut Seifert, ob denn das Licht wohl günstig sei, um diese Landschaft und diese Störche zu filmen, oder ob man – wozu er im Allgemeinen neigt – doch lieber abwarten solle, bis das Rot der sinkenden Sonne dem Bild einen noch schöneren Glanz verleiht. Künstlerisch spricht natürlich alles für den Abend, organisatorisch viel für den Augenblick. Denn Störche können Ende Juli/Anfang August voller Überraschungen sein. Heute noch stehen die Jungen im Nest und üben das Fliegen, und morgen schon sind die Nester leer und ihre Bewohner auf dem Weg nach Afrika.

Wir beschließen, erst einmal weiterzufahren, haben die Kreisstadt Ozersk (einst Darkehmen, später Angerapp) passiert und fahren durch eine kleine Ortschaft, die ein Schild in kyrillischen Lettern als »Lwofskoje« ausweist. Viele Einwohner scheint Lwofskoje nicht zu haben, und wie in den meisten ländlichen Gemeinden sieht man am Tag kaum einen Menschen auf der Straße. Schon ist der Ort zu Ende, da taucht rechter Hand ein Ensemble wuchtiger, noch gut erhaltener ziegelroter Stallungen auf. »Ehemaliges ostpreußisches Gut«, erklärt unser Begleiter. »Hieß früher Gudwallen, großes Gestüt, bekannt für Trakehner-Zucht…« Und plötzlich ruft einer aus unserem Wagen: »Halt mal an! Was ist das?«

Der Blick nach rechts fällt auf lange Gassen mit roten, geduckten Reihenhäusern. Menschen sitzen auf den Treppenstufen vor den Türen: alte und junge, irgendwie regungslos oder verträumt, fast wie Patienten im Wartezimmer eines Arztes. Hartmut nimmt die Kamera auf die Schulter und schaltet sie auch schon ein, während wir neugierig in die vorderste Gasse laufen. »Guten Tag, wir sind vom deutschen Fernsehen und kommen ganz zufällig hier vorbei… Wie geht's? Wie ist das Leben? Was passiert denn hier? Auf was warten Sie?«

Die Frauen auf den nächstgelegenen Treppenstufen halten die Hand vor die Augen, um im Licht der hellen Sonne besser erkennen zu können, wer oder was da so plötzlich in ihren Alltag hereinbricht. Unruhe entsteht, einige verdrücken sich hinter die Türen, aus dem Hintergrund ruft eine Stimme auf Russisch: »Haut ab! Ihr wollt doch bloß unser Elend filmen!« Wir überhören das freundlich, fragen und reden munter weiter – über uns und den Zweck unserer Reise, über Deutschland und Russland. Schildern den verblüfften Russen all die Vorzüge unseres Senders, seine Strukturen und dokumentarischen Konzepte, und Hanna übersetzt das alles in einer ruhigen, so selbstverständlichen Art, dass das plötzliche Eindringen eines fremden Fernsehrudels schon bald wie etwas ganz Alltägliches erscheint.

Die Gasse füllt sich langsam wieder, wir ziehen plaudernd von hier nach dort, Hanna setzt sich auf die Stufen, um das

Menschliche wie das Politische mal im größeren Kreis und dann wieder im Einzelgespräch näher auszuleuchten. Und Hartmuts Kamera schwenkt dabei ebenso ruhig wie selbstverständlich von einer Gruppe zur nächsten. Allmählich findet man Gefallen an diesem Besuch. Die Frage »Wie geht's?« stellt sich natürlich sehr schnell als etwas einfältig heraus. Denn es ist nicht zu übersehen, wie heruntergekommen diese Umgebung ist: die Wege matschig, die Häuser abbruchreif. Und die Menschen sehen alles andere als glücklich aus.

Die Frauen führen das Wort: »Uns Russen geht es schlecht! Wir leben nicht, wir existieren. Wir versuchen zu überleben, auf mehr kann man nicht hoffen. Früher, zu sowjetischer Zeit, gab es wenigstens Arbeit. An unser früheres Leben denken wir wie an ein Märchen zurück.« Dieses frühere Leben auf dem vom Krieg fast völlig verschonten Gut war der Alltag einer Kolchose. Leicht wird er sicher nicht gewesen sein. Es stellt sich heraus, dass die meisten aus der Gegend von Jaroslavl kamen und von der Regierung angeworben wurden, um die frisch eroberten Gebiete zu besiedeln. Gezwungen hat man sie nicht, aber man hat ihnen doch etwas zu leuchtende Versprechungen gemacht.

Der erste Mann mischt sich jetzt in das Gespräch: »Ich war so groß, als wir hier ankamen«, erklärt er und hebt die Hand bis auf Schulterhöhe. »Hier gab es nichts. Schon als Junge musste ich mich sofort zur Arbeit melden, um nicht zu verhungern. Wir haben aufgeräumt und ausgemistet, haben schwer geschuftet und den Betrieb wieder instand gesetzt. Und jetzt bricht alles zusammen! Seit 1948 sind wir hier und leben immer noch in denselben Baracken. Es regnet durchs Dach, im Winter ist es bitterkalt, der Frost dringt durch die vernagelten Fenster ins Zimmer. Wir sammeln Holz, um es wenigstens ein wenig warm zu haben. Die Alten bekommen eine kleine Rente, aber das reicht nicht, um die Familien zu ernähren. Keiner hilft uns, keiner fühlt sich für uns zuständig.«

Wieder eine Frau: »Alles geht zugrunde. Bei wem sollen wir uns beschweren? Früher gab es die Kommunisten, es gab die Partei, bei der man etwas melden oder beantragen konnte. Heute ist es den Behörden egal, was mit uns passiert. An wen sollen wir uns wenden? Etwa an Putin? Der ist weit weg. Und was sollte das auch bringen? Er leitet unsere Beschwerden höchstens an die lokalen Behörden weiter, und die tun nichts.«

Eine andere Frau fällt ihr ins Wort: »Hier regiert die Mafia, unsere lokale Mafia. Und diese Leute denken nur an sich. Hauptsache, ihnen geht es gut, und alle anderen sind sich selbst überlassen – so nach dem Motto: Ob ihr überlebt, ist eure Sache. Gott sei mit euch, und basta!«

Die Stimmung wird immer erregter, nur eine jüngere Frau lehnt an der Mauer neben einer der offenen Türen und hält sich aus den Gesprächen heraus. Sie ist besser, erkennbar westlich gekleidet. Ich gehe auf sie zu, die Kamera schwenkt mit. Schon vor Jahren ist sie nach Deutschland ausgewandert, lebt in Köln und besucht zwei- oder dreimal im Jahr ihre Schwester in dieser toten Kolchose: »Ich weine viel, bin immer ganz krank, wenn ich sehe, wie diese Menschen hier leben.« Nach einer längeren Pause fährt sie fort: »Ich mag sie alle. Sie können doch nichts dafür, dass sie so leben müssen. Aber was sollen sie tun? Wer braucht sie noch, seit der Betrieb erst privatisiert und dann stillgelegt wurde? Es wohnen auch junge Leute hier, die könnten natürlich noch arbeiten. Aber sie fangen an zu trinken, prügeln sich, versuchen zu klauen ... Dieser Ort brauchte einfach einen guten Herrn, einen neuen Besitzer, der alles in seine Hände nimmt. Ihr Leben selbst in die Hand zu nehmen, wie das ja nun das Rezept der neuen Wirtschaft ist, haben diese Menschen doch nie gelernt. Ja, ohne neuen Besitzer geht hier alles vor die Hunde! Die Menschen sind einfach übrig geblieben aus sowjetischen Zeiten und weggeworfen worden wie Müll oder veraltete Geräte.«

Hinter uns ruft eine Stimme: »Was sollen wir denn tun? Was bleibt uns noch übrig, als uns aufzuhängen?« Und schließlich humpelt eine schon sehr betagte Frau vor die Kamera und spricht direkt in sie hinein. Ihr Schluchzen klingt wie ein Appell von Mütterchen Russland an eine weit entfernte, unbekannte Außenwelt: »Ich habe den Krieg durchgemacht, drei meiner Brüder sind gefallen. Und das ist jetzt unser Leben … Helfen Sie uns! Bitte helfen Sie uns!«

Was immer man über das Fernsehen sagt, es hat auch seine guten Seiten. Hunderte von Briefen liefen nach der Sendung ein, und viele Zuschauer stellten die Frage: »Wie kann man diesen Menschen helfen?« Es war eine Frage, vor der ich plötzlich stand, und leicht war es nicht, eine korrekte und gleichzeitig praktische Antwort zu finden. Denn üblicherweise, wenn das Fernsehen zum Spenden aufruft und sogar die Kontonummern der großen Hilfsorganisationen einblendet, geht es um ganze Landstriche, in denen Not und Elend herrschen. Erdbeben haben vielleicht eine Region in Lateinamerika verwüstet, Fluten ein Land in Asien überschwemmt, in Afrika tobt ein Stammeskrieg. Das Technische Hilfswerk wird in Marsch gesetzt, das Rote Kreuz und all die anderen Organisationen fliegen Kleidung und Nahrungsmittel ein, Ärzte melden sich zum freiwilligen Einsatz... Im Allgemeinen, so darf man hoffen oder vermuten, wird jede noch so kleine Geldspende als Teil eines großen Stroms schon ihre sinnvolle Verwendung finden. Aber wer kümmert sich um ein Häuflein Menschen in einem kleinen Dorf in Russland, das von einer zusammengebrochenen Weltmacht seinem Schicksal überlassen wurde?

Je länger ich mich mit dem Problem beschäftigte, desto komplizierter wurde es. Denn es ging nicht nur darum, die passende Organisation zu finden, für die solch ein Anliegen nicht zu klein sein würde. Auch andere Hürden stellten sich in den Weg. Pakete aus dem Ausland hatten sich schon seit einiger Zeit für die russischen Empfänger als zweifelhaftes Geschenk erwiesen. Mit der Benachrichtigung der Post vom Eintreffen einer Warensendung aus Deutschland flatterte ihnen gleichzeitig die Aufforderung ins Haus, den Inhalt zu verzollen. Die

Summe war für die meisten unerschwinglich, und wer sie bezahlen konnte, musste oft voller Enttäuschung feststellen, dass der Inhalt des Päckchens dieses Opfer nicht wert war.

Überhaupt zeigt sich das neu erstandene Russland nicht mehr sonderlich an Hilfe und Helfern interessiert. Was einst in idealistischer Verklärung der Anspruch des sozialistischen Staates war – die Solidarität der Gemeinschaft mit den Schwachen –, ist inzwischen radikal aus der Mode gekommen. Die Armen sind der neuen Macht- und Geldelite eher lästig und peinlich. Diese Erfahrung hat beispielsweise auch die Evangelische Kirche gemacht, die in Kaliningrad ein Heim unterhält, um verwahrloste Kinder und Jugendliche von der Straße zu holen. In den hellen Räumen von »Jablonka« – Apfelbäumchen – können sie übernachten, werden eingekleidet, betreut und verpflegt. Junge Menschen, um die sich sonst niemand kümmert, entdecken in allerlei Kursen ihre handwerklichen Fähigkeiten. In früheren Jahren haben die städtischen Behörden die soziale Arbeit des »Apfelbäumchens« geschätzt und finanziell unterstützt. Nun hat man die Kirche jedoch wissen lassen, es gebe auf Kaliningrads Straßen doch kaum noch bettelnde Kinder, daher sei die Einrichtung nicht mehr nötig.

Was also tun für die Vergessenen und Hilflosen in einem so ölreichen Land? Was sollte ich Zuschauern antworten, die nach einer Fernsehsendung nicht gleich ganz Russland beistehen wollten, sondern Kindern und weinenden Frauen in einer ehemaligen landwirtschaftlichen Kolchose? Zufällig telefonierte ich eines Tages mit dem Kollegen Haug von Kuenheim. Er hat lange Zeit in verschiedenen journalistischen Funktionen für die *Zeit* gearbeitet und war ein enger Mitarbeiter der Gräfin Dönhoff. Die Kuenheims sind eine der alten ostpreußischen Dynastien. Wir sprachen über dies und das und schließlich auch über mein Problem. Und Kuenheim rief spontan: »Ich weiß den richtigen Mann für Sie!«

1. Masuren wirkt beruhigend auf die menschliche Seele. Die Weite und Stille der Landschaft sind noch heute ein Gegenprogramm zum hektischen Leben in den Ballungszentren Europas.

2. Störche im Sommerquartier entlang der polnisch-russischen Grenze. »Nehmt welche mit«, rät Sofia Gusik aus dem früheren Schewecken den deutschen Touristen. »Man hört doch, ihr habt zu wenig Kinder ...« (Kap. 12)

3. Der Frauenburger Dom ist auf ewig mit dem Namen Nikolaus Kopernikus verbunden. Hier fand der große Gelehrte den Beweis, dass sich die Erde um die Sonne dreht. (Kap. 2)

4. Der Warschauer Computerspezialist Piotr Ciszek (links) baut das Ordens-schloss Nakomiady wieder auf. Als es noch Eichmedien hieß, wohnten dort Christian von Redeckers (rechts) Vorfahren. (Kap.14)

5. Natalja Grandys wurde nach dem Krieg aus dem Süd-osten Polens nach Masuren umgesie-delt. Am verwil-derten Bahnhof in Odoje/ Nickelsberg pflegt sie ihren kleinen Garten. (Kap. 17)

6. »Geboren bin ich in Litauen, meine Eltern sprachen deutsch. Ich wurde Deutscher, dann Sowjetbürger, und nun lebe ich wieder in Litauen ...« Wal-ter Wallenschus ist der letzte Deutsche in einem Dorf, das einmal Bismarck hieß. (Kap. 3)

7. Mit Spenden aus Russland und Deutschland wurde der Königsberger Dom wieder aufgebaut. Er ist heute das Wahrzeichen von Kaliningrad. (Kap. 6)

8. »Ein pensionierter Soldat braucht schließlich eine Herausforderung ...« Besuch bei Oberst a. D. Igor Alexandrovich Odinzew, dem Retter des Königsberger Doms. (Kap. 6)

Und das war er: Heinz Hohmeister, ein Dachdeckermeister aus Delligsen. Das liegt in Niedersachsen, bei Alfeld an der Leine. Ich rief ihn an, und er schilderte mir sein Projekt und sein System: Er habe einen eingetragenen Verein gegründet, das Finanzamt habe ihn als gemeinnützig anerkannt; Geld- und größere Sachspenden liefen ein; so etwa ein Dutzend Mal im Jahr fahre er mit seinem Kombi ins Gebiet Kaliningrad. Dort stelle er im lokalen Supermarkt einen Warenkorb zusammen. Nach diesem Muster lasse die Geschäftsführerin dann dreißig oder fünfzig Pakete gleichen Inhalts packen, jedes im Wert von etwa fünfundzwanzig Euro. Am Tag darauf hole er die Pakete ab und verteile sie im Kreisgebiet Ozersk, das einmal Angerapp hieß, an die Bedürftigen. Kein Zoll, keine Probleme an der russischen Grenze, kein großer Verwaltungsaufwand, die ganze Organisation sei ein Einmannbetrieb... Und schließlich das entscheidende Argument: Der Ort des Elends, die ehemalige Domäne, liegt nur fünf Kilometer von Ozersk entfernt. Also verfasste ich einen Brief, in dem ich das Konzept erklärte, und fügte auch die Kontonummer an.[II] Innerhalb von Hohmeisters Organisation »Hilfe zur Selbsthilfe« bildete sich noch ein besonderer Kreis, die sogenannten »Gudwallenspender«. Zuschauer schickten Geld, einige übernahmen gleich Patenschaften für einzelne Familien oder Personen, die sie auf dem Bildschirm gesehen hatten. Das meiste aber entscheidet der Samariter aus Delligsen bis heute spontan oder nach Beratung mit dem Kreissozialamt: hier ein Stipendium für ein begabtes Kind, dort ein Zuschuss für Pflegeheimplätze, um zwei alte Frauen aus dem Elend herauszuholen; für chronisch Kranke die dringend nötige Arznei, für eine junge Frau eine Beinprothese, für einen kleinen Jungen eine dringende Operation; eine neue Wasserleitung für die baufälligen Gesindesiedlungen, warme Decken und einen gebrauchten Fernsehapparat gegen die Eintönigkeit und Langeweile; Bettwäsche, Handtücher und Nachthemden für das kirchliche Pflegeheim in der Nähe; eine Waschma-schine, Kühlschrank, Geschirr und Bücher für den Kinder-garten im ehemaligen Verwaltungsgebäude der Domäne … Zwei- oder dreimal im Jahr legt Heinz Hohmeister in einem Rundbrief an die Spender Rechenschaft ab. Einer seiner ersten Berichte las sich so:

>*Pfingsten war ich wieder da, hatte diesmal eigentlich gar nicht vor, in Gudwallen vorbeizuschauen. Da kam der Hilferuf: Die Elektrizitätsgesellschaft hat den alten Mütterchen den Strom abgeklemmt! Warum?*

1. Stromrechnung nicht bezahlt. Dabei haben die meisten nur eine Lampe und sonst keine elektrischen Geräte.

2. Die Gesellschaft bringt neue Stromzähler an, die muss jeder Haushalt kaufen. Dafür fehlt den Alten erst recht das Geld, so ein Zähler kostet eine Monatsrente.

3. Obendrauf kommt noch die Anschlussgebühr, und die ist noch teurer als der Zähler.

Habe bezahlt:

Sechs Stromzähler einschließlich Anschlusskosten: 14200 Rubel;
der Frau mit den sechs Kindern gegeben: 1500 Rubel;
zwei Dreiräder gekauft: 800 Rubel;
Bonbons für alle Kinder auf dem Gelände: 1500 Rubel;
zusammen: 18000 Rubel[12].

Oma kann nun wieder ihr Licht einschalten! Spendenquittungen schicke ich Ihnen Ende des Jahres zu.

Nun bleibt mir nur noch, mich bei Ihnen für die treue Unterstützung zu bedanken. Mit herzlichen Grüßen
Heinz Hohmeister«

So geht das nun Jahr um Jahr. Meist sind recht anrührende Fo-tos dabei: von einer der Frauen mit ihrem runzeligen Gesicht-chen unter dem bunten Kopftuch, die nun wieder elektrisches

Licht hat; von den acht Waisenkindern, ihren Pflegeeltern und dem kleinen Sascha am Klavier, das Hohmeister irgendwo für 83 Euro erstanden hat; von einer Kuh, die jemand, der in die Stadt zog, verkaufen wollte, und von der jungen Familie, die sich so dringlich eine wünschte. Überhaupt stehen Kühe bei armen Russen im Umfeld von Kaliningrad auf der Wunschliste ganz oben. Unser Mann in Gudwallen berichtet von einer »Aktion Kuh« nach der anderen. Und so glücklich die Empfänger, so stolz die Spender auch über jede Geldsumme sein dürfen, die von Deutschland ins steinreiche und zugleich bettelarme Russland fließt: Emotional sind Kühe einfach die stärkere Währung. Auf den Fotos sieht zwar eine Schwarzbunte aus wie die andere, und doch wärmt es das Herz auf ganz unerklärliche Weise, wenn einen – und sei es nur auf dem Bild – so ein Tier anschaut und man sich sagen darf: »Die ist von mir!«

Alles in allem: Es sind Bilder und Geschichten aus einer anderen Welt, weiter entfernt von unserem Alltag und unseren Sorgen, als sich in Kilometern ausdrücken lässt. Und so ist es an der Zeit, sich noch etwas intensiver mit unserem Helden Heinz Hohmeister zu befassen, der zwischen diesen beiden Welten eine Verbindung schafft. Warum tut er das? Wieso fühlt er sich verantwortlich für die sozialen Verwerfungen Russlands? Wir ahnen, es hat etwas mit Heimat zu tun. Er selbst sagt: »Ich weiß es nicht. Wahrscheinlich bin ich verrückt.« Auch wenn wir dem nicht widersprechen wollen, so weckt eine solche Erklärung nun einmal den Wunsch: »Ach, wenn es doch mehr Verrückte gäbe!« Denn: *»Was ist eigentlich normal?«* Mit diesen Worten beginnt der inzwischen pensionierte Dachdeckermeister eine Betrachtung über sein Leben, die er in stiller Stunde für seine Kinder und Enkel zu Papier gebracht hat.

Aber warum nur für die? Auch mir hat er eine Kopie geschickt. Ein Schicksal mehr auf dem Stapel ostpreußischer Geschichten, die in dieser oder jener Variation auch mein Leben gewesen sein könnten, wenn nicht der Zufall an so vielen Kreuzungen und Gefahrenpunkten anders entschieden hätte:

Heinz Hohmeister wurde 1940 im Krankenhaus von Insterburg als zweiter Sohn einer ostpreußischen Familie geboren. Es war eine schwierige Geburt, denn die Mutter war schwer herzkrank, und der Arzt hatte ernste Bedenken gegen das Austragen dieses Kindes: »*Zum Glück gab es damals keine Antibabypillen*«, schreibt er. »*Es würde mich sonst nicht geben!*« Nach zweieinhalb Jahren starb die Mutter. Der Vater war Soldat und bekam ein paar Tage Heimaturlaub, um an der Beerdigung seiner Frau teilzunehmen. Das war im Januar 1943. Danach haben Heinz und sein Bruder Gerhard ihn viele Jahre lang nicht mehr gesehen.

Die Großeltern mütterlicherseits nahmen sich der beiden Knaben an, und so verbrachten sie die letzten Kriegsjahre in Rüttelsdorf. Der Ort hieß einmal Neu Pillkallen, heute heißt er Moschenskoje. Von Gudwallen/Lwofskoje ist das etwa zehn Kilometer entfernt. So ungefähr zwanzig Kilometer entfernt liegt ein anderer Ort, dessen Name in der Geschichte des näher rückenden Krieges zum Schreckensruf wurde: Nemmersdorf. Denn schon im Oktober 1944 war die sowjetische Armee zum ersten Mal auf ostpreußisches Gebiet vorgedrungen, sozusagen vor die Haustür der beiden Brüder. Noch einmal konnte die Wehrmacht den Angriff zurückschlagen, doch für die Bewohner gab es keine Rettung. Auf den Straßen und hinter den Gehöften verstreut lagen ihre schrecklich entstellten Leichen. Die sonst im Publizieren eigener Niederlagen und Verluste äußerst zurückhaltende Propagandamaschinerie der Nationalsozialisten warf dieses »Massaker von Nemmersdof« mit all seinen scheußlichen Details auf die Kinoleinwand. Nahe liegend ist natürlich die Vermutung, dass die sowjetischen Truppen hier zum ersten Mal ihren Hass, ihre Rache und die im Krieg verrohten Instinkte ausgetobt haben. Hartnäckig hält sich aber auch das Gerückt, die Nazis hätten der grausigen Inszenierung nachgeholfen, um in der eigenen Bevölkerung den Kampfwillen noch einmal anzuheizen und Fanatismus zu schüren.

Fluchtartig verließen die Bewohner des benachbarten Rüttelsdorf ihre Höfe. Die Großeltern und ihre beiden Enkel schafften es bis Allenstein. Dann trennten die Braunhemden des berüchtigten, nach dem Krieg zum Tode verurteilten und in polnischer Haft gestorbenen Gauleiters Koch die Männer von den Frauen, zwangen den Großvater zum Hilfsdienst und schickten die Großmutter und die beiden Buben mit Pferd und Wagen zurück, um das Vieh einzufangen und den Hof wieder zu bestellen. Dieser Rückmarsch verlief quer durch die Fronten. Mal trafen sie auf russische, dann wieder auf deutsche Soldaten, oft fanden sie sich auch zwischen den kämpfenden Truppen, bis schließlich nur noch sowjetische Uniformen um sie waren. Hohmeister war damals fünf. Er erinnert sich:

»Meine Großmutter zog uns Kinder immer dicht an sich heran und sagte, wenn wir schon sterben müssten, dann sei es besser, wenn keiner allein übrig bleibe… Geradezu phlegmatisch sind wir über Tote gestiegen, wir sahen Leichen über Zäunen hängen, sahen Erschießungen, Demütigungen und Vergewaltigungen. Zweimal mussten wir uns selbst schon zur Hinrichtung aufstellen. Das eine Mal kam ein russischer Offizier auf einem Schimmel dazwischen (oder war es ein Engel?), das andere Mal rettete uns ein Kolchosenchef im letzten Augenblick. Von Ende Oktober 1944 bis zum Mai 1945 irrte unsere Großmutter mit uns Kindern durch Ostpreußen. Für die Sieger waren wir Freiwild. Jeder konnte mit uns machen, was er wollte… Einige sowjetische Soldaten waren gut zu uns, andere grausam. Als wir wieder in Rüttelsdorf ankamen, wohnte in unserem Häuschen schon eine Familie aus Leningrad – ein Ehepaar mit zwei Mädchen. Ihnen ging es nicht viel besser als uns.«

Aus allen Teilen des riesigen Sowjetreichs zogen Menschen zu: Kirgisen, Usbeken, Mongolen, Russen, Georgier, Kasachen... Für die kleine Familie wurde die Heimat mehr und mehr zur Fremde. Es folgten Jahre harter Arbeit, und es gab kaum etwas zu essen, das Stehlen wurde ein selbstverständlicher Teil des Überlebenskampfes. Viele Menschen gaben auf, legten sich hin und starben; viele Brunnen waren von Leichen und Tierkadavern verseucht, erst erkrankte die Großmutter schwer an Typhus, dann auch ihr Enkel Heinz. Und wieder nahm es die kleine Familie wie ein Wunder, dass sie alle überlebten.

Nach drei qualvollen Jahren kam die Erlaubnis zur Ausreise. Die ostpreußische Familie hat schließlich auf einem Bauernhof in Niedersachsen wieder zusammengefunden. Der Großvater starb 1949, die Großmutter hat ihn noch zwanzig Jahre überlebt; der Vater, den der kleine Heinz jetzt zum ersten Mal bewusst kennenlernte, ist 2008 gestorben.

Groß ist die Zahl solcher Leidensgeschichten, der einsam niedergeschriebenen, unveröffentlichten Bücher, für die es über Jahrzehnte kein Publikum gab. Immer wieder verwundert es heute beim Lesen, was Menschen alles aushalten und überleben können. Und völlig unbegreiflich erscheint es nach den Maßstäben unserer Zeit, dass jemand wie Heinz Hohmeister – statt zu vergessen und endlich dankbar ein gnädigeres Schicksal zu genießen – von solchen Erinnerungen und von solch einer Heimat so stark ergriffen und eingeholt wird, dass er sich derart radikal in den Dienst der Versöhnung stellt.

Ach, übrigens: Frank Hohmeister, sein zweiter Sohn, hat inzwischen Alewtina geheiratet. Ylva, ihre Tochter, wurde im Königsberger Dom getauft. Die junge russische Studentin des Kaliningrader Musikcollegs und der jugendliche deutsche Solist und Coregisseur hatten sich über die Musik kennengelernt. Die Geschichte ist ein wenig kompliziert und verdankt ihr Happy End allerlei Zufällen und bürokratischen Besonderheiten – eben eine Liebe in Kaliningrad... Es war eine Sensation, als eine junge Musikertruppe aus Bremen 1996 die Erlaubnis und die Visa bekam, im Kaliningrader Theater die Oper »Undine« des Königsbergers E. T. A. Hoffmann aufzuführen. Allerdings erlaubte die Vorschriftenlage nur die Einreise von Sängern – also Chor und Solisten –, nicht aber von Mitgliedern eines Orchesters. Wir ahnen schon, wer wieder einmal gute Kontakte hatte, um das Problem zu lösen. Zufällig ist Heinz Hohmeister mit einem Arkadij Feldmann befreundet, der zufällig in Kaliningrad ein Symphonieorchester leitet. Die Bremer Gäste wurden in der musikbegeisterten Gemeinde in Privatquartieren untergebracht, was – wie sich später herausstellte – die Gastgeber vor Ort nach Geschlecht und zueinander passenden Sternzeichen arrangiert hatten. Es bedurfte dann noch eines Gegenbesuchs des Kaliningrader Musikcollegs in Bremen, und schon kam es, wie es kommen musste. Es stand ja bereits in den Sternen. Aber das ist schon wieder die nächste Generation und die nächste Geschichte…

Uns Journalisten wird ja mit Recht immer wieder vorgeworfen, dass wir nicht geduldig oder gar beständig seien. Und da ist sicher etwas dran. Aufgeregt springen wir auf jedes neue und außergewöhnliche Thema oder Ereignis an, verlieren dann aber schnell wieder das Interesse und wenden uns der nächsten Krise zu. Gerade im Wirbel des Nachrichtenjournalismus wird jede Sensation rasch von der nächsten überdeckt. Da ist es ein Vorzug des Ruhestands – der journalistischen Kür, wenn man so will –, sich ganz ohne jeden aktuellen Anlass mal hierhin und mal dorthin treiben zu lassen, entweder weil man einen bestimmten Teil der Welt noch nicht gesehen hat oder weil einen plötzlich der Gedanke beschleicht: »Da gibt es doch diese Heimat, die du immer noch nicht richtig kennst, und dieses Thema, das du immer noch nicht so recht verarbeitet hast. Es ist an der Zeit, dort noch einmal vorbeizuschauen…«

Mich hat es nach jener ersten Fernsehexpedition nach Masuren erst einmal ins Eis von Spitzbergen getrieben, sozusagen ans Ende der Welt. Dann ans andere Ende nach Australien und im Jahr darauf in die Wüsten des südlichen Afrika. Eigentlich stand als nächstes Ziel Feuerland auf dem Programm, aber dann wurde doch die Neugier wieder wach: Ostpreußen! Nachschauen, was sich in vier Jahren in Masuren oder in Kaliningrad verändert hat. Und auch in Gudwallen.

Der Gedanke lag nahe, sich dort mit Heinz Hohmeister zu verabreden. Ich rief ihn an – etwas zu früh oder auch etwas zu spät. Er war gerade dabei, seinen Wagen für die nächste Tour zu beladen. In unsere Pläne passte das noch nicht so recht, wir hatten uns zunächst mit Frido Mann, einem Enkel Thomas Manns, zum Festival zu Ehren des Dichters in dessen ehemaligem Sommerhaus im litauischen Nida verabredet, und anschließend hatte Hanna schon allerlei Termine in Masuren fest ausgemacht. Erst danach stand der Bezirk Kaliningrad auf dem Drehplan. Für Hohmeister war das kein Problem: Er habe ein Dauervisum, fahre mehrmals im Jahr hin und her, und wenn wir so weit seien, dann fahre er eben wieder. Treffpunkt: erster Montag im August in Kaliningrad, Hotel »Moskwa« zum Frühstück…

Einen besseren Führer hätten wir uns nicht wünschen können. Der Mann aus Delligsen ist hier sozusagen zu Hause. Im Südosten der russischen Exklave kennt er jeden Ort und seine Geschichte. Und wo wir auch haltmachen, meist hat er dort Freunde. So etwa hundert Mal war er mit seinem Kleinlaster schon hier und hat tonnenweise Material und Geräte in eine vernachlässigte Region Russlands geschafft: von deutschen Firmen ausrangierte Computer für die Schule, medizinische Bedarfsartikel für das Krankenhaus, aus Holland die komplette Einrichtung einer Zahnarztpraxis, eine alte Straßenlaterne aus dem Fundus der Stadt Dresden, die nun den Marktplatz von

Ozersk schmückt. Denn Ozersk, das früher Angerapp und noch früher Darkehmen hieß, war einst die erste Gemeinde in Ostpreußen mit elektrischer Straßenbeleuchtung.

In dieser Kreisstadt schauen wir beim Landrat auf einen Kaffee vorbei. Der Besuch beginnt recht feierlich. Sergej Kusnetzov hat deutsche und russische Fähnlein zwischen die Keksteller stellen lassen, von einem Bild an der Wand schaut Wladimir Putin ernst, aber nicht unfreundlich auf unsere Runde. Heinz Hohmeister, der Ostpreuße, ist Ehrenbürger des Kreises Ozersk. Und Landrat Kusnetzov hält folgende Rede:

»Mein Vorgänger in diesem Amt war zwanzig Jahre älter als ich. Er hat lieben Gästen bei der Begrüßung immer vorgeschlagen, erst einmal einen Schnaps zu trinken. Aber nun ist Alkohol in allen Büros der Verwaltung verboten. Die Zeiten ändern sich.

Also die Sache mit Hohmeister... Sie können sich denken, dass es auf Anhieb nicht gerade eine populäre Entscheidung für den Sowjet unseres Kreises war, einen früheren Bewohner Ostpreußens zum Ehrenbürger zu machen. Aber meiner Meinung nach sollte das eine Selbstverständlichkeit sein. Denn viele Menschen von außerhalb tun mehr für uns als die, die hier arbeiten und wohnen. Wir haben ein altes russisches Sprichwort: Wo du geboren bist, da kannst du dich im Alter nützlich machen!«

Nach einer Pause, in der uns Hanna seine Worte übersetzt, fährt der russische Landrat fort: »Es gab schon immer Menschen, die uns helfen wollten und die versuchten, Lebensmittelpakete auszugeben oder Geld zu verteilen. Aber oft taten sie das ziemlich wahllos – sie verteilten sozusagen an jeden. So etwas bringt nur Negatives in eine Gesellschaft. Man muss denjenigen helfen, die sich selbst nicht helfen können, oder denen, die diese Hilfe brauchen, um wieder auf die Beine zu kommen. Und deshalb arbeiten wir seit vier, fünf Jahren mit Heinz Hohmeister eng zusammen. Er reist herum und kümmert sich um

Invaliden, um Senioren oder um ausgesetzte Kinder. Und manchmal kommt er auch zu mir und sagt: ›Da gibt es ein Problem, lassen Sie uns das gemeinsam lösen.‹ Und dann versuchen wir es gemeinsam.«

Wir fahren nach Gudwallen, dem eigentlichen Ziel dieser Reise – unangemeldet, wie vier Jahre zuvor. Diesmal ist es Jürgen Rapp, der seine Kamera schon einschaltet, kaum dass die roten Gebäude in Sichtweite sind. Zwei Frauen und ein Kind sitzen auf einer Treppe, Heinz Hohmeister geht voran: »Guten Tag, wie geht's?« – »Ach, fragen Sie nicht, schlecht!« Und dann erzählt sie eine längere Geschichte. Ihm merkt man an, dass er diese Klage schon kennt. Er erkundigt sich nach Karinka, der er helfen will, hier herauszukommen. Er fragt hier und fragt da: Sie arbeitet, der Mann arbeitet, die Kinder laufen hier irgendwo herum, eben waren sie noch da …

Auch unsere Kamera wandert. Die nächste Wohnung in dem flachen Reihenhaus ist leer. Keine Tür mehr, keine Fenster, jedes Stück Holz oder Metall, alles irgendwie Verwertbare herausgerissen – eine hässliche Lücke, eine Art Müllhaufen Wand an Wand mit der nächsten Behausung. Wo ist die alte Frau, die hier gewohnt hat? »Tot«, sagt die Nachbarin. »Die Großmütter sind alle gestorben, eine nach der anderen. Sie waren schon alt. Die anderen Frauen und ich, wir sind die nächste Generation: hier geboren, seitdem leben wir in diesen Baracken. Und alles fällt zusammen. Das da sind unsere Kinder und das unsere Enkel.«

Ganz stimmt das nicht. Irgendwo zwischen den Reihen der roten Häuser sitzt eine alte Frau in der Sonne – einsam, niemand redet mit ihr, sie lehnt an einer Mauer, fast selbst wie ein Stein. Wer ihr ein paar Rubelscheine zuschiebt, muss vorsichtig sein und darauf achten, dass es niemand sieht. Die Szene hat sich inzwischen belebt. Männer kommen von irgendwoher, Kinder laufen herbei, der Bürgermeister betritt die Szene. Und dann wiederholt sich ein Dialog wie damals vor vier Jahren.

Eine Frau: »Schauen Sie her, alles bröckelt und löst sich auf! Und keiner ist zuständig.«

Der Bürgermeister: »Ist schon gut, hören Sie auf! Niemand wird Ihnen helfen in dieser Sache.«

Die Frau: »Man muss doch die Wahrheit sagen! Ich bin dieses Jahr zum Landrat Kusnetzov gegangen. Aber niemand kümmert sich um diese Häuser. Uns gehören sie doch nicht. Die gehören der Sowchose, unser Leben lang gehörten sie dem Staat.«

Der Bürgermeister: »Damit ist es vorbei! Schluss! Aus! Vergessen Sie das! Diesen Staat gibt es nicht mehr!«

Ehrlich gesagt, ich hatte mir die Rückkehr nach Gudwallen anders vorgestellt. Wie genau, ist schwer zu sagen. Auf jeden Fall lieblicher, freundlicher, sauberer, netter... Fernab in Deutschland ist es ja leicht, von großen Konzepten und perfekten Lösungen zu träumen, wenn man nur regelmäßig etwas spendet. Und in der Realität geht es wahrscheinlich nicht anders als nach der Methode Hohmeister: den alten Frauen das Leben noch etwas leichter machen – oder zumindest noch größeres Leid auf Abstand halten – und von den nächsten Generationen die eine oder andere Familie herausholen aus diesem Milieu, bevor die letzte Baracke zusammenbricht. Etwa fünfzig Kinder, die keine Eltern mehr haben oder deren Eltern dem Alkohol verfallen sind, sodass die Behörde ihnen das Sorgerecht entzog, betreut dieser Kurier zwischen zwei Welten. Allen zu helfen, diese ganze Heimat in neuem Glanz erstehen zu lassen, ist für einen einzelnen Mann wohl auch etwas viel. Und Gudwallen ist überall in dieser Region. Man muss nur einmal den Wagen anhalten, aussteigen und die Menschen fragen, wie es ihnen geht.

Die internationale Finanzkrise hat inzwischen eine Theorie widerlegt, mit der so mancher Ökonom und Finanzjongleur jahrzehntelang sein Gewissen beruhigt hat: Wenn man in einer

Gesellschaft im Umbruch die einen in Ruhe reich werden lasse, werde unweigerlich ein Teil dieses Reichtums auch durchsickern an die Armen. Die Realität beweist das Gegenteil: Der Kurs des Rubel fällt, die Preise steigen rasant. In seinem Rundbrief zum Jahresanfang 2009 schrieb Hohmeister an seine Spendergemeinde:

»Bei den Armen und Alten auf den Dörfern schlägt die Weltwirtschaftskrise brutal durch! Natürlich verlieren auch die sehr reichen Russen viel Geld. Aber richtig Not leiden müssen nur wieder die, die schon vorher kein Bein auf die Erde bekommen haben!«

Verfallene Kirchen oder die Ruinen alter Tempel üben auf den Betrachter stets eine schwer erklärbare Anziehung aus. Sie haben einen geradezu magischen Reiz und setzen unsere Fantasie in Schwingung, stimmen uns nachdenklich und erinnern uns an die eigene Vergänglichkeit. In Italien, Ägypten oder Kleinasien graben wir nach den Spuren und Überresten versunkener Reiche und Kulturen. In so manchem Kurpark in Europa ragen irgendwo in einer stillen Ecke zwei oder drei schlanke Säulen in die Höhe, die noch den Rest eines steinernen Frieses tragen. Drum herum Büsche und gepflegte Blumenrabatten, kein weiteres Indiz für ein heiliges Bauwerk, das etwa die Griechen oder die Römer in hessischen Kurbädern hinterlassen haben könnten. Das klassische Ensemble – baufest und sicherheitsgeprüft – ist einfach der Traum eines Landschaftsarchitekten von einem schöneren, edleren Gestern. Hier und dort in Deutschlands großen Städten ist nach den Bombennächten des letzten Krieges noch ein einsamer Turm mit klaffender Wunde stehen geblieben und mahnt die Völker zur Versöhnung.

Auch den, der mit sentimentalem Sinn durch den nördlichen, heute russischen Teil Ostpreußens reist, erwartet so manches archäologisches Abenteuer. Es mag eine Stärke, es mag eine Schwäche der russischen Seele sein, dass man in großer Gelassenheit das Zerfallende neben dem Neuen und Modernen erduldet. Im »wilden Osten« gibt es nicht wie bei uns für jede etwas chaotische Situation die regelnde Verordnung, die dem Besitzer oder der Gemeinde bei Androhung von Strafen auferlegt, zum Schutz der öffentlichen Sicherheit und Ordnung in angemessener Frist Abhilfe zu schaffen. Auf der Promenade im ehemaligen Ostseebad Cranz beispielsweise, dem heutigen Zelenogradsk, ist wohl noch aus sowjetischen Tagen die Betonruine eines einstmals modernen Strandcafés stehen geblieben und rostet seit Jahrzehnten vor sich hin. Die Ferienstimmung der russischen Kurgäste an diesem Tor zu den schneeweißen Stränden der Kurischen Nehrung stört das nicht. Allenfalls Besucher aus Deutschland könnten an solcher Ästhetik Anstoß nehmen.

Manchmal abseits im Wald und manchmal im Zentrum größerer Gemeinden kann man durch wuchtiges ziegelrotes Gemäuer alter Kirchen klettern – nach oben der freie Blick zum Himmel, durch die kahlen Öffnungen der Fenster strecken Bäume ihre Äste in das ehemalige Gotteshaus. Der einsame Wanderer hängt seinen Gedanken nach, wie sich einst an Sonn- und Feiertagen der wuchtige Bau mit Leben gefüllt haben mag, wo denn die Kanzel gestanden haben könnte und was wohl von dort in den letzten Jahren des Krieges der Pfarrer von Angst und Hoffnung, Gehorsam und Gewissen gepredigt hat. Manchmal sind an die Stirnseiten des Kirchenschiffs mit verblassender Farbe Fußballtore gemalt. Kühe grasen, Gänse laufen herum, auf den Stümpfen von Streben und Gewölben nisten Störche. In den letzten sechzig Jahren mag das Bauwerk als Stall genutzt worden sein oder als Werkstatt, Sporthalle oder Getreidelager. Vielleicht auch – in unterschiedlicher Reihenfolge – in all diesen Funktionen, bis irgendwann die Decke einstürzte. Eine träumerische Stimmung schwebt über solcher Kulisse, der mahnende Geist der Geschichte und der Zauber eines Dornröschenschlafs ...

In einigen Gemeinden sind die Kirchen aber auch in deutscher und russischer Zusammenarbeit wiederhergerichtet worden. Meist sind sie verschlossen, fast schon verbarrikadiert. Es ist schwierig, herauszufinden, wer wohl den Schlüssel haben könnte. Gelegentlich, so erinnert sich jemand beim Kaufmann oder in der Gastwirtschaft, kommen Fremde und halten in dem Gebäude Gottesdienste ab. Doch in welchem Zustand auch immer: Kirchen und Kirchenruinen sind noch immer die höchsten Erhebungen und markantesten Bauwerke so mancher ehemals ostpreußischer, heute russischer Ortschaft.

Ich will nicht verhehlen, dass ich bei meinem ersten Besuch im Oblast Kaliningrad etwas strenge Ansichten über den »Schönheitssinn« der heutigen Bewohner hatte. Das hat sich ein wenig gemildert, als ich zum zweiten Mal nach Schelesnodoroschnij, das frühere Gerdauen, kam und Valerij Belorusski traf. Er ist dort der Bürgermeister. Gerdauen liegt mir deshalb besonders am Herzen, weil meine Mutter hier ihre Kindheit verlebte. So oft hat sie mir davon erzählt, wie schön es hier war! Und mit diesem Urteil war sie nicht alleine, es ist geradezu literarisch verbrieft. In alten Schulbüchern findet man die Geschichte von der kleinen blonden Marie, die aus Gerdauen kam und die es in den Harz verschlug. Sie lernte dort in der Fremde manch malerische Landschaft und viele hübsche Städte kennen. Doch wann auch immer ihr die neuen Freunde oder Klassenkameraden die Berge, Wälder und Täler des Harzes zeigten, traten ihr Tränen in die Augen, und sie seufzte: »Gerdauen ist schöner!«

Na ja, der Autor – er hieß August Winnig und ist lange tot – beendet die Geschichte sanft und gütig. Natürlich sei keiner aus seiner Klasse je in Gerdauen gewesen, erst lange nach der Schulzeit, während eines kurzen Halts auf langer Bahnfahrt, habe er plötzlich den Namen ausrufen hören und erwartungsvoll aus dem Zugfenster geschaut. Was er sah, muss ihn nicht sehr beeindruckt haben, aber in Ehrfurcht vor den Tränen der kleinen Marie habe er sich fest vorgenommen, nie etwas Schlechtes über Gerdauen zu sagen.

Einen solchen Vorsatz kann man eigentlich nur loben. Und warum sollte ausgerechnet ich unfreundlich über die Heimat meiner Mutter reden? So will ich versuchen, einfach nur zu beschreiben, wie ich das Städtchen vorfand. Anzumerken ist vielleicht, dass das heutige Schelesnodoroschnij an einer Grenze liegt. Sie trennte jahrzehntelang zwei sozialistische Bruderstaaten und trennt heute Russland von der EU. Und von welcher Seite man sich solch scharfen und gruseligen Linien auch nähert: Es umweht sie ein Hauch vom Ende der Welt. Andererseits ist noch zu erwähnen, dass Gerdauen zu den wenigen glücklichen Ortschaften gehörte, an denen die Front im letzten Krieg schnell vorbeigezogen ist. So blieb es einigermaßen unzerstört.

Beim ersten Besuch näherten wir uns aus Richtung Osten, fuhren in einer großen Schleife am Baktinsee vorbei, dann schlängelte sich der Weg langsam nach oben. Rechts sahen wir kleine Häuschen, und plötzlich hatten wir auch schon den Marktplatz erreicht. Wie in vielen ostpreußischen Städten ist dieser zentrale Platz eigentlich schon zu deutscher Zeit viel zu groß gewesen. Die Zahl und die Bedeutung von Viehmärkten hatte ja immer mehr abgenommen. Aber nachdem Gerdauen zu Beginn des Ersten Weltkriegs von russischen Truppen besetzt und beim Abzug wenige Wochen später schwer zerstört worden war, hatten Kaiser und Reich allen Ehrgeiz darangesetzt, das Städtchen so schnell wie möglich in altdeutschem Stil wiederaufzubauen. Die Wirren jener Tage sind mir aus den Erzählungen meiner Mutter im Gedächtnis. Die Familie hatte das Gut Posegnick verlassen und bei Verwandten in Westpreußen Unterkunft gefunden. Auf dieser ersten Flucht mit alles in allem glücklichem Ausgang wurde meine Mutter geboren.

Die architektonische Struktur im Geschmack der letzten Wilhelminischen Jahre hat Schelesnodoroschnij auch heute noch. Aus dem riesigen Marktplatz ist eine Art Park geworden, im Jahr 2003 war er noch von einer Leninstatue bewacht. Der Begründer der Sowjetunion stand allerdings nicht mehr auf seinem Sockel, sondern unverankert rechts daneben. Es sah so aus, als habe man ihn von dieser markanten Stelle wegräumen wollen und es sich dann doch noch anders überlegt. Auf drei Seiten wurde der große Platz von zweigeschossigen Häuserblocks umsäumt, in einem davon war im Erdgeschoss eine Apotheke und im oberen Stockwerk eine Art Jugendclub.

Ganz anders, geradezu malerisch, war der Blick in jene Richtung, in die auch Lenin schaute. Da sah man zunächst einen Spielplatz und einen Verkaufskiosk für Tabak und Getränke und dahinter eine historische Kulisse: eine Altstadt im bürgerlichen Stil, ein Hauch von Rothenburg oder Celle oder dem Lübecker Hansestolz. Alle Häuser im Fachwerkstil: rote Ziegel zwischen dem Schwarz der Balken, die spitzen Giebel zum Markt hin etwas vorgezogen – wahrscheinlich waren dort früher die Haken oder Winden, mit denen schwere Lasten in die Höhe gezogen wurden. Als so geschlossenes Ensemble hatte ich das in keinem anderen Städtchen des Oblast Kaliningrad vorgefunden. Fast ideal für einen Regisseur, der vorhat, einen historischen Film zu drehen…

Wahrscheinlich hatte die kleine Marie also doch guten Grund, so schwärmerisch an Gerdauen zu denken. Und meine Mutter natürlich auch. Doch ein paar Schritte näher an die hübsche Kulisse, und der Traum verblasste. Die Mauern der Fachwerkgebäude hatten Risse oder Löcher und waren gekrönt von schief hängenden Dächern, hier und da ragten die Fachwerkbalken ein Stück aus den Mauern heraus. Einige Häuser waren bewohnt, andere standen leer, hier Glas in den Fenstern, dort die Öffnungen mit Brettern vernagelt. Den Schlusspunkt bildete die alte Ordenskirche. Von ferne hatte sie so majestätisch ausgesehen. Jetzt standen wir vor rotem Schutt und kahlen Mauern. Jemand sagte, den Turm könne man durchaus noch besteigen, man habe von oben einen herrlichen Blick über die Stadt und den See. Doch auf dieses Abenteuer ließen wir uns lieber nicht ein. Wieder zum Marktplatz hin stand eine freundliche Russin vor der geöffneten Tür ihres Hauses und war dabei, ein Bild aus dem Rahmen zu ziehen. Das Glas war gebrochen. Der Zustand ihrer Stadt war ihr sichtlich peinlich, sie hätte uns gern zum Kaffee eingeladen. Nur leider sei sie gerade dabei, aufzuräumen, da könne man niemanden in die Wohnung bitten. Also verabschiedeten wir uns mit dem festen Versprechen: »Beim nächsten Besuch nehmen wir die Einladung gerne an!«

Vier Jahre vergehen, und wir sind wieder da. Das Haus der netten Russin ist verschlossen. Es sieht nicht so aus, als ob noch jemand darin wohnt. Was hat sich inzwischen verändert? Dieselbe malerische Kulisse, alle Fachwerkhäuser stehen noch. Aber die Löcher in den Wänden haben sich geweitet, noch mehr Ziegel und Dachpfannen fehlen. Es ist erstaunlich, dass die Mauern und Balken das Ganze immer noch zusammenhalten. Man geht die Hauptstraße entlang und kann durch die Risse in das Innere einiger Häuser sehen: Hier hat sich die Decke zwischen Ober- und Untergeschoss zu einer Seite gesenkt, dort verschiebt sich das Dach langsam zur Straße hin. Die Ruine der Ordenskirche behauptet trotzig ihren Platz. Man hat den Bauschutt aus dem nach oben offenen Gemäuer geräumt und auf einem Platz vor der Kirche zu einem kleinen Berg aufgehäuft. Neu sind die Schilder am Eingang zum Zentrum des Städtchens, die die Passanten warnen: »Vorsicht, Lebensgefahr!«

Die Apotheke am Markt gibt es noch, im Stockwerk darüber, wo vor ein paar Jahren noch der Jugendtreff war, sind die Fensterscheiben blind und die Räume leer. Dafür hat auf der gegenüberliegenden Seite mit aufdringlich bunter Reklame ein Supermarkt aufgemacht. Lenin steht nicht mehr an seinem Platz, man hat ihn ans andere, ans hintere Ende des kleinen Parks geschoben. Dort hat er auch wieder einen Sockel und ist auf nicht sehr fachmännische Art von oben bis unten mit rostbrauner Farbe bestrichen, was dieser ohnehin nicht heiteren Erscheinung eine noch größere Düsternis verleiht. An der Stelle, an der er früher stand, liegt nun ein wuchtiger Stein mit der Inschrift: »1398–1998, 600 Jahre Gerdauen-Schelesnodoroschnij«.

Vor diesem Stein nun treffen wir Valerij Belorusski, den Bürgermeister. Er zeigt sich in Bezug auf die Zukunft seiner Stadt recht optimistisch. Vor allem hofft er, dass sie ihrem russischen Namen Schelesnodoroschnij – Eisenbahnstadt – endlich gerecht werden könne. Zurzeit sei der Bahnverkehr zwar ziemlich eingeschränkt, doch bei zunehmendem Warenaustausch zwischen Russland und der Europäischen Union sei die Lage so nahe der Grenze ideal für einen größeren Knotenpunkt und Rangierbahnhof, um die Züge von der breiteren russischen Spur auf den kleineren mitteleuropäischen Radabstand umzustellen. Man setze auch große Hoffnung in die Landwirtschaft und die Holz verarbeitende Industrie. Norweger und Dänen seien dabei, einen Zuchtkomplex für 140 000 Schweine auszubauen. Kleinere und mittlere Industrie gebe es schon rund um die Stadt, man hoffe aber noch auf die Wachstumsphase.

Und dann zeige ich auf die verfallenen Gebäude der Innenstadt und kann die etwas nassforsche Frage nicht unterdrücken: »Hier sieht es doch trostlos aus. Warum reißen Sie diese Ruinen nicht ab?« – »Ach, wissen Sie«, wehrt der Bürgermeister freundlich ab, »vielleicht sind wir ja zu große Optimisten. Das Abreißen geht sehr schnell. Aber wenn die alten Gebäude erst einmal verschwunden sind, dann kann sich keiner mehr vorstellen, dass es sie überhaupt gegeben hat und wie schön sie einmal waren. Und dass man sie vielleicht hätte retten und wieder aufbauen können, wenn man nur etwas mehr Geduld gehabt hätte... Also, wir hoffen, dass eines Tages Menschen in unsere Stadt kommen, die mehr Geld haben als die Gemeinde und die beim Anblick dieser historischen Objekte plötzlich den Wunsch verspüren, ein Stück Vergangenheit in die Zukunft hinüberzuretten und sich am Wiederaufbau zu beteiligen.«

Die Antwort hat mich überzeugt und der Optimismus geradezu gerührt. Nachträglich tut es mir leid, eine solche herzlose Frage überhaupt gestellt zu haben. Ich hoffe, meine Mutter und die kleine Marie werden mir verzeihen. Denn eines Tages wird Gerdauen wieder so schön, wie es in ihrer Erinnerung immer war.

Auch das ist schon ein halbes Leben her: Nach dem Krieg unternahmen meine Eltern mit mir eine Reise nach Masuren. Es war 1964, und wir waren unter den Ersten, die von der polnischen Botschaft in Ostberlin die Erlaubnis bekommen hatten, mit dem privaten Pkw kreuz und quer durch Polen zu fahren. Mein Vater war Verleger, gab unter anderem ein Schifffahrtsmagazin heraus und hatte gute Verbindungen zur Werft in Danzig. Von Warschau aus fuhren wir Richtung Norden. Irgendwann hinter der Stadt Mlawa wurden Vater und Mutter spürbar aufgeregt, und ich stellte die schüchterne Frage: »Wo beginnt denn nun eigentlich Ostpreußen?« – »Wenn die Chausseebäume kommen«, antwortete mein Vater und setzte erklärend hinzu: »Alle Straßen in Ostpreußen waren links und rechts mit Bäumen gesäumt. Die in Polen oder in Russland nicht.«

Es war also – so vermutete ich – ein Zeichen von besonderer Kultur oder gehobener Zivilisation, den Verlauf und die Abgrenzung der Straßen durch Bäume zu markieren. Und plötzlich waren sie da: Wuchtige Eichen oder Linden links und rechts trennten Fahrbahn von Straßengraben, die Reihen nicht mehr ganz lückenlos, ein jeder dieser Zeugen vergangener Tage wahrscheinlich älter als alle Mitglieder unserer kleinen Familie zusammen. Von Verkehr war eigentlich nicht zu reden. Gelegentlich überholten wir einen Pferdewagen, manchmal kam uns ein Lastwagen entgegen. Auf dem nächsten Ortsschild stand »Nidzica«. Vor der Kirche am Marktplatz hielten wir an, und mein Vater stellte fest: »Neidenburg!«

Vierzig Jahre später, ich brause wieder durch Masuren… Das gemächliche Tempo von damals wäre nun selbst mit den stärksten Nerven nicht mehr durchzuhalten. Hier sentimental durch die Landschaft zu zuckeln käme einer Kampfansage an eine gereizte, hastige Umwelt gleich. Die Straßen sind voll, und der Fahrstil der polnischen Autofahrer ist jedenfalls nicht rücksichtsvoller als bei uns. Streckenweise tobt die wilde Jagd über neue, breite Asphaltstraßen, dann aber wieder durch jene malerischen Alleen, wie meine Eltern sie aus ihrer Jugend kannten. Manchmal schieben die Baumriesen links und rechts der Straße ihre Wipfel zusammen, und der Reisende hat das Gefühl, durch einen grünen Tunnel zu fahren.

Immer wieder wird der schöne Rausch aber dadurch gestört, dass jemand plötzlich doch gemächlicher oder vernünftiger fährt als die nachdrängende Kolonne, und für den Eiligen ist die Versuchung groß, zu überholen. Doch die alten Alleen sind eng, kurvenreich und unübersichtlich, und es ist schwer abzuschätzen, ob die kurze Strecke bis zur nächsten Biegung für das Manöver gerade so ausreicht oder ob nicht doch plötzlich jemand von vorne aus dem grünen Tunnel hervorschießen könnte, während man sich selbst gerade im Überholvorgang und auf der Gegenspur befindet. Nachts kann es ein besonders elektrisierendes Erlebnis sein, wenn einem plötzlich die Lichter eines schweren Lasters mit drohendem, vorwurfsvollem Blinken auf die hintere Stoßstange rücken. Denn Masurens liebliche Alleen – etwa zwischen Lyck und Sensburg, also Elk und Mragowo – sind zur Rennstrecke für den Gütertransport von und nach Litauen geworden. Die vierzig Tonnen schweren Sattelzüge, deren Fahrer es immer eilig haben, kürzen hier den Weg zur Europastraße 67 ab, die sie an Kaliningrad vorbei nach Norden führt.

An den besonders gefährlichen Stellen sind die malerischen Eichen mit leuchtend roten und weißen Ringen markiert, um der hastigen Menschheit zu signalisieren: »Vorsicht, ich bin ein Baum!« Und in den Dörfern, die das Pech haben, an solchen Rennstrecken zu liegen, haben die Behörden die Fußwege und den zwischenmenschlichen Lebensraum mit Eisengattern gegen die durchbrausenden Kolosse gesichert. Automatische Radaranlagen sollen das Tempo drosseln, aber die Ritter der Landstraße kennen jeden ihrer Standorte, bremsen kurz ab und treten danach sofort wieder aufs Gaspedal.

Und so ist es nicht verwunderlich, dass es lokale Behörden gibt, die ihre Straßenmeistereien mit der Kettensäge in Marsch setzen, um an dieser oder jener romantischen Route die Eichen und Linden aus dem Weg zu räumen, um die Unfallstatistik zu senken. In früheren Jahren musste vor einer solchen Radikalkur erst die Zustimmung des Konservators eingeholt werden, aber diese Einschränkungen sind inzwischen aufgehoben. Das löste heftigste Proteste der Naturschützer und der Tourismusindustrie aus, weil trotz aller Vorschriften und EU-Richtlinien mit jedem gefällten Baum ein Stück Identität verloren geht. Eben etwas, das diese Ecke Europas so besonders macht.

Gelegentlich kommt es zu heftigen Zusammenstößen mit jungen polnischen, deutschen, auch russischen und litauischen Aktivisten, die sich einer Organisation mit dem etwas provozierenden Namen »Borussia« angeschlossen haben. Was wie der Name eines deutschen Fußballclubs klingt, ist das lateinische Wort für die Vorfahren und Ureinwohner der Region, die alten Pruzzen. Eichen, wie uns die Sage überliefert, waren ihnen heilig…

Der Konflikt unterstreicht, dass die modernen Zeiten auch über Masuren hereingebrochen sind – mit all den Segnungen und Ernüchterungen, die sie nun einmal mit sich bringen. Wer mit der Seele das alte Ostpreußen sucht, wird wehmütig zur Kenntnis nehmen müssen, dass die wirtschaftliche Rückständigkeit der sozialistischen Jahre den Prozess um ein paar Jahrzehnte hinausgezögert hat und dass es nun an der Zeit ist, in unseren Träumen vom schlafenden Paradies auch Platz für Industriezonen, Shopping- und Logistikzentren, Bau- und Mediamärkte zu schaffen.

Ein Beispiel, mit welcher Wucht der Wandel über Masuren hereingebrochen ist, ist Nikolaiken, das heute Mikolajki heißt. Das ehemalige Fischerstädtchen liegt auf einem Landrücken zwischen drei malerischen Seen. Einer davon, der Spirdingsee, hat schon die Ausmaße eines kleinen Binnenmeers. In den Prospekten wird Mikolajki als »ostpreußisches Venedig« und als »Perle der masurischen Seenplatte« gepriesen. Und kein Zweifel: Der Ort hat eine wunderschöne Lage und ist trotz der gelegentlich tückischen Winde ein ideales Revier für Segler. Das heißt: Es *wäre* ein Paradies für Segler, wenn es nicht so viele Segler gäbe… In der Sommersaison sind die Gewässer derart überfüllt, dass das naturhafte Erlebnis, sich vom Wind treiben zu lassen, von dem steten Trachten überdeckt wird, möglichst nicht mit einem anderen Boot zusammenzustoßen.

An Lebhaftigkeit und Geschäftigkeit muss sich Mikolajki vor keinem Touristenzentrum an deutschen oder spanischen Küsten verstecken. Restaurants, Pizzabuden und Bierlokale, Souvenirläden und Modegeschäfte des preiswerten Sektors säumen den Marktplatz und die Uferpromenade. Etwas abseits vom Zentrum am nächsten See liegt eine gigantische Hotelmaschine mit sechshundert Zimmern und allem, was dazugehört. Wer wollte es polnischen Unternehmern auch verwehren, nachzuholen, was ihnen so lange vorenthalten war, und sich dem Unterhaltungstrubel anzugleichen, den die Tourismusindustrie in aller Welt als Maßstab setzt?

Natürlich: Wer das Auge des Sturms verlässt, ist schnell wieder in masurischer Einsamkeit, wo er wandern, reiten, paddeln oder Rad fahren kann. Nicht weit von Mikolajki entfernt liegt der Luknainer See mit Europas größtem Schwanenreservat. Es werden Ferien auf dem Bauernhof und in privaten Pensionen angeboten, und fast überall liegt ein See vor der Tür. Der Himmel – mit kräftigen Streifen von Wolkenbändern durchzogen – taucht die Landschaft in ein wechselvolles Farbenspiel: klar und kräftig bis zum Mittag und zum Abend hin immer sanfter, verträumter, wehmütiger stimmend… Vielleicht, weil dreitausend Seen wie gewaltige Spiegel das Sonnenlicht wieder zurückstrahlen und so die Wolken auch von unten beleuchten. Du stehst morgens auf, und schon vor dem Frühstück nimmst du ein Bad im See, am Abend schaust du zu, wie sich Wasser und Wald immer tiefer rot, dann purpurn und schließlich silbern und schwarz färben. Ein Kollege, der schon einiges von der Welt gesehen hat und dem Rat einer Erstempfehlung nicht ganz traute, bat mich um ein Zweitgutachten, ob man es denn wirklich wagen könne, hier mit der Familie Urlaub zu machen. Von einem See in der Nähe von Sorkwitten traf dann Wochen später eine begeisterte Gruß- und Dankeskarte ein: »Wir erleben Ostpreußen und Masuren wie aus dem Bilderbuch! Schwimmen, Kanufahren und reihenweise verfallende Herrensitze. Es ist herrlich, alle sind entspannt.«

Machen wir einen Sprung an die Kurische Nehrung. Die UNESCO hat das Naturwunder entlang der Ostseeküste zum Weltkulturerbe erklärt. Auf litauischer wie russischer Seite ist es gelungen, den Tourismus einigermaßen zu zähmen. Heftige Stürme haben in den vergangenen Jahren immer wieder überdurchschnittlich hohe Wellen mit sich gebracht, die mit großer Kraft gegen den zarten Sandriegel anrennen. Zur Meerseite weicht die Küste an vielen Stellen zurück, ohne sich zum Haff hin entsprechend zu verbreitern. Berühmt ist diese eigenartig geformte Halbinsel wegen ihrer wandernden Dünen, die im Lauf der Zeit schon viele Dörfer unter ihrem Sand begraben haben. Heute sind die meisten Sandberge bewachsen und befestigt, nur wenige schiebt der Wind noch in einem Tempo von etwa fünf Metern pro Jahr von der Ostsee in Richtung Haff. Der Fremdenverkehrsprospekt preist hier den Urlaub auf einem »einzigartigen, durch Schicksal und Menschen bewahrten Landstreifen« an.

Skeptiker oder gar Zyniker würden es wohl anders herum ausdrücken: Selbst in mehreren Kriegen sei es den Menschen nicht gelungen, das zarte, an der schmalsten Stelle kaum vierhundert Meter breite Naturgebilde zu zerstören. Das frühere Nidden und heute wieder litauische Nida ist der wohl bekannteste Ort auf dem fast hundert Kilometer langen Streifen. Sein Bild ist von geduckten, bunten Holzhäuschen geprägt, das allgemeine Tempo ist gemütlich, wenn nicht gar verschlafen zu nennen. Im Hintergrund über dem Hafen hängt eine der großen Dünen, die der Landschaft hoch im Norden Europas einen Hauch von Sahara verleihen. Die weiten Strände sind nicht überlaufen. Die Badegäste sind angehalten, keinen Lärm zu machen, die Vogelwelt nicht zu stören und die gezähmten wie die noch wandernden Dünen nur an den »zum Besteigen geeigneten Stellen« hinauf- oder herunterzuklettern.

Die Attraktion des zweiundfünfzig Kilometer langen litauischen Abschnitts ist das ehemalige Sommerhaus Thomas Manns. Vom Geld seines Literaturnobelpreises hatte er es gekauft. Hier sah man ihn im Seglerjackett mit Lotsenmütze, hier verwandelte der »Zauberer« das Rauschen der Wellen in Worte. Pünktlich von neun bis halb zwölf saß er jeden Tag in seinem Arbeitszimmer im oberen Stockwerk, warf den von ihm so getauften »Italienblick« auf das Haff und vollendete den zweiten Band seines schließlich auf vier Bände anschwellenden »Joseph«-Romans. Stolz auf den Glanz, der durch den berühmten Sommergast auf das kleine Fischerdorf fiel, soll der Kaufmann im Ort neben den Bücklingen und dem frischen Brot auch immer einen Stapel »Buddenbrooks« bereitgehalten haben. Im September 1932 nahm Thomas Mann für immer Abschied, im Jahr darauf floh er vor den Nationalsozialisten aus Deutschland ins Exil. Reiseveranstalter, die sich bei der Dichtung ihrer Kataloge stärker an die Vergleichsmöglichkeiten und die Erlebniswelt ihrer Kundschaft anlehnen, tauften diesen Teil der Kurischen Nehrung das »Sylt Osteuropas«. Aber Sylt ist das eine, und dies ist doch eine andere Welt.

Gleich nebenan verläuft die Grenze zu Russland. Von der Terrasse des Thomas-Mann-Hauses kann man über Dünenlandschaft und Kiefernwald schon den ersten Wachturm sehen. Nun setzt sich der Sandriegel in westlicher Richtung noch einmal auf einer Strecke von fünfundvierzig Kilometern fort, bis er schließlich bei Zelenogradsk, dem ehemaligen Cranz, auf das Festland trifft. Im Prinzip ist es die gleiche Saharalandschaft wie auf litauischer Seite, und doch wäre der Vergleich mit Sylt nun nicht mehr passend. Wir betreten eine ursprüngliche, fast noch ostpreußische Kulisse. Der größte Ort ist Rossitten, auf Russisch Rybatschi, und Ryba heißt Fisch. Die geduckten Häuschen sind nicht so bunt wie die jenseits der Grenze, dafür aber älter – wenn man so will »echter«. Natürlich ist da und dort auch ein weniger romantischer Neubau auf die Wiese gesetzt worden, über dessen Harmonie mit der Landschaft man streiten könnte. Aber nicht so sehr, dass es die UNESCO beunruhigen müsste. In einem stillen Winkel des einst evangelischen und heute orthodoxen Kirchleins in der Gagarin-Straße steht ein Kreuz mit der Inschrift: »Den ehemaligen Bewohnern von Rossitten«. In der Siegesstraße kann man im »Café Rossitten« bei einem Nachmittagskaffee in dörflicher Stille seinen Gedanken nachhängen.

Kühe und Gänse laufen herum, denn nur bei Rybatschi gab und gibt es ein wenig Landwirtschaft auf dem für diese Zwecke sonst zu sandigen Streifen. Nach kurzem Marsch durch hohes Gras und einen Gürtel aus Schilf nähert sich der Badegast der Ostseeküste. Elche soll es noch geben – aber uns will sich keiner zeigen –, Kraniche und Seeadler brüten hier, die Nehrung ist ein Rastplatz für Zugvögel auf ihrer Reise von Südwest nach Nordost und zurück. Eine der ältesten Vogelwarten Europas ist heute noch mit dem Namen ihres einstigen »Vogelprofessors«

Johann Thienemann verbunden. Auch der berühmte Dokumentarfilmer Heinz Sielmann hat sich um den Erhalt dieses Tierreservats verdient gemacht.

Autofahrer sind gehalten, nur in den Orten und nur auf der einen zentralen Teerstraße zu fahren, den Wagen nur an den ausgewiesenen Parkplätzen abzustellen und nur auf den markierten Wegen durch den Kiefernwald und über die Dünen zu den strahlend weißen, überraschend leeren Stränden zu stapfen. Von der Höhe des Sandriegels schaut man auf ein weit verstreutes, stilles und irgendwie »gehobenes Publikum«. Denn am Ortsausgang von Zelenogradsk – am Beginn des geradezu perfekten Strandes – zieht sich ein Zaun zwischen Haff und Ostsee dahin, und vor der einzigen Öffnung befinden sich ein Schlagbaum und ein Kassenhäuschen. Der Eintritt in den Naturpark kostet 400 Rubel pro Person oder 810 für das Auto. Das waren vor Kurzem noch 12 beziehungsweise 25 Euro. Durch die sinkenden und schwankenden Rubelkurse hat sich dieser Eintrittspreis für Gäste aus der Eurozone auf 9 beziehungsweise 18 Euro reduziert. Für den russischen Badegast bleiben 400 Rubel ein starkes Argument, sein Handtuch lieber vor der Schranke zur Nehrung auszubreiten.

An einem der Strände hinter dem Zaun kommen wir mit dem jüngeren Zweig einer deutschen Familie ins Gespräch. Die etwa vierzehn bis sechzehn Jahre alten Jugendlichen finden die so sorgfältig vom Massentourismus beschützte Einsamkeit sterbenslangweilig. Alles, was sie vor allem an den Abenden von einem Strandurlaub gewohnt sind, fehlt hier. Oma und Opa hätten sie hergelockt, und die mehr Aufregendes gewohnten Enkelinnen und Enkel bereuen zutiefst, auf sie gehört zu haben.

In diesem Generationenkonflikt stecken natürlich auch die Oberen der Kaliningrader Gebietsregierung – oder diejenigen hinter ihnen in Moskau, die in Russland in allen Geschmacksfragen die Richtungweisenden sind. Mal kursieren Pläne, für etwa acht Milliarden Rubel neue Hotels mit einer zusätzlichen Kapazität von viertausend Betten zu bauen, dazu Jachtclubs, Restaurants, ein Spielkasino und Diskotheken … Dann wieder heißt es, diese Pläne seien gestoppt und würden, wenn überhaupt, auf dem benachbarten Festland verwirklicht.

Wie so vieles in Russland ist auch dieser Fall noch nicht endgültig entschieden. Und die Versuchung für einen Außenstehenden ist groß, dem Geldrausch des »wilden Ostens« oder Mafiastrukturen in Politik und Wirtschaft die Schuld zuzuweisen, wenn wieder ein Reservat den Baulöwen und Investoren zum Opfer fallen sollte. Die harmonische Koexistenz von Mensch und Natur, wofür die UNESCO solche Oasen auszeichnet, ist auch in Deutschland und anderen Ländern Europas oft nur eine Beschwörung oder Begleitmusik für Rückzugsgefechte oder von vorneherein verlorene Schlachten. Was immer Russlands oder Polens Unternehmer vorhaben: Von uns im Westen haben sie es gelernt, und nun wollen sie nachholen oder überholen. Vielleicht wird die Finanzkrise das Tempo ein wenig drosseln. Denn so schmerzhaft sie für die Menschen ist, für die Natur kann sie eine Verlängerung der Schonfrist bedeuten.

Wir sollten uns auch keinen allzu großen Illusionen hingeben, wenn uns der wehmütige Gedanke beschleicht, wie herrlich doch diese Landschaft sein könnte, wenn … Wenn sich die Sowjetunion – wie die anderen Sieger auch – nach dem Krieg aus dem verwüsteten Land zurückgezogen hätte, wenn Millionen Osteuropäern diese gigantische Völkerverschiebung erspart geblieben wäre … Natürlich wäre das schön. Aber so wie Ostpreußen früher einmal war, wie meine Eltern es in Erinnerung hatten und wie wir es uns in unseren Träumen vorstellen – unberührt, mit dem Rücken zur lauten, herzlosen Zivilisation –, wäre das Land so oder so nicht geblieben. Wahrscheinlich wäre das Straßen- und Autobahnnetz längst viel dichter, die allgemeine Bebauung höher und moderner und die Industrialisierung weiter. Und die Eichen entlang der romantischen Alleen wären wohl schon früher der Motorsäge zum Opfer gefallen.

Das kleine Dorf liegt schläfrig in der Nachmittagssonne. Die Straßen sind leer, Leben regt sich nur auf den Strommasten und Dächern. Jungstörche schlagen aufrecht stehend mit den Flügeln, einige haben schon das Nest verlassen und balancieren noch etwas unbeholfen auf dem Dach herum. Als wir anfangen, unsere Geräte auszupacken, gibt es Bewegung hinter den Gardinen, Kinder umkreisen unseren Wagen. Die Hauptstraße waren wir ein paar Mal herauf- und heruntergefahren, auf der Suche nach der günstigsten Kameraposition. Aber die Straße geht nicht weiter, sie endet vor einer grünen Wand aus Bäumen und Gebüsch. Ein Schild, ein Zaun, ein verwilderter, vor längerer Zeit gepflügter Streifen Land … Wir stehen wieder einmal an der Grenze nach Russland.

Was für die Menschen ein Grund ist, sich aus diesem toten Winkel Polens zurückzuziehen, ist für die Störche gerade der Anreiz, sich hier in Scharen niederzulassen. Szczurkowo und das etwa zehn oder zwölf Kilometer Fluglinie westlich gelegene Zywkowo sind so etwas wie Europas Weißstorchmetropolen. Hier haben die Vögel Ruhe vor Fabrikgeräuschen oder lärmendem Verkehr. Auf russischer Seite gibt es kleinere Flüsse und feuchte Wiesen, und die Grenze, die das menschliche Leben so dämpft, ist für die Störche kein Hindernis. Sie residieren in Polen und beziehen ihre Nahrung aus Russland. Und noch etwas spricht aus Sicht eines Storches dafür, in dieser Gegend das Frühjahr und den Sommer zu verbringen: Die Menschen sind es gewohnt, mit ihnen die Landschaft zu teilen. Ein jeder tut, was sein Instinkt ihm eingibt, und keiner kommt dem anderen ins Gehege. Mehr noch: Die Bewohner von Szczurkowo dulden die großen Vögel nicht nur, sie unterstützen sie bei der

Familiengründung und locken mit dieser Gastfreundschaft Touristen ins sonst so stille Dorf, an deren Fernrohre und Fotoapparate sich jeder Storch von Geburt an gewöhnt. Es stört die Vögel nicht, wenn ihnen jemand beim Kampf um die Nester oder beim Liebesspiel zuschaut. Jahr für Jahr läuft ihr Gastspiel im Nordosten Europas nach einem festen Terminplan ab: Ankunft im März, Einrichten der Nester, dreißig Tage brüten, im Mai schlüpfen die Jungen, es schließen sich für die Eltern zwei oder drei harte Monate des Futterbeschaffens an, nach drei Monaten verlassen die Jungen das Nest, und Mitte August geht es ab auf den Langstreckenflug nach Südafrika. Kurzum: Die Störche sind die Hauptdarsteller in dieser Arena, und die Menschen sind ihr Publikum.

Sofia Gusik und Stanislawa Tuczlek, zwei ältere Frauen, sitzen vor ihrem Haus in der Sonne. Wir stellen uns vor, werden freundlich begrüßt, und es beginnt eine Unterhaltung über Menschen und Störche. Sofia ist die Sprecherin, Stanislawa hält sich etwas zurück und unterstreicht Sofias Ausführungen und Ratschläge mit ernstem Nicken oder fröhlichem Gelächter. Beide empfinden das Klappern der Störche als heimatliche, angenehm vertraute Melodie. Allerdings gibt Sofia zu bedenken, da gebe es einen Punkt, über den man schon mal reden müsse: »Sie verstopfen die Schornsteine und kleckern das Dach voll. Mein Sohn muss immer im Herbst aus Bartoszyce kommen und die Kamine ausmisten. So ist das nun mal. Heizen können wir erst, wenn die Störche abgezogen sind.« Aber dann hält sie ein großes Verdienst der klappernden Sommergäste dagegen: »Sie bringen die Kinder! Bei euch in Deutschland, so hört man, werden zu wenig Kinder geboren. Die Deutschen sterben aus … Warum wohl? Nehmt doch einfach die Hälfte unserer Störche mit, wir haben dann immer noch genug, und euer Problem ist gelöst!«

Beifallklatschen von Stanislawa, und auch uns bleibt nichts

übrig, als nachdenklich oder gar einsichtsvoll zuzustimmen. Aber da wäre natürlich noch das Problem: Wie bringt man es den Störchen bei? Denn eigentlich sollte Deutschland in Storchenkreisen ja durchaus bekannt sein. Auf der langen Reise nach Afrika und wieder zurück führt eine der großen Zugrouten daran vorbei. Doch wenige Storchenpaare entscheiden sich, bei uns ihre Jungen aufzuziehen. In Polen wurden in den letzten Jahren so um die vierzigtausend Paare gezählt, in Deutschland nur etwa viertausend; die meisten davon in Mecklenburg-Vorpommern und Brandenburg. So ist – im Gegensatz zu den menschlichen Strömungen – bei den Störchen eine klare Abwanderungswelle von West nach Ost festzustellen. Die intensive Landwirtschaft, vor allem die vielen Unkrautvernichtungsmittel bedrohen den Lebensraum der großen Wandervögel. Denn die Gifte, die die Pflanzen vor Insekten schützen, töten auch die Kleintiere im Boden, die bei den Störchen ganz oben auf dem Speiseplan stehen.

Wir fahren noch einmal zum Grenzzaun, aber viel gibt es dort nicht zu sehen. Der Ort hieß früher Schönbruch und lag im Kreis Bartenstein, das heute Bartoszyce heißt. Und was immer für die Sieger des Krieges die Grundidee war, Osteuropas Landkarte neu zu zeichnen: In Schönbruch ging die Neuvermessung der Welt mitten durchs Dorf. Der Bahnhof, die Fleischfabrik, das Sägewerk, die Wohnsiedlung, Kirche und Friedhof wurden der Sowjetunion zugeschlagen; die Schule, die Molkerei und das ehemalige Gutshaus gingen an die Volksrepublik Polen. Der hoch aufragende Turm der Kirche stand noch jahrelang nur ein paar Meter nördlich des Grenzzauns. Sofia Gusik erinnert sich: »In den ersten Jahren haben wir versucht, wenigstens Zugang zur Kirche zu bekommen. Das waren doch nur ein paar Schritte… Aber nein: Die Russen wollten nicht. Sie hatten dort ihre Pferde untergebracht. Und als sich dann die politischen Verhältnisse allmählich lockerten und die

Touristen aus dem Westen mit ihren Fotoapparaten anrückten, haben die Soldaten die Kirche gesprengt und Birken und Büsche gepflanzt, damit man auf ihrer Seite nichts mehr sieht.«

Machen wir noch einen Abstecher nach Zywkowo, das einmal Schewecken hieß und wo, wie man hört, das Verhältnis Storch zu Mensch noch eindeutiger zugunsten der Weißstörche ausfallen soll. Am Ortsschild ist ein Parkplatz für die Besucher, wir laden unsere Geräte aus, kommen am ersten Haus vorbei, zählen vier besetzte und zwei leere Nester auf dem Dach, einmal links um die Ecke, und schon sind wir im Zentrum. Hier hat man den Touristen einen Turm gebaut, der so hoch ist wie die Dächer der nächstliegenden Scheunen und Gehöfte, damit sie einen besseren Blick auf die umliegenden Nester haben und selbst der fotografisch Ungeübte mit Groß- und Nahaufnahmen intimer Details aus dem Storchenleben nach Hause kommen kann.

Wie viele Bewohner dieses Dorf hat, ist schnell ermittelt. Im Jahr 1983 wohnten hundertachtzehn Menschen in Zywkowo, 1999 waren es noch vierzig und heute sind es nur noch zwanzig. Von den vierzehn Gehöften sind lediglich noch drei bewohnt. Die übrigen dienen nur als malerische Kulisse und als Unterbau für Storchennester. Tafeln neben jedem Gebäude geben den Überblick über die Belegung – zum Beispiel: »2004 noch sechs Nester besetzt, 2005 noch fünf und 2007 nur noch vier.«

Auch hier ist die russische Grenze nah. Mit Rücksicht auf die Störche wurden auf polnischer Seite 100 000 Hektar Land unter Naturschutz gestellt. Und doch: Vogelschützer klagen, dass – beschleunigt durch die landwirtschaftlichen Beihilferegelungen der Europäischen Union – der Standort aus Storchensicht nicht nachhaltig gesichert sei. Kleine und mittlere bäuerliche Betriebe, die den Polen zu Zeiten des Sozialismus zu überleben halfen, haben es schwer im globalen Wettbewerb. Immer mehr Felder und Wiesen werden zu Wäldern oder

Nussbaumplantagen, und selbst im Grenzgebiet auf russischer Seite – mit den weiten, noch brachliegenden Flächen – droht den großen Zugvögeln auf Dauer Nahrungsmangel. Zwar ist es für ihre Jagd- und Ernährungsgewohnheiten günstig, wenn Flussufer nicht befestigt und Gräben nicht dräniert werden und das Wasser über ehemalige Felder und Wiesen fließt. Doch an vielen Stellen ist das Gras inzwischen so hoch und haben sich Büsche derart ausgebreitet, dass das Gelände selbst für die langbeinigen Jäger undurchdringlich geworden ist. Und – so liest man in den örtlichen Zeitungen und so fürchten die Naturschützer – falls auf diesen heute noch verwilderten Flächen demnächst wieder Landwirtschaft betrieben werden sollte, dann wohl nicht durch bäuerliche Betriebe, sondern durch Großbetriebe, die biologischen Treibstoff produzieren.

Zugegeben, ich bin in all diesen Fragen kein Experte und habe mich noch nie zuvor so viel mit Störchen befasst wie auf den Reisen ins ehemalige Ostpreußen. Wahrscheinlich geht es den meisten Journalisten so. Wir treiben uns in Großstädten und in Krisengebieten herum, berichten über Kriege und Skandale und politischen Streit, und erst im Alter schauen wir wieder in den Himmel oder den Bauern aufs Dach und fragen uns verblüfft: »Wo sind denn eigentlich die Störche geblieben?« Mit der Leidenschaft für dieses ja doch nicht unwichtige Thema steckt uns eine junge Naturschützerin an, die gleich neben dem hohen Aussichtsturm ein Informationsbüro betreibt. Und während wir nun dabei sind, die Welt immer stärker aus der Storchenperspektive zu betrachten, klingt plötzlich frommer Gesang durch das Dorf, weckt uns aus der Versenkung und lenkt unser Interesse langsam wieder auf die Menschen hin. Wer singt denn da? Und warum ausgerechnet hier? Ich höre es zufällig als Erster, reiße unseren Kameramann Jürgen Rapp aus dem intimsten Storchenleben und lotse ihn vom Turm herunter.

Die Kamera läuft, die Lage ist unklar. Da vorne links den

schmalen Sandweg hinauf, dort haben sich vierzig, vielleicht auch fünfzig Menschen um eine kleine Kapelle geschart, die uns vorher gar nicht aufgefallen war. Katholisch – die in Polen vorherrschende Konfession – ist dieser Gottesdienst eindeutig nicht. Das Kreuz auf dem glänzenden Zwiebeltürmchen weist zwei gerade und einen schrägen Querbalken auf. So wird es wohl orthodoxer Gesang sein, der plötzlich in dem Storchendorf ertönt. Immer wenn die dunkle Stimme des Priesters drinnen verstummt, setzt von außen der Chor ein, bis wieder die Solostimme übernimmt und dann wieder die Gemeinde… So geht das etwa eine halbe Stunde, geredet wird nicht, nur gesungen. Dann löst sich die Versammlung von der Kapelle und zieht etwa fünfzig Meter durch den Ort auf eine umzäunte Wiese. Wir stellen uns als deutsches Kamerateam auf der Route der Störche vor, Jürgens Kamera bleibt eingeschaltet, aber der Geistliche bittet um Verständnis: Nicht jetzt, die Feier sei noch nicht vorbei. Vor einem halb verhüllten Stein stoppt die Prozession, die Gemeinde betet, das Tuch wird feierlich beiseitegezogen, wir sehen eine Gedenktafel. Der Priester segnet Tafel und Fels, wir lesen: »Zur Erinnerung an das erste Bewohnertreffen, Zywkowo 2007.«

Danach wird es lebhaft, laut und lustig. Jeder fotografiert jeden, eine zierliche ältere Dame erzählt uns etwas über die Störche, ein freundlicher Bauer, anscheinend der Organisator der Veranstaltung, wird von der Kamera angezogen und erzählt auch ohne jegliche neugierige Reporterfrage spontan längere Geschichten. Meine polnische Kollegin Hanna Kassyanowicz beginnt zu lachen: Es sind Witze, und keiner davon ist ganz stubenrein. Die Frauen schleppen Körbe mit Brot und Salaten und eingelegten Gurken herbei, auf der umzäunten Wiese sind Bänke und Tische aufgestellt, die Männer beginnen zu grillen. Selbstverständlich sind wir eingeladen, an der Feier teilzunehmen und die Fragerei erst einmal zurückzustellen. Es wird gesungen, es wird getrunken, die Frauen beherrschen die Texte der Lieder erheblich besser als die Männer, die Kinder toben auf der Wiese herum. Fotoalben beginnen zu kreisen: von Kindern, Enkeln, Verlobungen, Taufen, Hochzeiten…

»Ach, das ist ja Wladziu!«, ruft die ältere Dame und zeigt auf eines der Fotos. »Wie groß er geworden ist. Vielleicht bleibt er wenigstens hier…« – »Ach was«, widerspricht einer der Männer heftig. »Warum sollte er? Die Dörfer werden älter. Früher haben wir die Höfe instand gehalten, um sie an die Kinder weiterzugeben. Und heute verwildern die Pfade zu den Nachbarhöfen.« – »Ach«, antwortet sie tapfer, »das kann man doch wieder ändern. Als wir hier ankamen – ich weiß es genau, es war am 12. Juni 1947 –, da standen mir die Brennnesseln bis zu den Schultern. Wir haben uns eingerichtet, einen Monat später kam schon der erste Junge zur Welt…«

Behutsam mischt sich Hanna in die Gespräche ein und versucht nebenher, mich aufzuklären, was hier überhaupt vor sich geht und wer unsere Gastgeber in diesem so weitgehend den Störchen überlassenen Dorf sind. Ja, von der »Aktion Weichsel« hatte ich wohl schon einmal gehört. Es soll ein dunkles Kapitel in dem nach dem Krieg wiedergeborenen, hastig neu geschaffenen Polen gewesen sein. Dass Polen auf Stalins Geheiß mit einem kräftigen Ruck von Osten nach Westen verschoben wurde, hat die Welt ja so ganz allgemein zur Kenntnis genommen: Das Gebiet um Lemberg herum wurde der Sowjetrepublik Ukraine zugeschlagen, dafür wurden die Polen mit Pommern, Schlesien und Teilen Ostpreußens entschädigt. Aber wie das nun ablief und wie es der einzelne Pole oder Ukrainer erlebte, darüber zerbrach man sich im westlichen Europa nicht den Kopf. Ein jeder kümmerte sich um seine Interessen, seine Opfer und ihm geschehenes Unrecht, und im Ostblock war es ja ohnehin nicht ratsam, über bestimmte Ereignisse zu tief oder gar laut nachzudenken… Polnische Regierungen, erklärt Hanna, hätten sich später dafür entschuldigt, was zwischen April und Juni 1947 mit der ukrainischen Minderheit in ihrem Land geschehen sei.

Die Idee von ethnisch homogenen Staaten ist ja nun leider keine einmalige Geistesverwirrung gewesen, keine Krankheit, für die nur Deutsche oder die Balkanvölker anfällig waren. Auch das in seiner Geschichte so oft zerschlagene und unterdrückte und vom deutschen Terror befreite Polen war dagegen nicht immun. Und weiter lerne ich auf diesem Fest, dass in den Jahren nach dem Krieg am Fuß der Karpaten – an der Grenze zur Ukraine und zur heutigen Slowakei – eine Bevölkerung lebte, die nicht katholisch war und die ukrainisch sprach. Aber sie waren Polen! Ihnen wurde zum Verhängnis, dass in jenen Tagen beiderseits der Grenze eine Untergrundarmee für eine von Moskau unabhängige, nicht kommunistische Ukraine mordete und kämpfte. Um diesem Feind das möglicherweise mit ihm sympathisierende, Schutz und Versteck bietende Umfeld auszutrocknen, wurde die sogenannte »Aktion Weichsel« ersonnen: Aus einer unruhigen Gegend am Oberlauf des Weichselstroms wurden über Nacht ganze Dörfer zwangsevakuiert.

»Ich war drei Jahre alt. Ich weiß es vor allem aus den Erzählungen meiner Eltern«, beginnt einer der Männer an unserem Tisch. »Unsere Heimat ist tausend Kilometer entfernt von hier in der Gegend von Przemysl. Na ja, das war mal die Heimat… Dieses Datum werde ich nicht vergessen: 28. April 1947, ganz früh am Morgen. Soldaten umstellten unser Dorf. Sie gaben den Bewohnern eine oder zwei Stunden Zeit, das Nötigste zusammenzupacken, dann ab zum Bahnhof…« Eine Weile ist es still, und es tut mir doch ein bisschen leid, die Stimmung des fröhlichen Festes durch das Bohren in solchen Erinnerungen einzutrüben.

Eine Frau schaut versonnen vor sich hin, nimmt den Faden noch einmal auf und erzählt die traurige Geschichte weiter: »In Viehwaggons haben sie uns gesteckt, so, wie sie damals auch die

Soldaten transportierten. Zwei Wochen lang sind wir durch die Gegend gefahren. Dann haben sie uns hier abgekippt und gesagt: ›Hier sind genug leere Häuser. Nehmt euch eins, und dann macht, was ihr wollt.‹« Der Mann beurteilt zumindest den Empfang im Norden Ostpreußens etwas milder: »Na ja, die lokale Verwaltung hatte wohl den Befehl bekommen, irgendwie behilflich zu sein und eine Unterkunft für uns zu finden. Möglichst einen Bauernhof, denn wir kamen ja vom Land. Was soll man mehr erzählen? Es war ein Marsch durch die Hölle…«

Sie ergreift noch einmal das Wort: »Eins kann ich sagen: Unsere Eltern hatten große Sehnsucht nach der Heimat! Jahrelang haben sie immer wieder davon erzählt und immer gehofft, eines Tages würden sie nach Hause zurückkommen. Hier gefiel es uns nicht besonders. Wir haben gefroren. Wir waren ja Menschen aus dem Süden, und plötzlich waren wir im hohen Norden. Mein kleiner Bruder bekam eine Lungenentzündung und ist bald nach der Ankunft gestorben. Ärzte gab es nicht, es gab überhaupt sehr wenig damals. Na, wie es eben so war nach einem solchen Krieg… Aber dass meine Eltern immer diese Sehnsucht hatten, daran kann ich mich genau erinnern.«

Der Kreis wird größer, die Lieder setzen wieder ein, die Wodkagläser werden schneller leer. »Wir haben mehr als eine Heimat«, fasst einer heiter und fast ein wenig trotzig zusammen. »Dunkle Erinnerung an die Karpaten, dann Zywkowo und von hier in alle Richtungen… Dieses Mal gehen wir freiwillig. Sie sehen ja, wie es um unser Dorf steht. Die Störche haben es erobert, und eine Bauernfamilie nach der anderen zieht fort. Eine sogar bis Kanada… Aber die meisten bleiben doch in der Gegend von Bartoszyce. Wladislaw und die letzten zwanzig halten die Stellung – doch alle kommen wieder. Alle, die Sie hier sehen, haben beschlossen, dass dies ihre Heimat ist. Die Verbindung wollen wir halten, wir treffen uns jetzt einmal im Jahr in Zywkowo.«

Der Vergleich ist falsch und trügerisch, und doch ist er schön. Ein Märchen aus unseren Kindertagen klingt in der Seele nach: »Dornröschen verfiel in tiefen Schlaf. Da schliefen auch die Tauben auf dem Dach und die Fliegen an der Wand, und der Wind legte sich, und auf den Bäumen regte sich kein Blatt mehr. Und rings um das Schloss begann eine Dornenhecke zu wachsen, die jedes Jahr höher ward...« Als die hundert Jahre um waren, die ihr der Fluch der Zauberin auferlegte, hat der Prinz Dornröschen wieder wachgeküsst. Und alles ging weiter wie zuvor. Die Tauben flatterten ins Feld, die Fliegen krochen weiter, und der Koch gab dem Küchenjungen eine Ohrfeige wegen einer Unachtsamkeit, die dieser vor hundert Jahren begangen hatte. So lebten sie glücklich bis an ihr Lebensende...

Die Brüder Grimm haben dieses Märchen nicht in Ostpreußen vom Volksmund abgelesen, sondern in der Gegend um Kassel. Doch das ehemalige Ostpreußen ist, mehr als andere Regionen Europas, bis heute eine von trauriger Geschichte überwucherte Landschaft der verwunschenen Schlösser geblieben. Es war einmal... Das Leben dort wieder wachzuküssen ist schwer. Es ist keine Aufgabe mehr für Prinzen, sondern für Investoren, die ja nicht eben Romantiker sind. Warum sollten sie ihr Geld auch ausgerechnet in heruntergekommene Schlösser und Herrenhäuser stecken? Auf Rendite ist da kaum zu hoffen, das Risiko, an solch einer Last pleitezugehen, ist ungleich größer. Und doch: Auf unseren Streifzügen durch gepflegte Parks und wuchernde Dornenhecken werden wir polnischen Unternehmern begegnen, die genau diese unrentable Sehnsucht zu einem finanziellen Abenteuer inspirierte. Träume aus der Kindheit waren schuld, unvergessliche Filme, die Suche nach einem Sinn im Leben ...

Wenn man so will, ist Ostpreußen schon vor dem großen Krieg ein Märchen gewesen – eine Gesellschaft, wie es sie in der Mitte und im Westen Europas schon lange nicht mehr gab. In den aufstrebenden Metropolen, an den Finanzplätzen und in den großen Industrieregionen Deutschlands schaute man hochmütig und amüsiert auf die Hinterwäldler und Landbarone im Osten. Dort schienen die Uhren anders zu gehen. Riesige Ländereien, kleine Königreiche erstreckten sich in die wald- und seenreiche Landschaft. Die meisten der alten Familien dort führten ihren Besitz bis ins 15. oder 16. Jahrhundert zurück, als ihre Vorfahren mit Söldnerheeren nach Osten zogen, um dem Deutschen Orden ihre Dienste anzutragen. Und die Belohnung für diesen Waffendienst war Land. Einem Georg von Schlieben beispielsweise verpfändete der Hochmeister Heinrich von Plauen die Städte Gerdauen und Nordenburg und etwa ein Dutzend Dörfer im Umkreis.[13] Die Nachfahren dienten dann im Lauf der Jahrhunderte mal polnischen, mal preußischen, mal russischen und mal litauischen Königen. Viele Herrscher und Heere strömten durch das Land und zogen auch wieder ab. Die ostpreußischen Dynastien aber waren fast fünf Jahrhunderte lang das Bleibende und Konstante. Marion Gräfin Dönhoff drückte es einmal so aus: »Jeder, der im Besitz von Grund und Boden war, blieb einfach auf seiner Scholle sitzen – egal, wer gerade die Oberherrschaft über Ostpreußen oder Teile davon hatte. Nationalität spielte eine geringe Rolle.«[14]

Diese Nachfahren der Ordensritter und Söldnerführer verzweigten sich in verschiedene Linien oder führten die kleinen Reiche durch Heirat wieder zusammen. Und der Lebensauftrag eines jeden Gutsherrn, Grafen oder Ritters bestand im Wesentlichen darin, den Faden nicht abreißen zu lassen und das Imperium möglichst unversehrt an die Erben der nächsten Generation weiterzureichen. Ganz ist das nicht immer gelungen. Aber selbst wenn man die einstigen Imperien in kleinere Einheiten zerlegte, waren die Einzelteile noch gewaltig. Posegnick vor den Toren von Gerdauen beispielsweise war nur eines von vielen Dörfern aus dem Besitz derer von Schlieben.[15] Irgendwann im 19. Jahrhundert ging es an eine Familie mit dem schlichten Namen Neumann über. Meine Großmutter mütterlicherseits war eine geborene Neumann, so ist meine Mutter in Posegnick aufgewachsen. Das Herrenhaus – ein lang gestreckter spätklassizistischer Bau mit einem das Dach weit überragenden Turm – würde in jedem Film oder Fernsehspiel anstandslos als Schloss durchgehen.

Was ist denn überhaupt ein Schloss? Und was ist ein Gut? Eine klare Abgrenzung gibt es da wohl nicht. Wahrscheinlich kommt es nicht so sehr auf die Größe oder die architektonische Schönheit an, sondern auf die Macht und den Stand seiner Bewohner. Waren sie Könige, Herzöge, Fürsten, Bischöfe, Grafen, Ritter oder eben regionale Herrscher aller Art, so werden sie ihre Residenz und auch jeden Zweitwohnsitz zur Jagd, zur standesgemäßen Unterbringung von Ehefrauen oder Mätressen wohl »Schloss« genannt haben – ganz gleich, wie groß oder verspielt das Gebäude war. Mit Schlössern war das ehemalige Ostpreußen gut bestückt. Weit größer noch war die Zahl der Herrensitze, die vom niederen Adel oder reich gewordenen Bürgern in die ostpreußische Landschaft gesetzt und dann schlicht »Gutshäuser« genannt worden waren. Viele solcher ostpreußischen Landbesitzer engagierten die besten und namhaftesten Architekten ihrer Zeit und wetteiferten geradezu um den prächtigsten Bau. Dass es dabei modische Trends gab, liegt in der Natur des Menschen. In den letzten beiden Jahrhunderten vor dem Untergang Ostpreußens dominierte der neugotische Geschmack, der mit seinem roten Backstein zur manchmal etwas düsteren Kopie von Ritterburgen geriet. Die polnische Kunsthistorikerin Malgorzata Jackiewicz-Garniec und der Verleger und Fotograf Miroslaw Garniec haben sich darangemacht, den baulichen Zustand und die Geschichte der Herrensitze in den heutigen polnischen Gebieten zu verfolgen, und kamen schon in diesem Teilbereich auf 329.[16] Aber auch das werden wohl nur grobe Schätzungen sein – wie bei der Zählung der masurischen Seen und der groben Übereinkunft, es seien dreitausend.

Von vielen dieser einst prunkvollen Gebäude sind heute nicht einmal mehr Mauerreste übrig, wie beispielsweise in Posegnick. Als Kind bin ich nie dort gewesen, nur einmal als Erwachsener mit einem Fernsehteam des ZDF. Das Anwesen, von dem meine Mutter mir so oft erzählte und von dem sie bis an ihr Lebensende träumte, liegt am russisch-polnischen Grenzzaun – gerade noch auf russischer Seite. Und wie überall an seinen Grenzen war das sowjetische Militär auch hier um freies Sicht- und Schussfeld besorgt und sprengte alles Unübersichtliche entlang dieses Streifens. Ich hatte meine Zweifel, doch unser russischer Begleiter schwor, dass wir uns auf dem Gelände des Gutes Posegnick befänden. Mit einem alten Messtischblatt ausgerüstet, schritt er die Areale ab, wo sich einst die Wirtschaftsgebäude und Stallungen befanden, das Herrenhaus, der Park, die Auffahrt, der Turm… Nicht ein einziger Ziegelstein lag herum. Zu unserer, zur russischen Seite hin waren die meisten Flächen mit Bäumen und wild wucherndem Gebüsch zugewachsen. Auf der polnischen Seite war das Gelände offen, dazwischen glitzerte der Stacheldraht des Grenzzauns. Der einzige Hinweis, dass hier einst Menschen gewohnt haben könnten, war ein rechtwinkliges, an jeder Seite etwa dreißig Zentimeter langes rostiges Eisenstück. Es hing an einer kleinen Birke und war aus unerfindlichem Grund in gerade noch erreichbarer Höhe zwischen einen Ast und den Stamm geklemmt. Ich hatte nicht die geringste Ahnung, was das wohl sein könnte, und hielt es nachdenklich in die Kamera. In zahlreichen Briefen haben

Zuschauer mich nach der Fernsehsendung aufgeklärt, es sei die Halterung für ein Scheunentor gewesen. Dieser Fund, der mich ebenso ratlos wie sentimental stimmte, war wohl ein Beweis mehr, dass an mir kein Landwirt verloren gegangen ist.

Wieweit nun die neuen polnischen oder russischen Gutsherren oder Schlossbesitzer landwirtschaftliche Ambitionen haben, ist schwer auszumachen. Grundsätzlich ist wohl festzustellen, dass der Wiederaufbau historischer Gebäude sehr aufwendig und teuer ist und dass die Landwirte in der EU und in den benachbarten Ländern heftig über zu magere Einnahmen klagen. So findet man in der ostpreußischen Landschaft neben allerlei herrschaftlichen Ruinen auch viele Spuren gescheiterter Träume.

Ein Sprung auf die andere Seite der Grenze. Wir fahren auf der polnischen Landesstraße 591 von Ketrzyn, ehemals Rastenburg, nach Norden. Kurz bevor die Straße endet, liegt links das kleine Dorf Wielewo. Früher hieß es Willkamm und gehörte zum Kreis Gerdauen. Nur fünf Kilometer sind die beiden Orte voneinander entfernt, doch dazwischen liegt jene Trennungslinie, an die der Reisende immer wieder stößt, wenn er auf archäologischen Spuren kreuz und quer durch Ostpreußen zieht. Wir überqueren ein Eisenbahngleis und stellen fachkundige Vermutungen an, ob darauf wohl in letzter Zeit ein Zug gefahren sei oder nicht und ob der Abstand der Schienen die übliche europäische Norm habe oder schon von größerer russischer Breite sei. Die Meinungen gehen auseinander, aber schließlich gibt ein jeder zu, seiner Sache nicht sicher zu sein. Es geht an einem Teich und an ein paar Häuschen vorbei, und plötzlich trete ich auf die Bremse. Das muss es sein, was das Verzeichnis der Gutshäuser und Schlösser als das Herrenhaus Willkamm ausweist! Ein paar Bäume hatten den Blick auf das Gebäude verstellt, und so dicht aneinander hatten wir das Alltägliche und das Dornröschenhafte nicht vermutet.

Von schulterhohem Gras umgeben steht da ein lang gestreckter Bau: die Fassade bei trüber, regnerischer Beleuchtung gelblichbraun, mit stuckverzierten, bodentiefen Fenstern. Darüber ein zweistufiges Mansardendach, im unteren Bereich ebenfalls von großen Fenstern unterbrochen: rote Dachziegel, sieben Kamine ... Kein Zweifel, es ist ein herrschaftliches Haus, das wieder zum Leben erweckt werden könnte. Und doch: Irgendwie will es nicht in diese Landschaft passen, durch nichts in seiner Nachbarschaft wird es umrahmt, gestützt oder ergänzt. Nichts leitet das Auge zu diesem noch einigermaßen gut erhaltenen pompösen Bauwerk aus einem früheren Jahrhundert. Es ist kein rechter Sinn erkennbar, warum es überhaupt in dieser kargen Umgebung steht. Es macht sich aus wie ein riesiges, etwas ramponiertes Paket, das der Postbote an der falschen Adresse abgeliefert hat.

Was sollen wir tun? Jürgen Rapp hat seine Kamera auf die Schulter genommen und kämpft sich durch dichtes Gras und meterhohes Gestrüpp, auf der Suche nach einem günstigen Standort, um nunmehr dieses Gut Wielewo unserer Sequenz schon gefilmter und noch zu filmender Herrenhäuser hinzuzufügen. Ich folge ihm mit meinem Schreibblock und mit dem archäologischen Buch und Führer zu Ostpreußens Gutshäusern und Schlössern. Darin heißt es unter Willkamm/Wielowo: »1476 verlieh der Deutsche Orden den Besitz einem aus Österreich stammenden Ritter von Rautter und seinen beiden Söhnen für ihre Dienste. Seit dieser Zeit bis zum Januar 1945 – also fast 500 Jahre – blieb Willkamm in der Familie.« Das Herrenhaus in seiner heutigen Form, so lese ich weiter, sei 1797 auf den Mauern eines früheren Baues errichtet und 1920 im Neu-Rokokostil mit klassizistischen Motiven umgestaltet worden.[7]

Durch die schmutzigen Fensterscheiben versuche ich, im Innern irgendetwas Notierenswertes zu erkennen, doch im schummrigen Licht ist nichts auszumachen als Holzfußböden, halb geöffnete Türen und kahle Wände. Die ziemlich robuste Tür an der Stirnseite des Gebäudes ist verschlossen und durch ein schweres Hängeschloss zusätzlich gesichert. Doch plötzlich sagt eine Stimme hinter uns: »Wenn Sie mal reinwollen, ich hab den Schlüssel!«

Ein hagerer Mann kämpft sich durch das Gestrüpp und stellt sich als Antoni Skorski vor. Er habe früher in diesem Haus gearbeitet, es sei das Verwaltungsgebäude einer ziemlich großen Kolchose gewesen. Nach dem Zusammenbruch des Sozialismus habe man den landwirtschaftlichen Staatsbetrieb privatisiert, und was dann daraus geworden sei, könne man ja sehen ... Der Schlüssel klemmt, doch nach ein paar Versuchen dreht er sich schließlich doch. Das Tor öffnet sich quietschend, wir treten ein und streifen durch lange, dunkle Flure. Es riecht muffig, hin und wieder liegt ein Häuflein Bauschutt oder steht ein Eimer herum, aber im Prinzip sieht es von drinnen so aus, wie ich schon von draußen durchs Fenster erkennen konnte. »Sie müssen ein bisschen vorsichtig sein und schauen, wohin Sie treten«, warnt Antoni. »Einige Bretter im Fußboden könnten morsch sein, besondere Vorsicht bitte bei den Treppenstufen!«

Wir schauen von einem Zimmer ins nächste. Es ist schwer, sich vorzustellen, dass es für die Bewohner in besseren Tagen anheimelnd gewesen sein könnte, hier irgendwo Sofa oder Schreibtisch aufzustellen. Aber das mag auch am Wetter, an der ernüchternden Leere und der Dunkelheit liegen. Es ist die Art von Gebäuden, in denen man irgendwann aufhört, die Räume zu zählen, weil sich ein heutiger Besucher einfach nicht vorstellen kann, wie man sie denn alle nutzen konnte. Man ist beeindruckt, aber selbst geschenkt möchte man ein solches Labyrinth nicht haben. »Früher«, sagt unser Begleiter, »sah es hier elegant und sauber aus!« Mähdrescherfahrer sei er gewesen, dreißig Jahre lang. Er habe gearbeitet und gut verdient. Auf jeden Fall habe das Leben damals noch einen Sinn gehabt, und der Sozialismus sei keine so schlechte Zeit gewesen. Jedenfalls nicht für Wielewo. »Dann kam die große Freiheit, und nach drei Jahren war der landwirtschaftliche Betrieb pleite, alles ging zum Teufel! Und wer hatte Schuld? Wir Arbeiter nicht! Diejenigen, die regieren, haben es so weit gebracht…«

Da ist noch das Rätsel um den Schlüssel. Wie kommt es, dass die Hinterlassenschaft des Ritterordens und des Sozialismus in die Obhut eines ehemaligen Mähdrescherfahrers gegeben wurde? Ob er eine Art Hausmeister in diesem verwunschenen Herrenhaus sei? »Nein, nein«, wehrt Antoni ab und schaut nachdenklich aus dem Obergeschoss auf die verwilderten Felder. »Das war ganz seltsam. Vor drei oder vier Jahren tauchte hier plötzlich ein Ehepaar aus Warschau auf und sagte, sie hätten das Gut und zwanzig Hektar Land für 300 000 Zloty – so ungefähr 70 000 Euro – von der zuständigen staatlichen Agentur gekauft. Meine Frau und ich haben sie zum Kaffee eingeladen, und wir haben uns gefreut, dass endlich mal wieder Leben ins Dorf kommt. Wissen Sie, in den fünf Häusern in Wielowo wohnen dreizehn Familien, und einige Männer oder erwachsene Söhne müssen bis nach Warschau zur Arbeit fahren. Die neuen Besitzer haben mich dann gebeten, für eine Weile auf das Herrenhaus aufzupassen. Nach ungefähr einem halben Jahr kam der Mann noch einmal, da war auch ein Deutscher dabei mit irgendwelchen Plänen, und sie sind im Haus und auf den Feldern herumgelaufen. Das war's! Seitdem habe ich die neuen Besitzer nicht wieder gesehen.«

Die Türe quietscht, der Schlüssel dreht sich, wir stapfen durchs Gestrüpp auf die Dorfstraße zurück und verabschieden uns. Es ist nicht so leicht, Dornröschen aus dem Schlaf zu erwecken. Noch sind die hundert Jahre nicht vergangen wie im Märchen der Brüder Grimm, und doch hat sich die Welt derart gründlich verändert, dass es hier und da durchaus ratsam sein könnte, Dornröschen einfach weiterschlafen zu lassen.

9. »Helft uns, bitte, helft uns ...« Landarbeiterwohnungen in Lwofskoje, im Bezirk Kaliningrad. Das ostpreußische Gestüt Gudwallen wurde eine Kolchose, die nach der Privatisierung pleiteging. Niemand kümmert sich um die Menschen. (Kap. 8)

10. Die Innenstadt von Schelesnodoroschnij, ehemals Gerdauen. Die Gemeinde lässt die Fachwerkhäuser nicht abreißen, weil sie auf einen Investor wartet, der sie wieder mit Leben füllt. (Kap. 10)

11. *Oben* Schnee-
weiße Strände,
verträumtes Leben,
geschützte Vogel-
welt: Die Kurische
Nehrung – halb rus-
sisch, halb litauisch
– ist Weltkulturerbe.
(Kap. 11)

12. *Rechts* Neuer-
richtete russisch-
orthodoxe Kirche
in Sovjetsk, ehemals
Tilsit. Die Stadt an
der Memel, durch
den Krieg weitge-
hend unzerstört,
zeigt heute ein
Gemisch aus grauer
Sowjetkultur und
renovierten Jugend-
stilbauten.

13. Was tun mit dem »Haus der Räte«? Der Betonklotz im Zentrum Kaliningrads, der zum Symbol einer neuen Gesellschaft werden sollte, steht seit 20 Jahren leer. (Kap. 6)

14. Der Dachdecker Heinz Hohmeister aus Delligsen ist Ehrenbürger von Ozersk (hier auf dem Stadtfest 2008). Mehrmals jährlich fährt er mit einem Kleinlaster in die Heimat seiner Kindheit, um arme Russen und soziale Institutionen mit dringend Benötigtem zu versorgen. (Kap. 9)

15. Was während des Kalten Krieges noch als Störung galt, regt die Bewohner einer polnischen Stadt nicht mehr auf: Der Wasserturm von Elk/Lyck ist ein »Heimat- museum« mit Erinnerungs- stücken aus deutscher Zeit. (Kap. 18)

14. Die Geschichte zweier Brüder

Sie sprechen die gleiche Sprache und sind doch so unterschiedlich im Temperament. Die Freundschaft, das besondere Verhältnis zwischen Engländern und Amerikanern hat es über die Jahrhunderte ausgehalten, dass sie sich übereinander lustig machen. Die einen – die Amerikaner – so tapsig und geradeheraus, die anderen – die Engländer – so stolz auf ihre traditionsbeladene Eigenart. Aus dieser Spannung heraus entstand folgender Witz:

Eine Gruppe von Amerikanern ist auf Europareise, Anflug auf London-Heathrow … Die Maschine sinkt, das Fahrwerk ist ausgefahren, die Passagiere sind angeschnallt. Man blickt aus dem Fenster auf allerlei Grün, ein Fluss schlängelt sich durch die Landschaft, und plötzlich – kurz vor der Landung – meldet sich noch einmal der Pilot: »Auf der rechten Seite ein herrlicher Blick auf Windsor Castle, Residenz der britischen Königin.« Sagt ein amerikanischer Tourist laut und ein wenig verächtlich zum anderen: »Die muss aber dicke Fensterscheiben haben – bei dem Lärm der Flugzeuge, die Tag und Nacht über ihr Schlafzimmer fliegen!« Und unter allgemeiner Zustimmung und johlendem Beifall der Gruppe antwortet jener: »Da sieht man mal wieder, wie dämlich die Briten sind. Ein Schloss so nah an einen Flugplatz zu bauen!«

Den Witz finden natürlich nur die Briten lustig. Und sie erzählen ihn mit dem Hochmut und aus dem Selbstbewusstsein heraus, dass dieses eine ihrer vielen historischen Gemäuer ja schon vor neunhundert Jahren an seinen Platz gesetzt wurde – lange bevor ein europäischer Seefahrer dieses unzivilisierte Amerika entdeckte, wo man vor lauter Hast nach dem schnellen Geld keine Ausdauer hat, irgendetwas reifen zu lassen …

Was lernen wir aus so viel kulturellem Missverständnis? Dass sich die Attraktivität bestimmter Gebäude nicht nur aus ihrer Größe, der Lage und dem Kaufpreis ergibt, sondern in einer Währung zu bemessen ist, für die der gewöhnliche Immobilienmarkt keine klaren Tabellen ausweist. Es ist ein Schatz, der manchmal erst gehoben werden muss: Geschichte – so viel wie irgend möglich. Beim Kauf einer Tankstelle oder des Geländes für einen Supermarkt mag es genügen, die üblichen Grundbuchdaten zu den Akten zu nehmen. Wer sich aber ein jahrhundertealtes Anwesen zulegt, erhofft sich davon mehr: eine ganze Galerie von Dynastien, die vor ihm da waren, die Chronik ihres Aufstiegs und ihres Falls, Heldentaten und tragisches Schicksal … Eine Sage oder ein Schlossgeist müssen nicht unbedingt sein. Aber schaden können sie natürlich nicht.

Das Schloss Eichmedien – ein paar Kilometer nördlich der masurischen Stadt Ryn, ehemals Rhein – ist mit solchen Extras reich gesegnet. Gleich zwei Ordensritter und eine schwarze Dame spuken dort herum, und in bestimmten Nächten fährt eine Kutsche ohne Kutscher die Auffahrt hoch, gezogen von vier schwarzen Rössern. All dieses unheimliche Treiben und die Erklärung, warum die märchenhaften Gestalten denn keine Ruhe finden, sind weder erforscht noch durch Zeugen belegt. Nur für die anrührendste Geschichte rund um dieses herrschaftliche Haus gibt es handfeste Beweise: die Sage von den zertretenen Herzen.

Wenn er genau hinschaut, entdeckt der gutwillige Besucher auf einer der breiten steinernen Treppenstufen, die zur Parkterrasse und zum Eingang hinaufführen, den Abdruck dieser beiden Herzen – das eine etwas größer, das andere kaum erkennbar zart. Und so wird diese Geschichte von Generation zu Generation weitererzählt:

Die Tochter des Schlossherrn – wann es war und wie sie

hieß, bleibt wieder etwas im Dunkeln – hatte sich in einen Stallburschen verliebt, was dem Vater, um es milde auszudrücken, missfiel. Und wie die Zeiten und die Sitten jener Tage nun einmal waren, ließ er den Stallburschen hängen. Darauf stürzte sich die Tochter in ihrem Schmerz aus einem der Fenster im Obergeschoss, fiel auf die steinernen Stufen und folgte ihrem Geliebten in den Tod. Ihr unglückliches Herz hinterließ jenen Abdruck im Stein, auf dem der Uneingeweihte heute achtlos herumtritt. Der kleinere, kaum erkennbare Abdruck daneben ist das Herz ihres noch ungeborenen Kindes.

Nakomiady heißt das Anwesen heute. Wir haben uns angemeldet und Datum und Uhrzeit dann noch etwas hin und her geschoben. Ganz einfach war es nicht, alle Beteiligten auf so einen Fernsehtermin festzulegen. Denn der eine musste mit seiner Familie aus der Umgebung von Hamburg anreisen, der andere hatte gerade in Warschau zu tun, und wir mussten kräftig aufs Gas treten, um von der Memel auf litauischer Seite um Kaliningrad herum pünktlich im masurischen Seengebiet einzutreffen. Aber schließlich sind wir alle beisammen, die Sonne scheint, und die Kamera läuft…

Auf der hinteren Terrasse vor langer klassizistischer Fassade mit allerlei barocken Elementen, die so etwa zur Hälfte noch von Baugerüsten umrahmt ist, sitzen ein Pole und ein Deutscher und unterhalten sich auf Englisch. Meine erste Frage ist eigentlich keine Frage, sondern eine Feststellung, die die beiden erheitert: »Sie sehen aus wie Brüder!« Denn beide sind hager, nur die Gesichtszüge sind etwas rundlich; beide haben einen zurückhaltenden, aber freundlichen Blick; beide sind kahl geschoren, der Ältere mit kurz geschnittenem, grauem Kinn- und Oberlippenbart. »Das ist ja komisch, dass Sie das sagen«, antwortet er auf Deutsch. »Aber das haben schon viele behauptet. Und so fühlte ich mich auch vom ersten Augenblick, als wir uns kennenlernten. Es war gleich eine große Sympathie zwischen uns. Auch zwischen unseren Frauen. Und meine Mutter hat zu ihm gesagt: ›Du bist für mich wie ein Sohn!‹«

Der, zu dem sie das sagte, heißt Piotr Ciszek, geboren 1966 in Warschau, Computerspezialist und Besitzer dieses Schlosses. Sein deutscher »Bruder« ist Christian von Redecker, Jahrgang 1948, Lehrer in Geesthacht und Spross der letzten Familie, die hier von 1790 bis 1945 wohnte, als Nakomiady noch Eichmedien hieß. Danach wurde das Haus, wie so viele Bauwerke dieser Größe, ein staatliches Gut. 1985 − noch zu kommunistischer Zeit − versuchte man, solche Anwesen im alten Glanz wieder aufzubauen, brach diese Bemühungen aber schließlich wieder ab. Das Haus stand leer und verfiel. Im August 1998, mehr als fünfzig Jahre nach dem Krieg, kam Piotr Ciszek des Weges. Er kaufte das Anwesen für 350 000 Zloty von der Gemeinde, das waren damals etwa 190 000 D-Mark und wären heute rund 80 000 Euro. Als Christian davon hörte, dass Eichmedien einen Käufer gefunden habe, setzte er sich sofort ins Auto, um den neuen Schlossherrn kennenzulernen: »Es war Zuneigung auf den ersten Blick!«

Wir sprechen darüber, wie schwer es ist, ein Haus, dessen Fundamente im Mittelalter gelegt wurden, stilgerecht zu restaurieren. Viele Schlösser und Herrenhäuser in Polen oder ihre Ruinen stehen noch heute zum Verkauf, weil die ersten Käufer an der Aufgabe gescheitert sind und aufgeben mussten. So war es auch mit Eichmedien. Schloss und Park sind 1996 zum ersten Mal versteigert worden. Der neue Besitzer starb bei einem Flugzeugabsturz, seine Witwe nahm das riskante Erbe nicht an. Zwei Jahre später wurde eine neue Auktion angesetzt, und Piotr Ciszek war der einzige Bieter. Was trieb einen Computerexperten aus Warschau, sich in ein solches Abenteuer zu stürzen?

»Als Kind habe ich wahrscheinlich zu viele Filme über Geister und Schlösser gesehen«, sagt Piotr lächelnd und streichelt eine Katze auf seinem Schoß. »Und als Erwachsener landete ich in der Großstadt und habe am Computer gesessen und eine Firma geführt. Bis mich so ein Werbeslogan wieder auf meinen Kindheitstraum stieß: ›Träume sind dazu da, verwirklicht zu werden!‹ Und so beschloss ich, für mich und meine Frau Joanna einen eigenen Ort auf dieser Welt zu suchen und dort etwas Sinnvolles zu tun. Nicht nur dem Geld und der Karriere hinterherzujagen … Wir fingen an, in Masuren herumzureisen, etwa fünfzig Schlösser oder Herrenhäuser haben wir uns angeschaut, die meisten waren in einem erbärmlichen Zustand. Ich hätte schreien mögen, als ich sie sah. Und als ich nach Nakomiady kam, wusste ich sofort: ›Das wird meine Heimat!‹ Auch hier war natürlich alles heruntergekommen und verwüstet: die Türen, die Bodendielen, Teile des Dachstuhls herausgerissen, die unteren Kellerräume standen unter Wasser … Wahrscheinlich wird es bis ans Ende meines Lebens dauern, das alles wieder so instand zu setzen, wie es einmal war.«

Mit Schlössern ist es wohl ähnlich wie mit Eisbergen: Der kritische Teil liegt unter der Oberfläche. Wir klettern in den Keller und steigen, wenn man so will, ins 14. Jahrhundert hinab. Zur Zeit des Deutschen Ordens war Eichmedien eine sogenannte Fluchtburg. Die Pruzzen leisteten den Eindringlingen damals noch heftigen Widerstand, und solche vorgeschobenen Wehranlagen waren mit unterirdischen Gängen versehen, durch die die Ritter sich in die Burg zurückziehen konnten, um sich dort zu verschanzen und notfalls auch wieder unbemerkt zu fliehen, wenn der Feind ihnen klar überlegen war. So sind es denn mehrere Schichten Keller, in die wir hinuntertapsen. Die Fenster in dem meterdicken Gemäuer werden immer schmaler, es geht durch allerlei schummrige Gänge, bis wir völlig im Dunkeln stehen. Im 17. Jahrhundert und wahrscheinlich auch früher sollen einige der feuchtkalten Kammern Gefängnisverliese gewesen sein, denn den Schlossherren stand damals die

Gerichtsbarkeit zu. Das hinterste Gewölbe hat einen Abfluss im Boden und diente bis ins 20. Jahrhundert hinein als Kühlschrank. Wenn die Seen im Winter zugefroren waren, schnitt man Blöcke aus dem Eis und stapelte sie sieben Meter unter der Erde. Das hielt die Nahrungsmittel monatelang frisch.

Wir klettern über allerlei Bretter und Gerüste, sehen Maurergerät, aber keine Bauarbeiter, und der Schlossherr bekennt: »Das ist eines unserer größten Probleme. Es ist noch nicht lange her, da konnte man in Polen genug gute Leute zum Arbeiten finden. Man musste sie zwar anlernen, aber sie lernten schnell. Heute gibt es solche Leute nicht mehr. Sie sind nach Deutschland, England, Irland oder Skandinavien gegangen und verdienen dort mehr. Die, die geblieben sind, haben keine große Lust zu arbeiten. Sie sitzen lieber zu Hause, leben von Sozialhilfe oder Arbeitslosengeld und sagen, das Arbeiten lohne sich nicht.« Die große Finanzkrise hat diese Sorge urplötzlich gelöst. Die Welle polnischer Wanderarbeiter schwappt aus dem Ausland zurück, vor allem in Irland ist die Baubranche von der Rezession betroffen, und auch in England werden die sogenannten »Polenjobs« knapp. Auf meinem Computer laufen im Frühjahr 2009 Fotos aus Nakomiady ein: Drei Männer klettern auf der Baustelle herum, das Schloss bekommt ein neues Dach, die Arbeiten gehen weiter …

Zurück ans Licht, wir ziehen von Raum zu Raum in den oberen Etagen. Hier und da hat die Familie sich schon provisorisch eingerichtet, das meiste ist aber noch im Bau. Wie viele Zimmer es sind? Piotr sagt, er habe sie nie gezählt, und auch Christian lächelt verlegen. Eine deutsche Besuchergruppe ist eingetroffen. Es sind Touristen aus Vechta, aus Thüringen, aus Kassel … Einige haben eine familiäre Bindung an Ostpreußen, andere nicht. »Alte Schlösser mögen sie alle«, sagt die polnische Reiseleiterin fröhlich. Sie hat Nakomiady fest im Programm und vergisst auch nicht, ihre Schützlinge nach der Tour an einer

Werkstatt und einem kleinen Laden vorbeizuführen. Dort formen, brennen, polieren, malen und glasieren zehn Angestellte aus der sonst wirtschaftsschwachen Umgebung an handbemalten Kacheln und Fliesen, an wuchtigen Öfen im historischen Stil für Clubs und herrschaftliche Häuser und an zierlichen, eher dekorativen Öfchen mit Windlicht als Raumschmuck und Souvenir. Vorlage sind die sogenannten Danziger Öfen im holländischen Dekor, wie sie im 18. Jahrhundert in ostpreußischen Herrenhäusern in Mode waren. Mit den Einnahmen dieser Manufaktur, die sich »Palast Nakomiady« nennt, finanziert Piotr Ciszek im Wesentlichen seinen Schlossbetrieb. Die Produkte werden im Internet beworben, die kleinen Öfchen sind in den Hotels der Umgebung zum Verkauf ausgestellt.[18]

Das Markenzeichen von »Palast Nakomiady« – oder »Palac Nakomiady«, wie der polnische Name lautet – ist eine fünfzackige Krone, was wiederum unterstreicht, dass Geschichte nicht nur etwas Abschreckendes, Mahnendes, Aufputschendes oder Sentimentales sein kann, sondern auch ein werbender Faktor.

Wie steht es denn nun nach diesem letzten, besonders grausamen Krieg um das Bild von uns Deutschen? Piotr nähert sich der Antwort wieder über die vielen Filme, die er in seiner Jugend gesehen hat: »Die Deutschen wurden uns immer in Uniform vorgeführt, sie waren immer die Bösen. So ganz falsch war das ja nicht. Und so kann ich mich gut an die erste Reise mit meinen Eltern in die DDR erinnern. Ich war noch klein, und ich sehe noch heute das erste Verkehrsschild vor mir, auf dem stand: ›Halt!‹ Sofort habe ich gedacht: ›Oh je, das muss etwas Schreckliches sein!‹, denn ›Halt‹ brüllten immer die deutschen Soldaten in den polnischen Filmen über den Krieg und die Besatzung. Aber die Zeiten haben sich geändert und auch das Filmprogramm in unseren Kinos. Es stellte sich heraus, dass hinter der Grenze normale Menschen lebten und keine Monster…« Piotr krault nachdenklich den Hals der Katze. »An unseren heutigen Beziehungen sieht man, wie wichtig es ist, dass Polen und Deutsche einander kennenlernen und miteinander reden – auch über die Schrecken ihrer gemeinsamen Geschichte. Und ich denke, wenn sich normale Menschen zusammensetzen, entdecken sie auch ihre guten Seiten, sie lernen, sich zu schätzen, und Ideologien oder politischer Fanatismus können sie nicht mehr so leicht ins Unheil führen.«

Sein deutscher »Bruder« nickt und fügt hinzu: »Wir beide sind nach dem Krieg geboren, wir sind nicht belastet von den alten Geschichten. Wir können dazu beitragen, den Frieden zu fördern zwischen unseren Völkern. Das ist eine Erfolgsgeschichte, wie ich finde.«

Die großen Bäume im Park haben Namen. »Ryszard« heißt der eine, und auf dem Schildchen des nächsten steht »Maria«. Es sind die Namen von Piotr Ciszeks Eltern. Auch seine Frau Joanna hat ihren Baum und Zbigniew, das ist Joannas Vater. Auf etwa dreihundertfünfzig Jahre wird die »Eberhard-Esche« geschätzt. Eberhard war Christians Vater, im Alter von fünfundneunzig Jahren hat er es noch erlebt, wie die Familien in einer gemeinsamen Feier die Esche tauften. Joanna hatte auf Deutsch eine kurze Rede gehalten: »Dieser Eberhard ist jetzt hier verwurzelt, er kann hier immer bleiben, wird nie mehr vertrieben und kann zuschauen, wie sich Eichmedien/Nakomiady weiterentwickelt.«

Drei Jahre später ist der letzte Bewohner des einstigen Eichmedien gestorben, auf dem Familienfriedhof in Nakomiady wurde Eberhard von Redecker begraben. Über die Inschrift auf seinem Grabstein gingen viele E-Mails zwischen Deutschland und Polen hin und her. Man wollte sicher sein, dass sich keine Fehler einschlichen. Denn im Allgemeinen verständigen sich Christian und Piotr ja auf Englisch.

Vom Schloss führt der Weg etwa zwei Kilometer durch eine Eichenallee. Am Fuß eines Hügels schließlich erblickt der Besucher einen riesigen Findling. Und auf diesem Stein stehen die Zeilen aus Theodor Fontanes historischer Ballade »Archibald Douglas«:

>»Der ist in tiefster Seele treu,
wer die Heimat liebt wie Du.«

Die Kunst des Briefeschreibens kommt mehr und mehr aus der Mode. Wir schreiben uns zu hohen Festtagen und wünschen uns gegenseitig das dazu passende Gute. Und selbst wenn wir ganze Stapel von Post, die erst zu einem bestimmten Datum zu öffnen ist, feierlich durchgehen, beginnt sich der Inhalt recht bald zu wiederholen. All das, was uns Verwandte und gute Freunde schreiben, haben wir ihnen fast wörtlich ebenfalls geschrieben. Vielleicht haben wir uns unter glücklicheren Umständen auch nicht so viel zu sagen wie in Zeiten der Not. Selten setzen wir uns in Ruhe hin, um dem anderen unsere ernsteren Gedanken mitzuteilen. Manchmal aber erreicht uns auf geheimnisvollen Wegen ein Brief aus der Tiefe der Zeit, der nicht an uns gerichtet ist und dessen Schreiber oder Schreiberin wir nicht kennen, und doch werden wir von ihren Sorgen und Gebeten zutiefst berührt. Jahrzehntelang mag ein vergilbtes Dokument in einer Truhe gelegen haben, war in einem Buch versteckt oder geriet beim Auflösen eines Nachlasses in unsere Hände. Fernsehleute – zumal wenn sie sich mit Themen wie Ostpreußen befassen – finden plötzlich Chroniken und Tagebücher in ihrer Post mit dem Vermerk der ihnen unbekannten Absender: »Ich weiß nicht, wer dies geschrieben hat, ich fand es unter alten Sachen und brachte es einfach nicht übers Herz, es wegzuwerfen. Und so dachte ich, bei Ihnen sei so etwas doch besser aufgehoben...« Das ist natürlich eine mutige These.

Eine solche Flaschenpost, die mir der Zufall in die Redaktionsstube spülte, hat nicht einmal mit Ostpreußen zu tun. Aber ihr Inhalt trifft jene Stimmung von Untergang und Erwachen, ist der verzweifelte Versuch, zu begreifen, was eigentlich nicht zu begreifen ist. Vor mir liegt ein kleines ledergebundenes Tagebuch, dem eine Ärztin aus der Gegend von Kassel Ende März/Anfang April 1945 ihre Sorgen und Gedanken anvertraute, als die Front eines längst verlorenen Krieges näher rückte. Ihren Namen hat sie nicht in das Büchlein hineingeschrieben. Aus dem Inhalt ergibt sich, dass sie Leiterin eines Krankenhauses mit zweihundertfünfzig Patienten war. Sie schreibt dieses Protokoll in der Form von Briefen an ihre Mutter: »*Damit Du später einmal daran teilhaben kannst, wie das Verhängnis über uns hereinbricht...*« Ich vermute, dass die Briefe die Empfängerin nie erreichten. Denn der letzte Eintrag – datiert auf den 7. April, kurz nach 13 Uhr – vermerkt: »*Ich höre ein unbekanntes Pfeifen in der Luft und kurz darauf ganz nahe Detonationen. Wir liegen unter Artilleriebeschuss.*« Dann bricht das Protokoll ab. Die folgenden Seiten sind leer.

Die Eintragungen aus einem Zeitraum von nur acht Tagen sind eine Mischung aus Ahnung von drohendem Unheil und Freude über den heraufziehenden Frühling. Befehl wird gegeben, das Krankenhaus zu evakuieren. Sie sträubt sich. Denn unklar ist, wohin und welche ihrer Schutzbefohlenen überhaupt transportfähig sind. Obgleich das Unternehmen völlig aussichtslos ist, soll die Stadt im Werratal noch gegen die vorrückenden Amerikaner verteidigt werden. Eine Brücke wird gesprengt, Panzersperren werden ausgehoben. Mehrere Telefonate mit einem Stabsarzt und der anordnenden Militärdienststelle haben ergeben, dass beide keine Auskunft geben können, wie diese Verlegung vor sich gehen soll und wohin. »*Schlaflos ist die Nacht vergangen*«, verzeichnet das Büchlein im Brief des fünften Tages. Der nächste Morgen ist ruhig, auch das Telefon klingelt nicht mehr. Wahrscheinlich hat jene Dienststelle den Plan einer Evakuierung inzwischen aufgegeben. Eine für zweihundertfünfzig Kranke verantwortliche Ärztin hat die Entscheidung auch schon selbst getroffen und vertraut sich aus der

Ferne ihrer Mutter an: »*Lieber hier unter Trümmern sterben als irgendwo im Straßengraben.*«

Neben den dramatischen Passagen – Tiefflieger, die das rote Kreuz auf dem Dach respektieren und das Krankenhaus verschonen – der Dank an die Mutter für den Kuchen, den sie zu Ostern schickte und den alle, die davon aßen, als überaus köstlich lobten. »*Fast kann man es nicht fassen, daß das das Ende dieser leidvollen Jahre sein soll. Muß jetzt das ganze Volk büßen für den krankhaften Größenwahn einzelner Menschen? Was wird es nun für uns geben? Haben wir nach diesem totalen Zusammenbruch noch Kraft genug, ein neues Deutschland zu schaffen? Ich habe mich schon während der letzten drei Jahre keinen Illusionen hingegeben.*«

Es war wohl klug, Briefe wie diese nicht der Post anzuvertrauen – selbst wenn sie im April 1945 noch funktioniert hätte: »*Man verbrennt alle Bilder vom Führer, die Parteigrößen ziehen ihre Uniformen aus, überall auf der Straße weggeworfene Parteiabzeichen, die Kinder heben sie auf und spielen damit.*« Am neunten und letzten Tag der Eintragungen eine schwere Explosion und dann beunruhigende Stille: »*Frau Gerber hat heute früh wunderschöne Stiefmütterchen geschickt. Kurz vor 13 Uhr habe ich nach Erledigung aller Arbeiten auf den Stationen angefangen, meinen kleinen Garten zu bepflanzen.*« Dann plötzlich das Pfeifen, der Artilleriebeschuss – die Briefe, die ihre Empfängerin nie erreichten, brechen ab …

Sechzig Jahre später an der polnisch-russischen Grenze. Larissa, die auf russischer Seite bei Gusev unsere Pässe kontrollierte, kommt noch einmal auf unseren Wagen zu. Wir seien doch vom deutschen Fernsehen, und sie glaube, etwas für uns zu haben: alte Briefe, eine ganze Kiste voll … Ihre Mutter in Chernyachovsk habe sie in einem Schuppen unter einem Haufen Müll gefunden – seltsame Schrift, schwer zu entziffern, aber ganz ohne Zweifel aus deutscher Zeit. Ob wir Interesse hätten?

»Aber ja!« Larissa verspricht, ihre Mutter anzurufen und sie auf den Besuch eines Fernsehteams vorzubereiten.

Chernyachovsk, Suborowa 1a, Quartier Nummer 4 – durch den Torbogen auf den Hof, dann nach links und in den ersten Stock… Ganz leicht ist es nicht, die Adresse zu finden. Wir haben als Namen der Mutter Nadeshda Adamova verstanden, doch es ist Frau Illinowa, die uns freundlich erwartet. Vor ein paar Wochen erst ist sie hier eingezogen, das Wohnzimmer ist noch leer, auf der Fensterbank steht ein Karton. Sohn Alex stellt sich vor, die Illinows sind gerade aus Kirgisien an die Ostsee gezogen. Es war eine lange Reise: drei Tage und drei Nächte mit der Bahn bis Moskau und von dort noch einmal einen Tag bis Kaliningrad. Die Tochter Larissa war schon vorher hier und hat die Familie nachgeholt.

Wir schauen neugierig auf den Pappkarton, doch bevor wir uns mit den Briefen befassen, bekommen wir erst einmal Tee und einen Einblick in die Wanderungen einer russischen Familie. Leicht ist es nicht, ihre Wege nachzuvollziehen. Nationalitäten beginnen sich zu mischen, Städtenamen schwirren durch den Raum, die für den westlichen Europäer einfach nur fern und exotisch klingen. Frau Illinowas Vater war deutschstämmiger Ukrainer, die Mutter Kirgisin mit polnisch-ukrainischen Vorfahren, und auf dem Umweg über Sibirien sind sie bei ihren Eltern in Kirgisien gelandet. Nach dem Zusammenbruch des Sowjetreichs wurde dann für die nächste Generation – wie für alle Nichtmoslems in den zentralasiatischen Staaten – das soziale und politische Klima immer feindseliger. Es wurde schwer, den Arbeitsplatz zu halten. So verkauften die Illinows schließlich ihre 80-Quadratmeter-Wohnung für nur 200 US-Dollar, um im Kaliningrader Gebiet für den zehnfachen Preis eine etwas kleinere neue zu beziehen.

»Wissen Sie, in den schrecklichen Dreißigerjahren ist fast meine ganze Familie väterlicherseits an Hunger gestorben.

Mein Vater und seine Schwester waren die Einzigen, die überlebten. Als zehn Jahre später der Krieg ausbrach, wurde er in die sogenannte Arbeitsarmee eingezogen, kam nach Sibirien, und die Geschwister verloren sich aus den Augen. Den Rest seines Lebens hat er nach seiner Schwester gesucht. Und so denke ich mir, diese Briefe, die wir jetzt im Schuppen gefunden haben, könnten vielleicht für eine deutsche Familie sehr wichtig sein und ihr helfen, Spuren von Angehörigen zu finden – und wenn sie nur Hinweise geben auf das Schicksal von nahen Verwandten, die inzwischen längst gestorben sind. Ich weiß von meinem Vater, wie wichtig so etwas sein kann. Er hat geweint, wenn er von seiner Schwester sprach. Und deshalb habe ich diese Briefe nicht weggeworfen, als ich sie beim Aufräumen des Schuppens fand. Ich würde mich freuen, wenn sich jemand findet, für den sie wertvoll sind – Kinder, Verwandte, Enkelkinder. Bitte sehr!« Und mit diesem »Bitte sehr!« überreicht sie uns den Karton zum Stöbern und zum Lesen.

Ich hatte es schon befürchtet: Die Briefe sind nicht in lateinischer Schrift verfasst, sondern in Sütterlin – einer von dem Grafiker Ludwig Sütterlin entwickelten sogenannten »gebrochenen« deutschen Schriftform. In Preußen wurde sie 1915 eingeführt und schließlich bis 1940 an deutschen Schulen gelehrt. An mir ist diese Epoche vorbeigegangen. Doch unmöglich ist es nicht, die Schrift zu entziffern. Manchmal kann ich sogar ganze Passagen lesen, dann wieder stockt es, und ich gebe frustriert auf. Das Prinzip meiner Herangehensweise ist stark intuitiv – sprunghaft im übertragenen wie im wortwörtlichen Sinn. Ich erkenne zwei oder drei markante Wörter, fange an zu kombinieren und stürme einfach los. Wie nun hier beim Studium eines der Briefe: *»Mein über alles geliebtes Frauchen, habe gestern Deine beiden lieben Briefe vom 14.9. und vom 15.9. erhalten und sage Dir dafür meinen herzlichsten Dank, vor allem für die Zigaretten. Ich habe auch von Lotte ein Päckchen mit*

Zigaretten und Pfefferkuchen und von ...« Aus! Der Faden ist gerissen.

Die Briefumschläge machen den wenigsten Kummer: »An Frau Emmy Merkert, Insterburg (Ostpreußen), Adolf-Hitler-Platz 5, Hof, Feldpost. Absender: Unteroffizier Fritz Merkert, Personal-Nummer 05134.« Wo der Brief aufgegeben wurde, ist weder im Text noch auf dem Umschlag vermerkt. Denn an welcher der vielen Fronten ihre Männer gerade waren, sollten damals selbst die Ehefrauen nicht wissen. Sie ahnten es ja meist, und wahrscheinlich war es gerade deshalb geheim.

Der nächste Brief, Hartmuts Kamera läuft, ich nehme einen neuen Anlauf: »*17. Juli 1944. Mein liebes gutes goldiges Herzblättchen! Gestern kamen die letzten Urlauber zu unserer Truppe zurück und erzählten, daß sie in Insterburg Aufenthalt gehabt hätten und daß da viel Militär rumlaufen soll und überhaupt ziemliches Durcheinander ...*« Wieder Schluss mit meinem Sütterlin, doch einen Absatz später geht es weiter: »*... und morgens um 7 Uhr kam in den Nachrichten durch, daß über Ostpreußen schwere Feindverbände sind. Und nun bin ich in Sorge und im Ungewissen, wo sie ihre Sachen abgeladen haben. Ach, wenn Du mir, mein ein und alles, und unser Jungchen nun doch bloß vor allem Unglück, vor dem Schlimmsten, bewahrt bliebet! Das ist meine einzige und größte Bitte an unseren Herrgott!*«

Wir nehmen zwei Briefe mit, verabschieden uns und versprechen Frau Illinowa, den Kontakt herzustellen, falls sich nach unserer Sendung eine Familie Merkert melden sollte. Es dauert nicht lange, und es trifft ein Brief aus Oelsnitz im Vogtland ein: »*Fritz Merkert war mein Vater. Er war Soldat an der Ostfront und wurde noch 1945 schwer verwundet. Per Zufall hat er in einem Lazarett in Dänemark von einer Krankenschwester erfahren, daß es im Oktober 1944 einen größeren Flüchtlingstransport aus Insterburg ins Vogtland gegeben habe. So hat er sich in diese äußerste sächsische Ecke durchgeschlagen, und 1946 war die Familie wieder*

glücklich vereint. Meine Mutter hat damals beim Abschied aus Ins-
terburg nur eine kleine Kiste mit Habseligkeiten mitnehmen dürfen.
Alles andere blieb da – die Tür abgeschlossen und ab! Mit freund-
lichen Grüßen Karl-Heinz Merkert«

Wir schicken die Adresse von Frau Illinowa nach Oelsnitz
und die der Merkerts nach Chernyachovsk. Irgendwann meldet sich Oelsnitz noch einmal: Es gebe da Probleme mit der
Kommunikation ins Kaliningrader Gebiet. Mir fällt Heinz
Hohmeister ein, der ja jährlich mehrmals dorthin fährt, um armen und alten Russen unter die Arme zu greifen, und der Probleme aller Art auf unkomplizierte Art zu lösen weiß. Dann gerät
der Vorgang erst einmal in Vergessenheit. Den Reporter zieht
es wieder auf andere Spuren und in andere Kontinente. Bis ihn
eines Tages die Erinnerung befällt: Was ist eigentlich aus den
Insterburger Briefen geworden? Haben sich die Familien getroffen? Ist eine Freundschaft zwischen Deutschen und Russen
entstanden, oder ist der Kontakt wieder eingeschlafen? Meine
Kollegin Tine Fages geht noch einmal die Aktenordner der Zuschauerpost vergangener Jahre durch, auf der Suche nach einer
Adresse. So etwa fünfhundert Briefe werden sich da angesam-
melt haben, und schließlich meldet sie: »Ich hab's!«

Ein Brief geht nach Oelsnitz, ein Brief kommt zurück. »Ja,
wir sind in Insterburg gewesen, wurden herzlich empfangen,
haben die Briefe in Empfang genommen, es war tatsächlich unsere frühere Wohnung.« Darauf kommt noch eine E-Mail, im
Anhang ein Foto. Da sitzen sie und strahlen in die Kamera: von
links nach rechts Frau Illinowa, Herr Illinow – den wir damals
nicht getroffen haben –, Tochter Larissa – die freundliche Pass-
kontrolleurin –, in der Mitte ein Mann mit vollem Haar und
grauem Bart – Karl-Heinz Merkert aus Oelsnitz –, dann Alex –
inzwischen ein junger Mann – und schließlich Larissas Ehe-
mann.

So weit ist die Geschichte sehr versöhnlich. Sohn Alex hat

Interesse, mal Deutschland kennenzulernen und einen Gegenbesuch im Vogtland zu machen, spontan laden die Merkerts ihn ein. Nur sind da bei Freundschaften zwischen Deutschen und Russen noch ein paar Formalitäten zu beachten. So eine Einladung muss schriftlich erfolgen, muss übersetzt und behördlich beglaubigt werden. Vor allem sind da noch allerlei Auskünfte und persönliche Daten einzuholen – nicht nur über den einzuladenden Gast, sondern auch über seine Gastgeber in Deutschland. Der Vorgang wird nun ein wenig kompliziert, der Postweg nach Russland ist ja nicht besonders zuverlässig. Man schaltet wieder Heinz Hohmeister als Briefträger und Makler ein, der schaut noch mal in Chernyachovsk vorbei, um zu vermitteln und zu ergänzen, was da an Unterlagen noch fehlen könnte.

Es stellt sich heraus, dass das behördliche Verfahren nicht so sehr in Russland hakt, sondern in Deutschland. Die Merkerts gehen zur Ausländerabteilung ihres Landratsamts, um das Verfahren anzuschieben, und dort wird die schöne zwischenmenschliche Idee durch ernste Belehrung ins Wanken gebracht. »Überlegen Sie sich das gut«, mahnt die Sachbearbeiterin. »Sie können zur Zahlung hoher Geldbeträge herangezogen werden!« Die Merkerts werden aufgefordert, ihre Einkünfte offenzulegen, werden nach Verdienst und weiterem Vermögen befragt – Sparguthaben, Immobilienbesitz. Sie sollen eine Haftungserklärung unterschreiben. Man macht sie auf Gefahren aufmerksam, die gerade von jungen Männern aus Russland drohen. Die könnten zum Beispiel in Deutschland straffällig werden, untertauchen und sich weigern, wieder in ihre Heimat zurückzukehren. Und in all solchen Fällen müsse eben derjenige gegenüber dem Staat mit seinem Vermögen haften, der diesen Gast eingeladen hat.

Den Merkerts raubt es den Schlaf. Sie wollen die gerade erst geknüpfte Freundschaft halten, keinesfalls wortbrüchig werden und ihre Einladung zurückziehen. So schreiben sie nach Chernyachovsk: Jederzeit sei Alex herzlich willkommen, er könne so lange in Oelsnitz wohnen, wie er Lust habe, nur vor einer derart bedrohlichen Haftungserklärung schrecke man einfach zurück. Die Gastgeber bitten um Verständnis, der Kontakt bricht ab.

Natürlich werden die Behörden für alles, was sie von der Menschheit fordern, ihre guten Gründe haben. So sind zum Beispiel viele der sogenannten Russlanddeutschen bei uns in der Bundesrepublik nicht glücklich geworden. Besonders die jungen Männer nicht. Sie sprachen kein Deutsch, fanden keine Arbeit, sie trauerten ihrer früheren Heimat und ihren russischen Freunden nach. Viele von ihnen wollten ja auch Russland nicht verlassen, sie gehorchten der Familie, und so zogen sie mit. Einige schlossen sich mit ihresgleichen zusammen und landeten auf der schiefen Bahn. Dass aber Alex Illinow ganz allein in die Fremde ziehen würde, um bei uns in die Illegalität abzutauchen – ohne Sprachkenntnisse, ohne Familie, ohne Freunde –, erscheint nun doch etwas unwahrscheinlich. Doch vor der Behörde gilt nun einmal nicht der einzelne Fall, sondern die Vorschrift. Und so etwas wie Freundschaft zwischen Familien mit derselben Heimat ist für die Entscheidung unerheblich.

Läge Chernyachovsk nur ein paar Kilometer weiter südlich in Polen – aber immer noch in einem Land, das einmal Ostpreußen war –, hätte die Behörde keine Bedenken. Die Welt wäre offen und die Realität im Einklang mit der Vorschriftenlage. Keine schriftlichen Einladungen wären nötig, keine Beglaubigung, keine Stempel, keine Haftung von Gastgebern mit ihrem Vermögen. Alex Illinow wäre dann Bürger der EU, und niemand dürfte ihm ohne konkreten Anlass misstrauen. Jederzeit könnte er in den Zug oder ins Auto steigen, und kein Grenzbeamter würde ihm irgendwelche Fragen stellen.

Es ist ein indischer Glaube oder eben Aberglaube, dass es Glück und ein langes Leben verspricht, jemanden zu berühren, der wie durch ein Wunder eine Katastrophe überlebt hat. Erzählt hat mir die Geschichte ein amerikanischer Konsul in Bombay, dem dies geschah und den wir daraufhin in eine Sendung des ZDF einluden. Er hatte in einem Flugzeug der Äthiopischen Luftfahrtgesellschaft gesessen, das ihn und hundertvierundsiebzig weitere Passagiere von Addis Abeba über Nairobi nach Bombay bringen sollte. Kurz nach dem Start am 23. November 1996 drangen drei bewaffnete Gestalten in die Kanzel des Piloten vor und forderten ihn auf, er solle sie nach Australien fliegen. Den verzweifelten Einwand des Flugkapitäns, er müsse aber vorher noch irgendwo zwischenlanden, um die Maschine aufzutanken, brüllten sie nieder, fuchtelten mit ihren Waffen herum und zwangen ihn, über Nairobi hinweg weiter geradeaus nach Süden zu fliegen.

Kurz vor Madagaskar setzte erst ein Motor der Boeing aus, dann der zweite. An einem Strand der Komoren – einer Inselgruppe im Indischen Ozean – beobachteten und filmten Badegäste, wie sich etwa fünfhundert Meter vom Ufer entfernt ein großes Flugzeug im Gleitflug auf das Wasser senkte, aufschlug und in drei Teile zerbrach. Nur zweiundfünfzig der hundertfünfundsiebzig Menschen an Bord überlebten. Die Bilder des spektakulären Unglücks liefen über die Fernsehschirme der ganzen Welt und waren die Sensation eines zu Ende gehenden Jahres. Noch heute kann man sie sich im Internet herunterladen. Unser Studiogast hatte den Absturz nicht nur überlebt, er blieb auch – gegen alle Gesetze der Wahrscheinlichkeit – unverletzt. Welchem Umstand er sein Glück verdankte, daran konnte er sich nicht mehr genau erinnern. Vermutlich, so erklärte er sich selbst seine wundersame Errettung, sei das Flugzeug genau in der Sitzreihe vor ihm auseinandergebrochen, und er sei dann aus der plötzlich entstandenen Öffnung ins Wasser geschleudert worden. Badegäste, daran erinnerte er sich wieder, hätten ihn mit einem Surfbrett oder einer Luftmatratze ans Ufer gezogen.

Wieder zurück in Bombay, stieß ihm schon wieder etwas Ungewöhnliches zu. Tagelang hätten sich indische Kollegen und auch völlig Fremde um ihn geschart und an ihn gedrängt, nur um ihn einmal anzufassen. Diese gläubigen oder eben abergläubischen Hindus hätten sich davon erhofft, dass die guten Kräfte, die ihn in so aussichtsloser Situation beschützt hatten, durch die Berührung auf sie überströmten. Natürlich habe auch ich diesem Amerikaner – gleichsam in Ferntherapie an Millionen vor den Fernsehschirmen – meinen Arm auf die Schulter gelegt. Geschadet hat es sicherlich nicht, und der freundliche, immer noch glückliche Konsul war die Prozedur ja inzwischen gewohnt. Zwölf Jahre später, auf einer Veranstaltung in der Neuen Synagoge in Berlin, treffe ich noch einmal auf einen von großem Unheil getroffenen und dann vom Schicksal behüteten Menschen. Und wieder gerate ich in Versuchung, die guten Kräfte anzuzapfen, die ihm in tausend Nöten zur Seite standen.

Am 27. Januar 2009, dem Tag zum Gedenken an die Befreiung des Konzentrationslagers Auschwitz, sitze ich neben einem Mann auf dem Podium, dem noch größeres Leid und schließlich noch größeres Wunder widerfuhr als den Überlebenden jenes bizarren Flugzeugunglücks. Warum gerade ich an jenem Tag, an dem ein Deutscher lieber seinen Kopf einziehen sollte, in eine Synagoge eingeladen wurde, kann ich nur vermuten. Es geht um Ostpreußen. Ehrengast des Abends ist Michael Wieck, Zeuge des Untergangs von Königsberg. In seiner Kindheit und Jugend hat er gleich zwei Mal die Hölle durchquert und ist heil aus dem Feuer herausgekommen – einer von nur vier oder fünf Juden dieser Stadt, die erst den nationalsozialistischen Terror und dann auch noch die Apokalypse der »Russenzeit« überlebten. Schon die Hälfte dieses ebenso ungewöhnlichen wie ergreifenden Leidenswegs, den er später in einem Buch nachgezeichnet hat, kann den Leser an der Menschheit und an der Gerechtigkeit Gottes verzweifeln lassen.[19]

Seine Mutter war Jüdin, sein Vater – wie es zur Hitlerzeit hieß – Arier, und für Michael stempelte die nationalsozialistische Rassenbürokratie die seltsame Kategorie »Geltungsjude« in die Akten. Er galt als Jude, war es aber nicht so ganz. Doch unter Androhung der Todesstrafe hatte auch er den gelben Stern zu tragen, wurde gedemütigt und gequält – gezeichnet, um in der Öffentlichkeit verachtet zu werden. Seine Eltern waren Musiker, der Vater spielte Geige, die Mutter Bratsche im Königsberger Streichquartett. Beide bekamen Auftrittsverbot, die Lebensmittelrationen der Familie wurden über das ohnehin schon karge Maß hinaus gekürzt, ehemalige Klassenkameraden, die plötzlich Uniformen, Halstücher und Koppel trugen, wandten sich ab. Die noch verbliebenen Freunde, Lehrer und Verwandten verschwanden nach und nach auf Transporten mit düster erahntem Ziel. Und wahrscheinlich hatte ja auch ihn eine auf immer höheren Touren laufende Mordmaschinerie längst im Visier, war das Urteil gegen einen Jungen aus alter Königsberger Familie längst gefallen: umbringen, aber noch nicht gleich!

Dann, im August 1944, die beiden verheerenden Bombenangriffe der Alliierten, die Ostpreußens Hauptstadt in eine Trümmerlandschaft verwandelten. Es folgten der strenge Winter und ein sinnloses Durchhalten in den Ruinen – monatelang Tiefflieger, Bombenhagel und Artilleriebeschuss durch eine um ein Vielfaches überlegene Armee. Nach menschlicher Vernunft und allen Regeln der Kriegskunst hätte die Wehrmacht längst kapitulieren müssen, hätte nicht ein Wahnsinniger im fernen Berlin für Königsberg den Heldentod beschlossen.

Für die noch Lebenden in Auschwitz ist es immerhin eine Befreiung gewesen, als Ende Januar 1945 die Rote Armee endlich die Tore der Hölle aufstieß. Doch für die Eingeschlossenen und Gequälten in Königsberg war der Einmarsch der Sieger nicht das Ende des Leidens, sondern der Sturz in die nächste Hölle. Auch für Michael Wieck und seine Eltern. Denn in der ostpreußischen Hauptstadt machten die Eroberer keinen Unterschied zwischen Gut und Böse, Schuldigen und Unschuldigen, Tätern und Opfern. Hier galten alle, die ihnen in die Hände fielen, als Bestien und Verbrecher, an denen die aufgeputschten Soldaten ihre Rache, ihren Hass und ihre sexuellen Triebe auslassen durften. Die Wiecks, die in nationalsozialistischer Zeit als jüdisch und damit kaum noch als Menschen gegolten hatten, waren plötzlich wieder Deutsche. Jude oder nicht – die Königsberger schützte kein Gesetz und keine internationale Konvention, mit ihnen durfte ein jeder Sowjetkrieger machen, was er wollte.

Es gab kein Mitleid und wenig Erbarmen. Da Königsberg eine sowjetische Stadt werden sollte, war es das erklärte Ziel, dass die in der Stadt verbliebenen Zivilisten zu verschwinden, zu verhungern, zu sterben hatten. Kennzeichnend für die geradezu offiziell vorgegebene Linie im Umgang mit denen, die von der Front überrollt wurden, ist das Schicksal des Schriftstellers und Menschenrechtskämpfers Lew Kopelew. Er war Major in einer Propagandaeinheit der Sowjetarmee und hatte beim Einmarsch in Ostpreußen eine Gruppe betrunkener und marodierender Soldaten mit gezogener Waffe davon abgehalten, Grausamkeiten an deutschen Zivilisten zu begehen. Für diese Tat wurde er vor Gericht gestellt und trotz seiner Auszeichnungen für Tapferkeit und militärische Verdienste zu zehn Jahren Straflager verurteilt. Die Anklage gegen Kopelew lautete: »Mitleid mit dem Feind.« Er hat die volle Strafe verbüßt, erst 1954 wurde er entlassen und zwei Jahre später rehabilitiert. Von den etwa 120 000 Menschen, die bis zum Ende des Krieges in Königsberg ausharren mussten, haben allenfalls 25 000 überlebt. Genaue Zahlen gibt es nicht. Die Toten wurden einfach verscharrt, keiner hat sie gezählt.

Nun also, mehr als sechzig Jahre danach, aus so viel grauenvollem Anlass eine Feierstunde. Wie gehen wir es an? Der Ehrengast – fast in Entschuldigung, dass er noch lebt – besteht darauf, nicht zu schnell zu seiner Person und zu seinem Schicksal überzugehen, sondern erst einmal der Ermordeten von Auschwitz zu gedenken. Der Präsident des Deutschen Bundestags, Norbert Lammert, für den es schon die zweite Gedenkfeier an diesem Tag ist, hatte bereits in seiner Begrüßung die Brücke von Auschwitz nach Königsberg geschlagen. Nun klettere ich auf die Bühne und versuche, meine Rolle zu finden. Was könnte die sein? Dass Michael Wieck und ich beide Ostpreußen sind? Eine gemeinsame Heimat haben? Alles, was uns verbinden könnte, scheint ein bisschen weit hergeholt. Ich war und bin nicht Königsberger, war – wenn auch noch zu klein zum Mitmachen oder Jubeln – in meinen ersten Lebensjahren doch auf der Seite seiner Peiniger und habe schließlich trotz aller Gefahren die Flucht aus Ostpreußen mit kindlichem Gemüt eher als eine Art Abenteuer wahrgenommen. Kurz: Er hatte Unvorstellbares erlebt, und ich hatte Glück gehabt.

Michael Wieck mag geahnt haben, was mir durch den Kopf ging, und hatte mir schon zwei Wochen vor unserem gemeinsamen Auftritt geschrieben: »*Sie brauchen keine unangebrachte Scheu zu haben, auch Fragen zu stellen, die tabuisiert erscheinen. Woher kam der Antisemitismus? Warum fehlte Zivilcourage? Wie erklärt sich die Begeisterung für den Größenwahn und die Kriegspläne? Und über das Leiden in sowjetischer Zeit: Wie beeinflussen solche Erfahrungen das Menschen- und das Gottesbild? Es wird uns nicht schwerfallen, die uns gestellte Aufgabe zu lösen.«* So machte er mir Mut – wenn man so will – zu frischer und forscher Naivität und selbst zu Fragen, auf die die Menschheit seit Jahrhunderten vergebens nach Antworten sucht. Oder diese Antworten wohl kennt, aber nicht danach handelt.

Also dann: Wie und warum verwandeln sich Menschen in Ungeheuer? Ist das, was in Auschwitz und was ihm als Juden in Königsberg geschah, nur in Deutschland möglich gewesen, und könnte es sich nur bei uns wiederholen? Der freundliche, leise sprechende, weißhaarige Mann neben mir, der zwei Kulturen von ihrer schlechtesten Seite kennengelernt hatte, hat in den schlimmen wie in den glücklicheren Zeiten seines Lebens über diese Frage immer wieder nachgedacht und eine tröstliche und dann auch wieder beunruhigende Antwort gefunden: »Hass und Liebe sind Potenziale, die in jedem von uns stecken! Mal schlägt das Pendel zu dieser, mal schlägt es zu jener Seite aus. Ich kenne keinen Menschen, der nicht auch lieben kann. Aber es gibt viele, die sich gerne verführen lassen. Und wenn die Umstände unglücklich aufeinandertreffen, können Emotionen das Handeln des Menschen stärker, machtvoller motivieren als jede Vernunft. Nein, ich bin nicht der Meinung, dass nur wir Deutschen in dieser Beziehung gefährdet sind.«

Wie kann man in Zukunft die schlechteren Instinkte zurückdrängen oder doch die Anfälligkeit, sich vom Bösen verführen zu lassen? Kants Appelle an die Vernunft hat die Menschheit ja leider auch nicht gehört, um aus dem ewigen Zyklus der Kriege herauszufinden. Nicht einmal in seiner Heimat Königsberg! Und eine Kirche, die seit zweitausend Jahren Liebe und absolute Friedfertigkeit predigt, ist auch nur selten ein machtvolles Bollwerk gegen immer neue Kriege gewesen. Allzu oft war und ist Religion geradezu ein Hass- und Brandbeschleuniger. – »Der Einzelne ist es, der mehr Mut haben muss zur eigenen, auch zur abweichenden Meinung«, ist Michael Wiecks

Lehre und Überzeugung. »Er ist es, der die innere Kraft aufbringen muss, Nein zu sagen, wenn er den Kurs und die allgemeine Strömung für falsch oder gar für unmoralisch hält. Besonders gefährlich wird es immer, wenn jemand mit Autorität ausgestattet ist und diese dann nutzt, um bei Abhängigen Angst auszulösen. Dann ist es wichtig, dass sich die Mutigen zu Wort melden und nicht nur die Opportunisten, die gehorsamen Diener und Dulder.«

Wir sprechen darüber, welch starken Sog das Böse hat und dass das Vorbildhafte so schnell als langweilig empfunden werde. Selbst im Fernsehen habe die Sünde es leichter, die Menschen vor dem Schirm zu versammeln, als das Wertvolle und Gute. Und so kommen wir auf ein Beispiel aus der Welt der Musik. Als Sohn eines Musikerehepaars hat Michael Wieck schon in den Ruinen von Königsberg mit dem Geigenspiel begonnen. Der Beruf der Eltern, aber auch der abendliche Gesang der russischen Soldaten haben ihn inspiriert. Er wurde später Konzertmeister und Erster Geiger großer Orchester. Und so zitiere ich auf dem Podium ein Kapitel aus seinem neuesten Buch, in dem er im eigenen Milieu, in einer hoch kultivierten Gemeinschaft, selbstkritische Betrachtungen anstellt und in einem für unser Thema bedeutsamen Punkt zu einem durchaus bedenklichen Ergebnis kommt. Es geht um die Diktatur, Disziplin oder auch Unterwerfung in einem Symphonieorchester.[20]

Orchestermusiker zu sein sei einer der schönsten Berufe, schwärmt Michael Wieck, und doch gebe es auch dort – oder vielleicht gerade dort – Abhängigkeiten und Mechanismen, die nicht unbedingt vorbildhaft oder gar demokratisch seien: das Verhältnis von Dirigent zu Dirigierten, Befehlenden zu Gehorchenden und schließlich im Exzess von Tyrannen und Opportunisten, von Tätern und Opfern. Ich versuche, die Schuld an solchen Verhältnissen dem allgemeinen Geschmack anzulasten. Wir alle, die wir im Konzertsaal sitzen, werfen nun einmal dem

Maestro unsere Herzen zu, dem Gott und Genie, und rufen nicht nach Mitbestimmung, wenn er dem artig vor ihm aufgereihten Orchester mit wehender Mähne seinen Willen aufzwingt und es mit strenger Hand zu höchster Leistung peitscht. »Wer identifiziert sich nicht mit einem Dirigenten? Er ist die Verkörperung der Macht. Und Macht verdirbt, Ohnmacht auch«, räumt er ein. Wir nehmen uns gemeinsam vor, unsere Zuwendung in Zukunft verstärkt den Schwächeren oder gar den »grauen Mäusen« zu widmen – im Konzertsaal, in der Politik und im Beruf, im Leben. In einer Feier aus ernstem Anlass gibt es nun doch Heiterkeit im Publikum …

Wir sprechen über Gott. Wo war er in Auschwitz und in Königsberg? Warum hat er nicht eingegriffen? Warum hat er dem Bösen das Feld überlassen? Einem, der so oft in Todesgefahr nach ihm rief, ist es schwer geworden, seine Gottessicht und Gottessuche mit dem in Einklang zu bringen, was er einst beim Studium in der Königsberger Synagoge lernte. An den »Kinderzimmergott« kann er nicht mehr glauben, der diejenigen belohnt, die artig sind, und die bestraft, die nicht fest sind im Glauben.

Und schließlich die Frage nach der Heimat. Was könnte nach einem solchen Leben Michael Wiecks Heimat sein? Zur Auswahl stehen Königsberg, Berlin und Stuttgart – wo er in großen Orchestern spielte – und schließlich sogar Neuseeland, wohin er auswanderte, um eine neue Heimat zu suchen, und zurückkehrte, weil er sie nicht fand. Oder Israel möglicherweise? Er zögert, er ahnt, dass mich vor allem Königsberg interessiert. Dann sagt er: »Heimat ist etwas Irreales!« Dem stimme ich zu, und auch im Publikum regt sich kein Widerspruch. Er spricht von Kindheitsprägung, von der Familie, von Freunden und Verwandten, von unerklärlichen Empfindungen: »Königsberg war meine Heimat.« Ihn habe ein seltsames Gefühl befallen, als er 1948 nach sechstägiger Fahrt im Güterwaggon in Berlin ankam – einerseits im Glücksrausch, alles Erlebte abgeschüttelt zu haben wie einen bösen Traum: »Und doch war ich heimweh-krank nach dem Geruch der Ostsee, nach einer Stadt, in der ich eigentlich nur Schlimmes erlebt habe…« In Tel Aviv habe er einmal einen Juden getroffen – schwer, ihn einen Ostpreußen zu nennen –, der ihm mit traurigem Lächeln gestanden habe, dass er in seiner neuen Heimat immer wieder eine alte Schall-platte auflege: mit Gedichten von Agnes Miegel.

Ich frage ihn, ob er in späteren Jahren noch einmal in Kali-ningrad gewesen sei. Er nickt, rechnet es durch und kommt auf fünf Mal. Demnächst fahre er zum sechsten Mal hin. Aber es ist ihm wichtig, zu betonen, dass er immer eingeladen oder ange-fordert worden sei: zum Konzert als Mitglied eines Orchesters, zum Solo im wiedererrichteten Königsberger Dom oder zum sogenannten »Bohnenmahl«, zu dem sich jährlich zu Kants Ge-burtstag im April seine Verehrer treffen – seit 2008 Deutsche und Russen wieder gemeinsam. Bei den ersten Besuchen, erin-nert sich Michael Wieck, sei Kaliningrad für ihn eine völlig fremde Stadt gewesen, er habe sich gefühlt wie in einem Film von Fellini.

Also doch Heimatgefühle? – Na ja, es gebe nun einmal im Leben des Menschen Verhältnisse, in die er hineingeboren werde und die er sich nicht aussuchen könne. Die Eltern zum Beispiel. – Auch die Heimat? – Nun geht es ein bisschen hin und her, ja und nein, nach so vielen Umzügen in seinem Leben sei dieses Gefühl für Königsberg immer schwächer geworden. Wir haben uns schon die Hand gereicht, auf dass die guten Kräfte nach indischem Glauben und fester Überzeugung des Moderators auf alle im Saale überströmen mögen, der Schluss-beifall ebbt langsam ab, da ergreift er noch einmal meinen Arm, um nunmehr das endgültige Urteil zu verkünden: »Heimat ist da, wo man einen lieben Menschen hat. Das war meine verstor-bene Frau, und meine jetzige Frau ist das auch.«

Es ist etwas Faszinierendes um das Fahren mit dem Heißluftballon, das kein Fliegen oder Schweben so eindrucksvoll vermitteln kann. Auf einer Waldlichtung bei Arys am Rande der Elker, früher Lycker Seenplatte sind wir in den Korb unter dem riesigen bunten Ballon geklettert. Das Licht ist schummrig, der Blick durch eine Wand hoher Kiefern eingeengt. Plötzlich löst sich das Gefährt von der Erde und steigt fast senkrecht auf wie ein Fahrstuhl in den Himmel. Es dauert nur Sekunden, und schon weitet sich der Blick. Rundum bis zum Horizont Wälder und Seen, nur da und dort dazwischengestreut ein paar gelbe Flächen und einzelne rote Dächer.

Traumhaft ist die Stille in der Höhe. Kein Fahrtwind und kein Geräusch sind zu vernehmen. Nur wenn Dariusz, der Pilot, an seinem Hebel zieht, faucht der Brenner kurz auf und gibt unserem Kurs Stabilität. Es wäre wahrscheinlich falsch zu sagen, dass der Wind uns vorwärtsschiebt. Er nimmt uns einfach mit auf seinem Weg, wir sind ein Teil seiner Strömung geworden. Dariusz, der im Sommer in Masuren und im Winter in Australien durch die Lüfte schwebt, zeigt nach schräg vorne, gen Südosten: »Elk liegt ungefähr dort. Ich werde versuchen, ein wenig in diese Richtung zu steuern. Aber garantieren kann ich nicht, dass wir die Stadt überfliegen. Unseren Kurs bestimmt nun einmal der Wind.«

Schon sind wir über dem ersten größeren Gewässer, und ich habe nicht den Eindruck von Geschwindigkeit. Masuren rollt einfach unter uns vorbei – so, als hingen wir still in der Luft und die Erde drehte sich unter unseren Füßen. Es ist später Nachmittag, und nach Westen hin strahlt der See in glänzendem Weiß. Dazwischen – so etwa in der Mitte des Gewässers – wirft die Sonne einen gelblichen und dann auch wieder rötlichen Streifen in das silbrige Geglitzer. Nach Osten, nach vorne hin, sind die Konturen hell ausgeleuchtet und scharf. Rechts kommt uns das Ufer näher, und Dariusz senkt unseren Fahrstuhl wieder in die Tiefe. So etwa zwanzig Meter über den Baumwipfeln schweben wir dahin. Und schon sind wir auch wieder über dem Wasser, ein Angler sitzt im Schilf und winkt uns zu. Hätten wir uns seinem Versteck mit dem Flugzeug, dem Hubschrauber oder im Motorboot genähert, er hätte uns bestimmt nicht so freundlich gegrüßt. Doch wir in unserem bunten Luftballon stören seine Einsamkeit und Stille nicht und verscheuchen auch nicht die Fische.

Jürgen Rapp hat sich gegen das Stativ entschieden und die Kamera auf den Rand des Fahrgastkorbs gestützt, unser Gefährt liegt ja ganz still in der Luft und schaukelt und rüttelt nicht. Es sei denn, er bittet Darius, höher zu steigen oder tiefer zu tauchen. Kerstin Luxenhofer, die auf dieser Reise für den Ton zuständig ist, hat ihr drahtlos mit der Kamera verbundenes Gerät eingeschaltet, doch viel zu hören gibt es nicht. Gelegentlich faucht der Brenner, aber die Bilder sind von jener Ausdruckskraft, dass im Schneideraum bestimmt keine andere akustische Untermalung in Betracht gezogen werden wird als Musik – getragene, wehmütige, dunkle Töne. Nicht unbedingt der alte ostpreußische Choral vom Land der dunklen Wälder und kristallnen Seen, aber etwas in der Art eben doch...

Meine Rolle hier oben ist es, mich möglichst wenig in etwas so Friedliches und Selbstverständliches einzumischen. Es stört ja doch nur, wenn ich auf eine Staffel Störche unter uns zeige, auf ein Segelboot oder das einsame Haus am See. Die Reise mit dem Wind ist eine der Situationen, von denen es in unserer sonst so aufgeregten Film- und Fernsehbranche heißt: »Da läuft die Kamera von selbst.« So habe auch ich mich auf den Korbrand gestützt, lasse den Kopf nach unten hängen wie über ein

Balkongeländer oder die Reling eines Schiffs und versuche, meinen Gedanken eine Richtung zu geben. Alles Gezänk und jeder politische Streit, alles Theoretische und Komplizierte will nicht zu diesem Rausch, zu so viel Schönheit passen. Es wäre auch übertrieben, nachträglich zu berichten, dass mir in der Sicht von oben auf diese Heimat irgendetwas klarer geworden sei. Eine Zufriedenheit des Augenblicks hat wohl alle erfasst, die an diesem sonnigen Nachmittag an einem masurischen Himmel hängen. Das Einzige, das ich mit Sicherheit sagen kann, ist, dass ich an meine Eltern denke, mir vorstelle, dass sie jetzt um mich sind, um mir etwas zu zeigen.

Steuerbord voraus kommt eine größere silbern glänzende Wasserfläche in Sicht und am Ufer ein breiter Klecks roter Dächer und kleiner Türmchen. Der Wind hat uns den Gefallen nicht getan, uns über Elk zu tragen, wir schweben etwa zehn Kilometer nördlich an der Stadt vorbei. Dariusz hat sein Handy aus der Weste gezogen und nimmt Kontakt mit seinem Helfer auf, der uns in rasender Fahrt mit dem Auto verfolgt, um vom Boden aus bei der Landung zu assistieren. Jetzt müssen wir uns entscheiden: Noch einen See mehr oder vor dem nächsten zurück auf die Erde? Das Landen, hat uns Dariusz noch einmal ermahnt, sei das einzig kritische Manöver der Reise: »Festhalten, es kann etwas rumpeln!« Denn nicht immer entlässt der Wind die Gondeln, die sich bei ihm eingehängt haben, behutsam und sanft. Beim Aufsetzen des Korbes kann plötzlich eine Bö zupacken, der große Ballon will wieder nach oben, lässt die Kiste mit ihren Passagieren auf und nieder hüpfen und schleift sie hinter sich her. Diesmal verläuft alles wie im Bilderbuch, sogar etwas zu glatt und etwas zu weich. Wir sind auf einer sumpfigen, matschigen Wiese heruntergepatscht. Kurz vor uns leuchtet der liebliche See, der sein schilfiges Uferland unter Wasser setzte.

Die Gegend, in der wir vom Himmel gefallen sind, ist nicht

so weit entfernt von einem Ziel, das auch den Nicht-Ostpreußen auf eine sentimentale Weise mit der masurischen Seele verbindet. Es ist ein Dorf, von dem sein Chronist Siegfried Lenz geradezu beschwörend versichert, es habe es so, wie er es beschrieb, nie und nirgendwo gegeben: Suleyken. Die Fahrt dorthin ist schon ein Abschied von der modernen Welt, ein Eintauchen in einen Märchenwald. Mal sind die Straßen schmal, mal etwas breiter, mal sandig, mal kopfsteingepflastert, dann wieder ein Stückchen asphaltiert, mal geht die Fahrt am See vorbei und mal durch laubverhangene Tunnel, mal stimmen die Namen auf den Ortsschildern und Wegweisern mit den Eintragungen auf unserer Landkarte überein, und schon an der nächsten Kreuzung muss sich der hilflos Suchende auf sein Glück oder seinen Instinkt verlassen. Gehöfte liegen einsam am Weg. Die meisten sind von der Zeit oder den historischen Umständen angeschabt – die Türen schief, das eine oder andere Fenster zugenagelt –, und doch gibt es auch Spuren von Leben.

Ein Bahnhof liegt auf der Strecke, dunkelrot und in trotziger Unverwüstbarkeit, von Blumen und hohem Gras umgeben. Das Faszinierende an dieser öffentlichen Verkehrseinrichtung ist, dass weit und breit kein Ort oder irgendein anderes Haus zu sehen ist. Ringsum nur Wald und Wiesen. Und doch: Zwischen dem einzigen Gleis ist das Gras wie von durchrollenden Zügen abgemäht, die eisernen Stränge sind an der Oberfläche blank geschabt. An einer hölzernen Tür klebt ein Zettel, aus dem der einsame Wanderer ersehen kann, dass viermal am Tag in Odoje ein Zug vorbeikommt und dort sogar hält. Wir schauen auf die Karte und finden einen Ort dieses Namens, er muss irgendwo abseits am See liegen und hieß früher Nickelsberg. Zweimal täglich, so entnehmen wir dem Plan, soll von Odoje ein Zug in Richtung Olsztyn fahren und zweimal in die Gegenrichtung nach Elk. Das liegt allerdings so nah, dass es wohl praktischer wäre, die Reise mit dem Fahrrad zu unternehmen.

Wir haben das Glück, dass es plötzlich tutet und durch die schmale Schneise im hohen Gras ein kleiner Triebwagen herangeruckelt kommt. Er hält, die Tür öffnet sich, der Schaffner schaut nach links und rechts, die Tür schließt sich wieder, keiner ist aus- und keiner ist eingestiegen. Pünktlich nach Plan nimmt der Zug Fahrt auf und verschwindet in der Einsamkeit Masurens. Doch wir sind nicht allein. In einem kleinen umzäunten Garten ist eine freundliche ältere Frau dabei, Sonnenblumen zu schneiden. Wir stellen uns vor. Sie heißt Natalja Grandys. Was uns nach Odoje trieb, ist ihr nicht ganz klar, aber schließlich kommen wir ins Reden. Natalja, ihre Eltern und Geschwister und achtundzwanzig andere Bauernfamilien ihres Dorfes am Rande des Heiligkreuzgebirges sind in der Stalinzeit aus dem Südosten Polens hierher umgesiedelt worden. Das Dorf, so erinnert sie sich, wurde für militärische Zwecke gebraucht. Und was immer das für Zwecke gewesen sein mögen: »Das war eben so, es wurde angeordnet, keiner stellte Fragen ...«

Sie landeten in Odoje, Natalja heiratete einen Bahnarbeiter, die Kinder kamen, sie versorgte den Haushalt und hielt den Bahnhof in Schuss. »Wir hatten Kühe und Schweine, haben die Felder bestellt und gemäht. Es war eine gute Zeit.« Dann starb ihr Mann, die Kinder wurden groß und zogen in die Stadt. Und eines Tages in der »neuen Zeit« der frühen Neunzigerjahre seien die ersten Halbstarken gekommen und hätten die Fensterscheiben des Bahnhofs eingeworfen. Natalja habe sie angeschrien und fortgejagt, aber diese übermütigen jungen Leute seien immer wieder gekommen, und schließlich habe die Bahnverwaltung die Fenster des Gebäudes einfach zumauern lassen. »Na ja, und so sieht's aus ...« Natalja bezieht eine Rente von siebenhundert Zloty, das sind etwa hundertfünfzig Euro. In ihrem kleinen Bahnhofsgarten baut sie Kartoffeln und Gemüse an: »Wenn man nicht raucht und nicht trinkt, kommt man damit aus.«

Wir fahren weiter, wir halten an. Wann immer wir wieder einmal stehen bleiben und der Kameramann möglichst ungestört von den Einfällen seines Regisseurs oder Reporters nach stimmungsvollen Motiven sucht, bleibe ich zurück und lasse eine Landschaft auf mich wirken, die meine Heimat ist. Ein paar Kinder sind von irgendwoher zusammengeströmt und dann der Kamera hinterhergetobt. Und ich stehe an einer Kreuzung zweier sandiger Wege zwischen einem geduckten Häuschen und einer Scheune und hänge sentimentalen Gedanken nach. Im Inneren des Hauses hat sich nichts gerührt. Und hier draußen herrscht eine Einsamkeit und Stille, die der moderne Mensch einfach nicht mehr gewohnt ist. Mal summt eine Biene oder Fliege vorbei, mal hüpft ein Vogel von einem Ast auf den nächsten, Kühe oder Pferde sind nicht in Sicht, kein Pkw oder Lastwagen fährt vorbei. Ein Hund schleicht heran, schnuppert gelangweilt an meinen Schuhen und trottet langsam in den Schatten der Scheune zurück, legt sich hin und kratzt sich. Es ist heiß, die Sonne scheint müde auf die verschlafene Kulisse. Ja, das alles erinnert mich an meine Kindheit. Und ich erinnere mich natürlich auch, dass es mir schon damals etwas langweilig war. Nun wird mir bewusst, dass ich selbst im Alter noch hart an mir arbeiten muss, um so viel Beschaulichkeit zu ertragen.

Endlich, es geht weiter. Und endlich rechter Hand das Schild, das das Ziel unseres Ausflugs verkündet: »Sulejki«. Früher hieß das Dorf Suleiken, und in die Literatur ist es in nur zart veränderter Schreibweise eingegangen: Suleyken. Eine lange Straße schlängelt sich dahin, links schiebt sich ein See an sie heran, auf beiden Seiten stehen neuere Fertighäuser neben alten Scheunen und Bauernhöfen. Noch sind wir nicht in Versuchung, anzuhalten und die Kamera auszupacken, da taucht links am Wasser eine rote Kirche auf und drum herum ein vielversprechend malerischer Ortsmittelpunkt. Wir fahren über eine Brücke, biegen links am Seeufer ab, und plötzlich steht da wieder ein Schild und verkündet, dass »Sulejki« hier leider schon zu Ende ist. Das Kirchlein am See, das uns und vor allem der Kamera so gefallen hätte, ist schon das nächste Dorf und heißt Swietjano.

Etwas enttäuscht drehen wir um und fahren auf der Suche nach Spuren von Romantik noch einmal den Weg durch den Ort zurück, biegen links in eine Seitenstraße ein und fahren weiter in die Felder, bis sich auf einer Anhöhe doch noch ein malerischer Ausblick auf einen Wald und einen See öffnet. Die Kamera wird ausgepackt, und ich versuche, unseren kleinen Trupp durch die Vorstellung zu inspirieren, dass dies so etwa der Weg gewesen sein müsse, den ein brüllendes Ungeheuer aus den Sümpfen hochgezogen kam, um Hamilkar Schaß, den Großvater des ostpreußischen Erzählers, beim Lesen zu stören. Im nächstgelegenen Gehöft zerrt ein Hund an seiner Kette und kläfft wie rasend, weil unsere Kamera ihm wohl zu nah an sein Revier herangerückt ist. Eine polnische Männerstimme sucht ihn zu beruhigen und nimmt schließlich gegen uns Partei, weil der Hund einfach durch nichts anderes zu beschwichtigen ist als durch unser Verschwinden. Um mal zu versuchen, die Lage mit Siegfried Lenz auszudrücken: Die typische Suleyker Zärtlichkeit lässt sich einfach nicht blicken.

Also tun wir, was Großväterchen Schaß in ähnlicher Situation sicher auch getan hätte: Wir gehen in den Krug. Der ist in Sulejki sozusagen der soziale Mittelpunkt, auf dem Schild über dem Eingang steht »Koliber«, auf Deutsch Kolibri, und eigentlich ist ein so kleiner Vogel für eine Gastwirtschaft ein recht ungewöhnlicher Name. Immerhin: Er klingt zärtlich. Sofia Namiotho ist die Wirtin, auf der Terrasse sitzen vier Männer beim Bier, wir stellen uns vor, und es beginnt ein Gespräch über Literatur.

»Natürlich weiß ich, dass Sulejki ein berühmter Ort ist«, ergreift Sofia das Wort. »Es gibt eine alte Sage noch aus deutscher

Zeit. Danach soll das Dorf einmal Süß-Suleiken geheißen haben, und zwar, weil auf dem Grundstück einer alten Dame ein wunderschöner Apfelbaum stand, der besonders süße Früchte trug. Kurz vor ihrem Tod hat sich die Frau gewünscht, unter diesem Apfelbaum begraben zu werden. Man erfüllte ihr den Wunsch, und in dem Moment, als man sie am Fuß des Baumes in die Erde legte, sollen die Äpfel bitter geworden sein.«

Na ja, aber was habe sie von dem Schriftsteller gehört, der diesen Ort so berühmt gemacht hat? Wie er heiße, habe sie im Moment vergessen, erklärt die Wirtin. »Aber das Buch habe ich schon in der Hand gehabt und darin geblättert. Nur leider habe ich nichts verstanden, es war ja auf Deutsch.« Einer der Gäste mischt sich ein: »Ach, Sofia, du bist so schlau. Man merkt, dass du auf der höheren Schule warst. Aber noch mal zu dem Schriftsteller – ich glaube ja, sein Opa hat hier gewohnt.« Und sein Nebenmann ergänzt: »Es schauen hier nämlich so viele deutsche Touristen vorbei. Sie kommen mit dem Fahrrad, manchmal auch in Gruppen mit dem Bus. Und dann erklären die Reiseleiter irgendetwas, oder sie lesen was vor. Man merkt, dass es etwas Besonderes ist, das sie nach Sulejki führt. Allerdings: Einige kommen auch wegen der Gräber. Es gibt zwei deutsche Friedhöfe im Dorf, aber nur wenige Gräber sind noch erhalten.«

Wie das manchmal so ist im Journalismus: Eine Erkenntnis führt zur nächsten, und am Ende ist man so schlau wie zuvor. Nach der Ausstrahlung der Fernsehsendung unter dem Titel »Suleyken gibt es wirklich« flattert ein Brief in die Redaktion mit den Namen aller neunundfünfzig Familien, die früher einmal in Suleiken wohnten. Wir haben es geahnt: Der Name Lenz ist nicht dabei! Und natürlich steht auch kein Name auf der Liste, den man mit etwas Fantasie Hamilkar Schaß zuordnen könnte – als Nachfahre jenes Großväterchens, das sich fast ohne jede fremde Hilfe das Lesen beibrachte und dabei seine

Freunde und Widersacher beinahe in den Wahnsinn trieb. Gut, der Schriftsteller hat uns in einem diskreten Nachwort gewarnt, aber so leicht wollen wir uns unsere Illusionen nicht zerstören lassen: Sein Suleyken sei eine Erfindung, und die Geschichten seien es »zum größten Teil« auch. Nur das Ensemble seiner Helden sei es nicht: Bauern und Fischer, Deputatsarbeiter und kleine Handwerker – ausgestattet mit jener Intelligenz, von der der Chronist uns erklärt, sie sei auf erhabene Weise unbegreiflich.[21]

Lucknow aber gibt es bestimmt! Es war die Kreisstadt, sie hieß Lyck, und heute heißt sie Elk. Siegfried Lenz wurde dort im März 1926 geboren und durchlebte hier Kindheit und Jugend. Lucknow – am Lucknow-Fluss und Lucknow-See mit Schlossinsel und altehrwürdigem Gefängnis gelegen – ist der Schauplatz seines Romans »Heimatmuseum«. Das sechshundertfünfzig Seiten starke Buch ist eine Familiensaga – wenn man so will die masurischen Buddenbrooks.[22] Auch diese Chronik endet traurig, was vor dem Hintergrund der ostpreußischen Ereignisse nicht weiter verwunderlich ist. Wie in den meisten seiner Werke macht der Dichter seinen Lesern schon im Titel, spätestens aber in den ersten Zeilen klar, wie die Geschichte wohl ausgehen wird. In diesem Fall legt der Held mit eigener Hand Feuer an eine über Generationen liebevoll zusammengetragene Sammlung Lucknower Volkskunst und Geschichte. Denn er erkennt, dass solche Reliquien in den spannungsreichen Siebzigerjahren politisch falsche Akzente setzen, gefährliche Illusionen schüren und überhaupt die falschen Geister nach oben spülen.

Wer sich Lyck/Lucknow/Elk aus Richtung Westen nähert, fährt am wuchtigen, prachtvoll wiederhergestellten Wasserturm vorbei, nach rechts fällt das Gelände ab zum See, die Hauptstraße ist lebhaft, einen Parkplatz zu finden ist schwer, links geht es in die Pilsudskiego und allerlei Seitenstraßen, wo noch

viele Gebäude aus dem 19. Jahrhundert gut erhalten oder sorgfältig restauriert sind. Wahrzeichen ist die ehemals evangelische
Kirche im neugotischen Stil. Heute ist sie eine katholische Kathedrale und dem heiligen Adalbert geweiht. Der Propst lässt
uns – nach schweren Sicherheitsbedenken und auf eigene Gefahr – bis zum Rundblick unter der spitzen Turmhaube klettern.
Ein Abenteuer, von dem man etwas verstaubt und mit weichen
Knien wieder zurückkehrt, aber der Ausblick ist es wert. Wir
schauen in jeder Richtung auf Seen und auf eine Stadt, die sich
malerisch dazwischenzwängt. Man hat Lyck einst die »Perle der
Masurischen Seenplatte« genannt, und sie ist es bis heute geblieben. Von allen Städten in diesem ohnehin schon zauberhaf-
ten Landstrich scheint mir Elk die schönste, obgleich ich es
eigentlich meinem Vater schuldig bin, das nahe gelegene Gizycko, das bis zu Vaters sechsunddreißigstem Lebensjahr Lötzen
hieß, schöner zu finden. Die Einwohnerzahl Elks hat sich im
Vergleich zu dieser Zeit erhöht und liegt heute bei etwa 65 000.
   Jaroslaw Franczuk begleitet uns an den See. Er ist stellvertretender Bürgermeister von Stare Juchy, dem früheren Fließ-
dorf, das so etwa zwischen Elk und Sulejki liegt. Gleichzeitig
ist er eine Art Elker Stadthistoriker, war Direktor des Kultur-
hauses und hat eine Zeitung herausgebracht, die den für seine
polnischen Landsleute etwas irritierenden Titel »Die Straßen
von Lyck« trug. An der Uferpromenade mit dem Blick auf
die Schlossbrücke und das etwas heruntergekommene Schloss
bleibt unser Führer vor einer modernen Gaststätte stehen. Am
Giebel lesen wir »Janus – Restauracja & Pub«, und Franczuk
erklärt mit feierlicher Bestimmtheit: »Hier wohnte Siegfried
Lenz!«
   Ich gebe zu bedenken, zu diesem Thema schon anderes gehört zu haben, so etwas wie »Kaiser-Wilhelm-Straße 103«, was
heute die so stark befahrene Hauptstraße Wojska Polskiego
wäre. Franczuk aber bleibt fest und nimmt meinen Einwand

zum Anlass, festzustellen, dass die Gegend am See in den letzten Jahren völlig umgestaltet wurde und heute viel schöner sei als früher. Damals hätten die Grundstücke von der höher gelegenen Kaiser-Wilhelm-Straße den Hang hinunter bis zum See gereicht. Heute seien diese sogenannten »Hintergrundstücke« von der großen Durchgangsstraße abgetrennt und zur Uferpromenade ausgebaut. Elk habe sich damit zum See hin geöffnet. Also gut, es ist sinnlos, mit diesem Experten über Siegfried Lenz zu streiten. Der Pole verehrt den deutschen Dichter, schreibt ihm jedes Jahr zum Geburtstag eine Karte. In seinen Augen ist Lenz eigentlich mehr Masure als Deutscher: »Viele Polen, die ich kenne, vergleichen sich mit den Figuren in seinem Roman.«

Und dann reden wir über eine Attraktion in dieser Stadt, die mich – um es milde auszudrücken – etwas erstaunt. Nach all der Angst vor politischen Illusionen und falschen Signalen, vor Schattenbeschwörung, Uneinsichtigkeit und Festklammern an nationalen Reliquien: Im Wasserturm von Elk gibt es ein Heimatmuseum! Ist »Heimat« denn nicht ein belastetes Wort? Ein Inbegriff von Enge, der Abgrenzung gegen andere, die man hier nicht haben will? In Eglund bei Schleswig an der Schlei hat der Romanheld sein Museum angezündet, das war 1978. Und nun steht eigentlich alles wieder da – auch noch in Lucknow selbst, im heute polnischen Elk. Am Wasserturm trifft sich der »Verein der Deutschen Minderheit«. Er hat hunderteinundzwanzig Mitglieder. Da sind die Kinder schon mitgezählt und zwanzig »polnische Sympathisanten«, einundvierzig Mitglieder sind über siebzig. Eine Gruppe von etwa dreißig adrett gekleideten, fröhlich gestimmten Menschen erwartet unseren Besuch. »Hallo! Wie geht's?«, frage ich, »wohnen Sie alle in dieser Stadt?«

»Ja, wir sind in der Heimat geblieben.« – »Und wie ist es Ihnen ergangen?« – »Na schlimm. Die erste Zeit war hart. Wir mussten hart arbeiten für etwas Milch und ein Stückchen Brot. Deutsch durften wir nicht sprechen, und Polnisch konnten wir noch nicht.« Eine weißhaarige Frau erzählt: »Unsere Familie wurde im Krieg auseinandergerissen, ich kam ins Waisenhaus. Eine polnische Familie hat mich adoptiert. Die neuen Eltern waren schon älter, beide sind bald verstorben, ich blieb allein. Erst nach fünfundvierzig Jahren habe ich meine Schwester wiedergefunden. Sie war nach Russland verschleppt worden, fünf Jahre Sibirien, dann kam sie nach Deutschland. Ich hatte inzwischen einen Polen geheiratet, hatte schon Kinder, also blieb ich hier.« – Ob jemand nach verspäteter oder missglückter Flucht wieder in sein Elternhaus zurückkehren konnte? – »Nein«, antwortet die ganze Gruppe wie im Chor. »Als wir wieder nach Hause kamen, war alles schon besetzt oder zerstört, die Fenster herausgerissen, nichts war mehr da ...« – Und schließlich meine Frage: »Was sind Sie denn nun heute, Polen oder Deutsche?« – Und wieder einstimmig eine typisch masurische Antwort: »Auch so, auch so ...« Alle besitzen zwei Pässe – einen polnischen und einen deutschen – und reisen schon seit Jahrzehnten hin und her. Nach Deutschland sei es ja nicht weit, aber Masuren sei eben schöner.

Sie laden uns in ihr Clubhaus zum Essen ein, dann geht es auf den Turm. Wir schrauben uns die enge Treppe hoch und ziehen auf den Zwischenetagen von Raum zu Raum. Da stehen all die Schätze wie in Siegfried Lenz' Roman: alte Trachten, Bügeleisen, Teppiche, Urkunden, eine Wurstschneidemaschine, Bierflaschen mit der Aufschrift »Brauerei Wilhelm Krech, Goldap«, ein Foto der »Reserve 1. Kompanie Füsilierartillerie-Regiment Nr. 1 – Jahrgang 1904 bis 1906«. Eine polnische Gruppe kommt uns entgegen, eine Dame vom Deutschen Verein führt sie an einer Galerie alter Fotos vorbei und erklärt auf Polnisch, wo das war – in welcher Gegend, in welcher Straße der Stadt von heute ... Die Kinder interessieren sich mehr für die urtümliche Kurbelmechanik der Wurstschneidemaschine, sie finden das Ding einfach toll.

Auch die polnischen Eintragungen ins Gästebuch lesen sich versöhnlich: »*Wir bedanken uns für eine schöne Geschichtsstunde…*« – »*Wir sehen hier so viel Geschichte, wie man sie in anderen, größeren Städten nicht findet – eine Schulklasse aus Bialystock*« – »*Bravo, man soll das Andenken für die kommenden polnischen und deutschen Generationen pflegen!*« – »*Wir sind Ihnen dankbar, dass Sie uns die Vergangenheit unserer Stadt nähergebracht haben. – Pfadfindergruppe aus Elk.*«

Und schließlich noch einmal Jaroslaw Franczuk, unser Führer durch eine polnische Stadt: »Diese Ausstellung im Wasserturm ist ein Ausschnitt unserer Geschichte, und ein anderes Museum gibt es nun einmal nicht. Mein Vater war Schneider, er hat auf einer Singer-Maschine genäht. Vor zwanzig Jahren galt das noch als Müll, und heute entdecken wir, dass so etwas schön sein kann!« Er meint es sicher gut und will Gästen aus Deutschland etwas Nettes sagen. Und so könnte es die versöhnliche Stimmung wohl nur trüben, Jaroslaw darüber aufzuklären, dass Nähmaschinen aus der Großfamilie Singer ihre tieferen Wurzeln in Amerika haben.

Ich glaube, das Wort heißt »Liebhaber«. Aber beschwören kann ich es nicht. »Wenn ich einen Stift in die Hand nehme, dann sticht das in den Fingerspitzen, als wenn ich in einen Bienenschwarm greife«, seufzt Siegfried Lenz. Er hat eine ganze Serie schwerer Operationen hinter sich, »Heimsuchungen« hat er sie in seinen Briefen genannt. Dänemark ist unser Thema, und wir reden uns in Begeisterung. Er lebt dort mehr als die Hälfte des Jahres auf einer der großen Inseln und beherrscht die Sprache perfekt, ich habe in meinen jungen Kieler und Hamburger Reporterjahren in unserem nördlichen Nachbarland immerhin so dieses und jenes aufgeschnappt. »Ich muss Ihnen unbedingt etwas mitgeben!«, beschließt er und holt ein farbenfroh illustriertes Werk hervor. Die Literaturkritik hat es irgendwie versäumt, dem Buch im Schaffen dieses Schriftstellers den Rang einzuräumen, den es verdient. Dabei wäre es eine leichte, geradezu erholsame Arbeit für jeden Rezensenten, denn es hat nur neunzehn Seiten oder großformatige Blätter, dazu ein Nachwort des Verlags. »Kummer mit jütländischen Kaffeetafeln« ist sein Titel. Unter das Bild einer gewaltigen Nusscremetorte – drei Schichten gemahlene Nüsse, zwei Schichten Johannisbeeren, drei Schichten Sahnecreme und auf dem Gipfel dieses Kuchenbergs das rote Fähnlein mit weißem Kreuz –, also unter solch ein Symbol skandinavischer Lebenskunst malt er jetzt mit tapfer unterdrücktem Schmerz: »Dem Liebhaber Dänemarks…«

Womit habe ich das verdient? Ein Besucher, der doch eigentlich nur Masuren im Kopf haben sollte, um mit dem 1926 im ostpreußischen Lyck geborenen großen zeitgenössischen Dichter und berühmten Sohn dieser Landschaft über Heimat, Versöhnung und sein Suleyken zu reden und an seinem Urteil und Erleben das Kreuz und Quer meiner Gedanken zu überprüfen. Schon verlasse ich meinen geraden Kurs, und wir verirren uns in sahnige Vergleiche über deutsche wie dänische Esskultur. Ich entdecke in ihm ein dankbares Opfer, um endlich einmal wieder die Geschichte meiner ersten Dänischlektion aufzutischen. Es mag in Sonderburg oder Apenrade gewesen sein, der Kameraassistent war aus dem Studio Flensburg – ein Skandinavienkenner und großer Pädagoge. Beim damals noch zeitraubenden Wechsel von Filmkassetten wollte er mich wohl beschäftigt wissen und deutete auf einen Laden an der nächsten Straßenecke mit folgenden Worten: »Dort gibt es das beste Eis in ganz Dänemark!« Und damit sich bei der bunten Auswahl verschiedener Sorten nur ja kein Fehler einschlich, gab er mir folgende Anweisung mit auf den Weg: »Sie gehen da rein und sagen ›En Is!‹; dann wird Sie das nette Mädchen etwas auf Dänisch fragen, und Sie antworten ›Nej!‹; sie wird weiterfragen, Sie sagen wieder ›Nej!‹; erst wenn sie die dritte Frage stellt, sagen Sie ›Jo!‹.« Ich bin seinen Anweisungen strikt gefolgt, und es stellte sich heraus: Es war das leckerste Eis in Dänemark, wahrscheinlich in ganz Europa.

Siegfried Lenz gefällt diese Geschichte, und nun erzählt er mir eine von seinen. Sie hängt mit ebendiesem Buch zusammen und schildert die Einladung unter Nachbarn zum abendlichen Kaffee und etwas Kuchen, nachdem ein jeder schon gut zu Abend gegessen hat, um sozusagen beim Nachtisch noch ein wenig plaudernd den Tag ausklingen zu lassen. Es wird eine Schlacht mit immer neuen Torten, Blätterteigschnitten, Mürbeteig, Plätzchen, Kranzkuchen und Kringeln, die von der Hausfrau Runde um Runde feierlich hereingetragen werden, dazu starken Kaffee, bis er dem in diesem Zeremoniell noch Ungeübten fast aus den Ohren läuft. Der Dichter hat dazu eine klare Meinung: Ihm scheint das etwas übertrieben. Und doch ist er voller Bewunderung für die grandiose Nachbarschaftshilfe, die stille Tüchtigkeit und den Sinn für Gemütlichkeit wie Gerechtigkeit der Menschen in einer Landschaft, deren Sonnenuntergänge, wie er findet, manchmal so schön sind, als hätte Emil Nolde sie gemalt.[23]

Nun aber der Clou der Geschichte. Als in einer Fernsehsendung der ARD der Moderator Reinhold Beckmann seinem Gast Siegfried Lenz eine kleine Auswahl von dessen wichtigsten Auszeichnungen, Preisen und Ehrendoktorwürden aufzählte und damit die Frage verband, ob es eine Ehre gebe, die ihm noch nicht angetragen wurde und die er schmerzvoll vermisse, verwies Lenz auf ebendiese literarische Aufarbeitung dänischer Kaffeetafeln und rief: »Ja, eine Auszeichnung der Jütländischen Bäckerinnung!« Die Klage blieb nicht ungehört, und stolz erzählt er mir auf dem Hamburger Sofa: »Die Jütländische Bäckergilde hat sich gemeldet, sie wollen mich zum Ehrenkonditor machen!« Und selbstverständlich werde er diese Ehrung annehmen, auf die er so lange habe warten müssen.

Jetzt wird die Sache aber ernst, ich schalte mein kleines digitales Tongerät ein, um mich mit dem großen Dichter über seine Jugend in Masuren zu unterhalten – über Heimat und Sprache, über die Helden und Bösewichte in seinen Werken, über Geschichte und Politik. Das Ding, das unser Gespräch protokollieren soll, ist etwa halb so groß wie eine Zigarettenschachtel, »made in China« und hat erheblich mehr Funktionen, als ein Vertreter meiner Generation aus ihm herauszulocken wagt. Die Sorge, irgendetwas durcheinanderzubringen oder gar zu löschen, ist stets größer als der erhoffte Vorteil der nächsthöheren, noch genialeren Funktion. Der Arbeitsspeicher des Geräts verwaltet in drei Ordnern hundert Dateien und kann im sparsamen Modus hundertvierundvierzig Stunden Gespräche oder Geräusche aufnehmen. Die Bedienung ist, wie die Gebrauchsanweisung dem Nutzer in zweiundzwanzig Sprachen versichert, ganz einfach. Ich drücke auf »Recording«, das rote Lämpchen leuchtet auf, und ich stelle Siegfried Lenz meine erste Frage:

Was lernt der Mensch aus der Geschichte? Hilft sie ihm, weiser, friedlicher und besser zu werden?

Sie hilft, sich zu vergewissern, was mit den anderen geschehen ist. Mit den Eltern beispielsweise ... Es lohnt, sich mit der Geschichte zu befassen und den bemerkenswerten Erfahrungen, die man aus ihr ziehen kann. Nicht allein – wie Leopold von Ranke gesagt hat –, um zu erfahren, wie präzise alles abgelaufen ist, sondern im Hinblick auf die Gegenwart und wie es dazu kam, dass unsere eigene Geschichte ist, wie sie ist: unzureichend, deformiert, nicht nach Wunsch verlaufen. Aber wir wissen auch, was der alte Gandhi sagte – und das war das Fazit seines Lebens: »Die Geschichte lehrt den Menschen, dass er nichts aus ihr lernt.« Und noch etwas: Geschichte wird durch Geschichten erst lebendig. Ich halte es da mit Golo Mann: Geschichte ist ein Roman mit Lücken.

Kann das Herumrühren in altem Leid und Schmerz nicht auch Grundlage und Auslöser weiterer Konflikte sein?

Wir wissen, dass Geschichte in verschiedenen Epochen verschieden ausgelegt wird. Philipp II. von Spanien oder Julius Caesar haben sie aus ihrer Sicht ausgelegt, auch – fast hätte ich gesagt: unser Landsmann – Leo Tolstoi, dem die russische Kritik einige Unrichtigkeiten in seinem Roman »Krieg und Frieden« bescheinigt. Aber das Verhängnis und die Niederlage Napoleons werden für immer so gedeutet werden, wie Tolstoi die überstürzte winterliche Flucht der sieggewohnten französischen Armee über die Beresina beschrieben hat.

Tolstoi ... ist der auch unser Landsmann?

(lachend) Nahezu ...

Heimat – auch sie ist so etwas, das man unterschiedlich auslegen kann: etwas, das dem Menschen Halt gibt, das Fürsorge und Liebe in ihm weckt. Heimat kann aber auch etwas Abweisendes, Feindseliges sein: Sie ist mein, gehört mir, und jeder Fremde, der sich ihr nähert, bekommt es mit mir zu tun.

Es hat mit Empfindsamkeit zu tun und Sentimentalität. Wenn Heimat in Anspruch genommen wird als etwas, das dem Menschen zusteht, worauf er ein Recht hat, das ihn stabilisiert, ihn aufrecht hält, dann hat sie einen Wert. Aber Heimat in der Literatur hat immer etwas Sentimentales. Wir, die wir es gewohnt sind, geplant und beweglich zu leben – mit dem Blick auf den Horizont, auf die Zukunft –, sind der Heimat nicht so verhaftet wie zum Beispiel unsere Vorfahren im 18. Jahrhundert, als Heimat von verschiedenen Dichterschulen gefeiert wurde als der Besitz, ohne den ein Mensch nicht auskommt. Aber Heimat ist nicht Selbstbehauptung und immerwährender Besitz. Ein Blick auf die Geschichte zeigt, dass zu dem, was wir beide jetzt »Heimat« nennen, Verluste einfach dazugehören. Verluste prägen unser Verhältnis zur Heimat. Aber herauszufinden, warum das so geschehen ist, das ist, glaube ich, der Mühe wert.

Kann der Mensch denn mehrere Heimaten haben?

Durchaus. In Amerika habe ich Leute getroffen, die sagen: »Ich komme aus Warschau, das ist meine Heimat!« Das setzt natürlich vieles voraus: einen Akt des Abschieds von der alten Heimat, einen Akt der Gewöhnung an die neue Heimat oder eine Liebe zum Neuen. Es gibt auch etwas, das man Sprachheimat nennt. Man entschließt sich, die Sprache als Heimat anzusehen. Und zwar als vollen Ersatz für das, was die Örtlichkeit ausmacht und die gewohnten Gesichter. Unser »Landsmann« – verzeihen Sie wieder – unser Landsmann Herder hat in seinem Essay über die Gedächtnisarbeit auch von einer »Heimat der Sprache« gesprochen. Insofern ist die Sprache oder die Sprachheimat etwas, das die Örtlichkeit durchaus ersetzen kann.

Sie sprechen perfekt Dänisch. Ist Dänemark die *oder* eine *Heimat von Siegfried Lenz?*

Das ist schwer zu sagen. Ich habe Grund, Dänemark – weil ich so viele Jahre dort auch wohne – als etwas anzusehen, das ich sehr gerne habe, das ich manchmal sogar liebe – wegen bestimmter politischer Verhältnisse, in denen ich mich wohlfühle, eine Umgebung, in der ich mich auskenne … Heimat ist dort, wo man ein Versprechen einlösen kann – das Versprechen, andere zu erkennen und erkannt zu werden.

Und wenn man dies alles zum Maßstab nimmt: Was ist nun Ihre Heimat?

Hamburg! Ich komme aus Masuren, bin dort geboren, habe dort meine ersten Fische gefangen. Als begeisterter Eishockeyspieler und Eissegler habe ich auf den masurischen Seen getobt. Ich kenne das große Lied »Masurenland, mein Heimatland«, das ich ohne emotionelle Erregung selbst gesungen habe – ohne zu wissen, was ich damit verbinde. Nach dem Krieg kam ich nach Hamburg. Hier habe ich gelebt, geheiratet, studiert. Hier habe ich meinen ersten Beruf erlernt und ausgeübt, hier war ich zu englischer Zeit Redakteur der »Welt«, die von englischen Offizieren gegründet worden war. Also Hamburg in jeder Weise! Ich lebe nun schon fünfzig Jahre und mehr in dieser Stadt.

Ich hingegen lebte als Journalist und notorischer Herumtreiber in allen möglichen Städten und Ländern: zehn Jahre in Washington, in London fünf, mindestens zwanzig in Kiel, lange Zeit auch in Hamburg und nun am Rhein. Ich kann mich dort gut verständigen, erkenne wieder und werde sicher hier und da auch noch wiedererkannt. Aber meine Eltern haben mir eingebläut: »Du bist ein Ostpreuße!« Ich habe das verinnerlicht, also bin ich Ostpreuße.

Also wodurch definiert sich Heimat? Der Geburtsort kann nicht Heimat sein. Es werden viele Leute auf einem Kahn geboren, auf einem Schiff oder in einem Flugzeug…

Ich habe Michael Wieck getroffen. Sie kennen ja sein Schicksal, haben ein Vorwort zu seinem Buch über den Untergang Königsbergs geschrieben. Die Nazis haben ihn als Juden gebrandmarkt und gequält, die Sowjets sahen in ihm wieder den Deutschen und haben ihren Hass an ihm ausgelassen. Ist Königsberg seine Heimat? Am Ende meines Bohrens und Fragens sagte er klar und fest: »Heimat ist meine Familie!« Aber zwischendurch kam er doch ins Grübeln. Es gebe da etwas im Leben, das der Mensch sich nicht aussuchen könne. Wie zum Beispiel seine Eltern…

Das ist wahr. Heimat ist etwas, das einem zufällt. Aber dass man eine spontane, dauerhafte Sympathie für den Ort empfindet, ist gar nicht gewiss. Als Deutscher kann man sich auch nicht unbedingt in jeder historischen Situation wohlfühlen. Zum Beispiel, wenn man den schon traditionellen Vorbehalt Skandinaviens gegenüber Deutschland zur Kenntnis nimmt. Aber ich muss gleichzeitig sagen: Ich habe ein Gefühl der Zufriedenheit, wenn wir in unserem Haus in Dänemark Gäste haben, die mir zur Freude plötzlich alle deutsch sprechen – obwohl sie wunderbar fähig sind, sich auf Englisch, auf Französisch und in ihren eigenen Sprachen auszudrücken.

Zu Ihrem Roman »Heimatmuseum«: Meinem Eindruck nach ist er ein sehr intensiver Abschied von Lyck, gemischt mit einer politischen Botschaft. Siegfried Lenz hat sich hier tief hineinempfunden in die Kindheit und Jugend in Lyck, hat sozusagen jeden Meter Straße und Seeufer noch einmal abgeschritten... »Suleyken« schrieben Sie 1955, »Heimatmuseum« 1978. Dazwischen hatte sich viel getan. Das politische Klima hatte sich geändert.

Das ist eine Voraussetzung, dass man alles wieder herbeizwingt, herbeidenkt, herbeifürchtet. All das, was nötig ist, um einigermaßen glaubwürdig und mit dem Sachverhalt übereinstimmend etwas zu schreiben.

Was mir im Roman »Heimatmuseum« stark auf die Zeit und die politische Stimmung zugeschnitten scheint, ist der Schluss: Der Bösewicht und ehemalige Nazi wird zum Kreisvertreter der Vertriebenen gewählt. Das war sicherlich ein Etikett, das in den späten Siebzigerjahren den Ostpreußen anhaftete.

And it happened...

Klar, so etwas ist passiert. Aber die Ostpreußen und die anderen waren ja auch in einer miserablen Situation. Vorher wurden sie von den Parteien politisch umarmt, und nun hieß es plötzlich: »Leute wie ihr haben uns doch den Hitler eingebrockt, gebt endlich Ruhe!«

Das war nicht die allgemeine Ansicht.

Heute entkrampft sich die Stimmung. Polen, Russen und Deutsche können sich die Hände reichen und sagen: »Meine Heimat ist auch deine...« Die Bewohner Ostpreußens müssen keine Ängste mehr haben, dass ihnen jemand ihre Heimat wieder wegnimmt.

Die Menschen, die heute dort leben, wo wir beide einst gelebt haben, sind ja zu einem großen Teil selbst Flüchtlinge. Sie haben nach all den Jahren ein Lebensrecht erworben. Sie sind dort zu Hause. Mit welchem Argument wollte man ihnen das streitig machen?

An dieser Stelle drücke ich erst einmal auf »Stopp«, und wir essen etwas, denn es ist inzwischen Mittag geworden. Das ist so ganz nach dänischer wie masurischer Art. In beiden Kulturen ist das ungestörte, ausgiebige, von keinerlei diätischen Überlegungen getrübte Miteinander ein Anker des sozialen Lebens.

Andere Themen kommen auf den Tisch. Die »Schweigeminute« wird verfilmt, in einundzwanzig Sprachen wurde diese Liebesnovelle übersetzt – selbst für den Markt in Nordkorea. Nordkorea? Mich schaudert es ein wenig bei der Vorstellung, und ich weiß nicht, warum ich dabei an mein Tongerät denken muss. Es beherrscht gerade mal eine Sprache mehr. »Doch«, wiederholt Siegfried Lenz vergnügt, »auch Nordkorea!« Hier öffnen sich also Wege, wo die klassische Diplomatie versagte. Bestimmt wird es die Nordkoreaner zugänglicher und zärtlicher stimmen, wenn sie anfangen, Siegfried Lenz zu lesen! Überhaupt, das Problem mit den Übersetzungen: »Einigen Sprachen fehlt interessanterweise das Diminutiv«, meint der Dichter. Und den Masuren eben nicht – auch wenn der Begriff möglicherweise nicht jedem so geläufig ist. Es ist die lateinische Bezeichnung für die zärtliche, liebevolle Verkleinerungsform. Aus dem stolzen Mann wird ein Mannche, aus dem Bürgermeister ein Bürgermeisterche, aus dem Gauner ein kleines Gaunerche... Spätestens beim Mörderche sind wir uns einig, dass man es mit dem Diminutiv auch übertreiben kann.

Zum Nachtisch gibt es Apfelstrudel mit Schokoladen- und Vanilleeis, der Gastgeber fragt noch einmal besorgt, ob wir denn auch wirklich alles durchgesprochen hätten. Aber ja, jachen, ist doch alles auf'm Bandche! Oder im Speicher oder worauf auch immer ... Nur, um es ihm zu beweisen, schalte ich das Aufnahmegerät noch einmal ein, und seltsame Geräusche quellen daraus hervor. Es hört sich an wie im Schneideraum, irgendwelche Interviews sollen kopiert werden, damit ich zu Hause in Ruhe eine Auswahl treffen kann. Ich meine, die Stimme der Cutterin Ute Rübesamen herauszuhören.

Aber wahrscheinlich habe ich nur auf den falschen Knopf gedrückt, und so probiere ich noch einen aus. Das Ergebnis bleibt dasselbe. Man könnte in der nun einsetzenden Ratlosigkeit und Verblüffung natürlich noch mehrere Knöpfe durchprobieren. Aber vorsichtshalber – und wirklich nur vorsichtshalber – könnten wir das Ganze auch noch einmal wiederholen, wie Siegfried Lenz sofort vorschlägt.

Auf der Strecke – nur leicht angeknabbert – bleibt mein Apfelstrudel. Das ist schon mal so ein verächtlicher Umgang mit köstlicher Speise, die der Däne am Deutschen einfach nicht liebt. Den Ereignissen etwas vorgreifend muss ich allerdings sagen, dass ich später – wieder daheim – den Konstrukteuren des Geräts keine Vorhaltungen machen werde. Denn es wird sich herausstellen, dass der sensible Apparat während des Abschaltens zur Mittagspause das Interview Nummer 1 in eine zweite Datei verschoben hat und nun den neuen Anlauf in eine dritte legt.

Das aber kann im kritischen Moment keiner von uns beiden überschauen. Es ist ein technischer Notstand eingetreten, dem kein Mensch mit Herz sein Mitgefühl versagen könnte. Erst recht kein Masure. Also beginnen wir noch einmal von vorn.

Nur um jetzt in der Spur zu bleiben: Was wir bisher gehört und gelesen haben, ist im Wesentlichen die Fassung Nummer 1 – allerdings angereichert mit diesem oder jenem Gedanken aus der zweiten Fassung. Und die soll nun im weiteren Verlauf sozusagen die Führung übernehmen, weil man nach einem guten

Essen eigentlich noch trefflicher formuliert als mit hungrigem Magen. Wieder blinkt das rote Licht, und ich beginne wieder mit der Fragerei.

Wie alt waren Sie, als Sie zum letzten Mal in Lyck in Ostpreußen waren?

Fast achtzehn. Dann wurde ich Seekadett auf dem schweren Kreuzer »Admiral Scheer«, der in der Ostsee hin- und herfuhr und als Lazarettschiff diente. Wir liefen etliche Male in Pillau in den Seekanal ein, nahmen Verwundete von der russischen Front an Bord und brachten sie nach Swinemünde oder nach Kiel.

Wo in seinem Geburtsort Lyck hat Siegfried Lenz eigentlich ge-wohnt? Es gibt da verschiedene Theorien.

Bei meinen Großeltern in der Kaiser-Wilhelm-Straße 103.

Ich habe mir sagen lassen, Elk sei heute schöner als früher Lyck. Da-mals gingen die Grundstücke an der Hauptstraße, also der Kaiser-Wilhelm-Straße, hinunter bis zum See. Heute ist da eine Uferpro-menade mit Gaststätten, offen für jedermann, und die Stadt ist mehr dem See zugewandt.

Die Promenade am See gab's auch damals schon (lacht). Aber jachen...

Und noch etwas, das dringend geklärt werden muss: Suleyken. Ha-ben Sie irgendeine Beziehung gerade zu diesem Ort?

Ich glaubte, den Ort erfunden zu haben. Ein sehr ferner Ver-wandter hatte einen kleinen, armseligen Hof in Romeiken[24].

Ich wollte diesen Ort nicht mit meinen Figuren und Geschichten identifizieren. Ich schreibe ja nie nach realen Vorkommnissen. So habe ich Romeiken in Suleyken verwandelt und glaubte, dieses Wort gehöre mir, das gäbe es nicht in der Realität. Und dann war Klaus von Bismarck, der ehemalige Intendant des Westdeutschen Rundfunks, einmal in Ostpreußen und schrieb mir einen beglückten Brief als Entdecker von Suleyken.

Viele Ihrer Leser – auch wir mit dem Fernsehteam – sind in dieses Dorf vor den Toren von Lyck gepilgert, um sozusagen den Geist Suleykens mit der Seele zu suchen.

Ich schwöre Ihnen: Ich war nie in Suleyken!

Aber Sie kannten seine Helden, ihre blitzhafte Schläue und tapsige Zärtlichkeit …

Ich dachte, die Erzählungen ohne Sentimentalität geschrieben zu haben. Die Andersartigkeit dieser Menschen im Reaktionsverhalten und im Weltverhalten wollte ich einfach nicht verloren gehen lassen. Ich bin ja der Ansicht, dass Literatur uns hilft, etwas aufzubewahren. Und hier nun die treuherzige List, die Lebenslist, von der ich glaubte, dass die Masuren zu ihr fähig seien. Eine ehrbare Verschlagenheit …

Haben Sie diese »ehrbare Verschlagenheit« auch an sich selbst entdeckt?

Ich kann natürlich nicht das gesamte epische Personal von Suleyken auf mich beziehen. Aber etwas von ihrer Treuherzigkeit, von ihrer Hinterlist, um bestehen zu können – ja, das kann ich durchaus auch auf mich beziehen! Es gibt die wunderbare Einsicht Thomas Manns von der »Literatur als Form der Biografie«. Also: Du kannst schreiben, worüber du willst – über die Pinguine meinetwegen –, aber im Grunde schreibst du immer über dich selbst. In extremen Situationen versucht man, sich zu erforschen. Schreiben ist nicht nur – das merke ich in meinem augenblicklichen Zustand mit der blöden Krankheit – eine verlässliche Therapie, sondern auch eine Möglichkeit, sich selbst zu erkunden. Durch dieses Element der Übertragung von Konflikten und Reaktionen auf andere Menschen und auf die Welt lernst du dich selbst kennen.

Es gibt Elker wie Lycker, die sagen: »Siegfried Lenz hat sich hier nie wieder sehen lassen!« Hatte das einen bestimmten Grund?

Helmut Schmidt, auch Richard von Weizsäcker haben mich mitgenommen auf gewisse Reisen, hochempfindliche, auch politische Reisen, doch da haben wir nur Südostpreußen gestreift. Wir fuhren nach Warschau, reisten nach Auschwitz und streiften die südliche Kante von Ostpreußen. Aber in Lyck bin ich nicht mehr gewesen. Ich dachte mir auch: »Das ist entschieden! Das ist in jeder Weise erlebt. Es gehört anderen Leuten.« Ich habe mehrere Wahlreden gehalten, als die Ostpolitik in unser beider Land sehr kontrovers, sogar sehr bitter behandelt wurde. Ich folgte seinerzeit gemeinsam mit meinem Freund Günter Grass der Einladung, mit Willy Brandt zur Unterzeichnung der Ostverträge nach Warschau zu reisen. Und die »Mitgliedschaft« in einer solchen Delegation sagt bereits alles …

Ich weiß, dass man sich im polnischen Elk sehr freuen würde, wenn der große Sohn der Stadt einmal vorbeikäme. Schließen Sie das aus?

Ich habe gerade die Nachricht bekommen, dass die Universität Olsztyn mir die Ehrendoktorwürde für Literatur verleihen will. Und Ulla wird gezwungen, mich zu begleiten, damit sie endlich mein Land kennenlernt. Ulla war die innigste Freundin meiner Frau, und als meine Frau vor drei Jahren starb, sagte Ulla: »Du bleibst nicht allein in dem Haus. Du kommst mit nach Dänemark.«

Sie werden die Einladung also annehmen?

Aber ja. Warum nicht?

Und wie ist es dann mit einem Abstecher nach Elk?

Das gehört einfach dazu. Ich muss hinfahren, denn ich habe Ulla versprochen, sie einzuweihen in masurische Art und Landschaft. Und auch in masurische Querköpfigkeit.

Wenn sich die Kieler Ostpreußen zur großen jährlichen Versammlung trafen – damals in den Fünfzigerjahren –, war die größte überdachte Arena der Stadt, die Ostseehalle, stets bis auf den letzten Platz gefüllt. Allein der Chor bildete eine eindrucksvolle Kulisse, Sängerinnen und Sänger in ihren heimatlichen Gewändern hatten es schwer, auf der großen Bühne Platz zu finden. Und wenn sie das Lied von den dunklen Wäldern und kristallnen Seen anstimmten, schwebte Wehmut durch die Halle, blinkten Tränen in den Augen: »...und die Meere rauschen den Choral der Zeit, Elche stehn und lauschen in die Ewigkeit...«

Wie viele Menschen aus dem Osten zum Ende des Krieges allein in das kleine Schleswig-Holstein strömten, war schon damals nur zu schätzen. Die Zahlen, die heute immer wieder genannt werden, schwanken zwischen 1,1 und 1,2 Millionen. Sie kamen in überladenen Schiffen über die Ostsee und bis zum Januar 1945 auch über Land. Ganze Wehrmachtsverbände zogen sich in den äußersten Norden zurück, denn hier war die Front im Vergleich zum Osten und Westen Deutschlands verhältnismäßig ruhig geblieben. Und so hatte man, als die ersten britischen Verbände nahezu kampflos in die Region vorstießen, noch einmal 1,2 Millionen Kriegsgefangene und Internierte der Wehrmacht zu versorgen, deren Lager sich aber allmählich wieder auflösten. Durch diese Völkerwanderung hatte sich die Bewohnerzahl Schleswig-Holsteins im Vergleich zu den Vorkriegsjahren nahezu verdoppelt.[25] In den Ruinen von Kiel – einem von den alliierten Bombenangriffen besonders stark zerstörten Hafen der Kriegsmarine – suchten etwa sechzigtausend Vertriebene und Flüchtlinge ein Dach über dem Kopf, vierzehntausend davon sollen Ostpreußen gewesen sein.[26]

Mein Vetter Klaus-Dieter und ich und allerlei andere Buben und Mädchen im Alter zwischen vierzehn und achtzehn standen noch in den Fünfzigerjahren vor einer großen Kulisse und verkauften Programmzeitschriften, wenn sich die Ostpreußen zu Stadt- oder Landestreffen versammelten. Unsere Eltern stellten uns immer neuen netten Menschen vor, die uns übers Haar strichen und mit der Verwunderung wieder entließen, der »Lorbass« oder das »Marjellchen« seien aber groß geworden. Ersteres war ein Lausbub, das andere fast schon eine junge Dame... Die Reden waren meist recht lang, und wir Jüngeren hatten den Eindruck, wir kannten sie schon vom letzten Jahr. Politiker aller Parteien traten ans Mikrofon, und es gab damals quer durch sämtliche politische Lager keinen Streit über jene Forderung in der Präambel des Grundgesetzes: »Das gesamte Deutsche Volk bleibt aufgefordert, in freier Selbstbestimmung die Einheit und Freiheit Deutschlands zu vollenden.« Auch Willy Brandt war da – zu der Zeit Regierender Bürgermeister von Westberlin – und sagte, was damals alle Redner sagten: Dass die Vertreibung der Deutschen aus den Ostgebieten Unrecht sei, das wiedergutgemacht werden müsse; und dass die Politik nicht nachlassen werde in dem Bestreben, den entwurzelten Menschen zur Rückkehr in die Heimat zu verhelfen. Danach wurde es fröhlich und gesellig in der riesigen Halle. Die Menge gruppierte sich nach Ortschaften mit den poetisch klingenden Namen, Erinnerungen schwirrten durch den Raum. Es war jedes Mal ein großes Fest.

Den Dialekt der »Ostpreußers«, wie sie sich selbst in munterer Runde nannten, habe ich noch im Ohr – eine bedächtige Melodie, die selbst dem eigentlich Derben noch etwas Versöhnliches verleiht. Diese Sprache, die nun langsam verweht, hat nicht nur ihren ganz besonderen Klang, sondern auch eine eigene Grammatik und einen von der Norm abweichenden Satzbau. So können die Verben verblüffend weit nach vorne rücken – zum Beispiel, wenn Siegfried Lenz einen seiner Helden zu der Erkenntnis kommen lässt: »Mir ist zu Ohren gekommen, dass eine Kleinbahn, gegebenenfalls, kann überfahren drei Schafe auf einmal.«[27] Lassen wir mal dahingestellt, was ein strenger Oberstudienrat bei solch einer Formulierung an den Rand eines Aufsatzheftes schreiben würde. Dramaturgisch ist dieser Satzbau auf jeden Fall kraftvoller als die Anordnung der Wörter, wie sie im Lehrbuch steht. Fast ist man geneigt, eine derartige Hervorhebung des Außergewöhnlichen am Schluss des Satzes dem angelsächsischen Sprachraum zuzuordnen, obgleich die Verwandtschaft zwischen dem Englischen und dem Ostpreußischen ein ziemlich unerforschtes Gelände ist.

Und noch so eine Besonderheit: Man liebt dem Dativ. Halt, werden Sie sagen: Geliebt wird gehörigst im Akkusativ! Wen oder was liebe ich? »Na, aber wie so is...« Bei jedem Beugen und Deklinieren der Wörter wird »den, die oder das« sorgsam gemieden. Man bestellte in masurischen Kneipen nicht »ein« Bier oder »einen« Schnaps, sondern »einem« und rief mit fürsorglichem Blick in die Runde der Kellnerin zu: »Ich jlaube, einem können wir noch vertragen!«

Es war eine sentimentale, es war eine faszinierende Jugendzeit. Wir Jüngeren schwebten mit unseren Gefühlen zwischen der Heimat hier und der Heimat dort. Die eine lag fern und verklärt hinter mehreren Reihen Stacheldraht. Wehmütig gingen die Gedanken zurück. Doch vor uns lag eine lockende Zukunft in einer neuen Welt. Kiel wurde täglich leuchtender und größer, das Wirtschaftswunder setzte ein, der Alltag wurde moderner. So vieles war anders und eigentlich auch spannender, als es in den Erinnerungen an Ostpreußen nachklang. Das Tempo des Lebens wurde schneller: immer mehr Autos, immer weitere Reisen, neue Mode, neue Musik... Ich paukte Altgriechisch und Latein und träumte von den Cowboys in Amerika. Die Sorge, einmal keinen Arbeitsplatz zu finden, war unbekannt. Das Leben bewegte sich nur in einer Richtung: vorwärts.

Allerdings gab es auch Ostpreußen, Pommern oder Schlesier, für die das Leben kein Zentrum mehr hatte. Mit der Heimat hatten sie ihren Lebensmut verloren. Die Politik versuchte, ihnen diesen Mut wiederzugeben. Städte und Landkreise in der neu entstandenen Bundesrepublik übernahmen Patenschaften für Städte und Landkreise, die nun unerreichbar waren. Gedenksteine wurden errichtet, um das Unrecht der Vertreibung im öffentlichen Gedächtnis zu behalten. An den zentralen Plätzen unserer Städte tauchten neue Verkehrsschilder auf: »Nach Hamburg 94 km, nach Königsberg 590 km, nach Breslau 330, nach Allenstein…« All diese Schilder in denselben offiziellen Farben, Politik mischte sich mit Illusion und Wunsch mit Wirklichkeit. Mitfinanziert vom Land und von der Stadt, entstand im Zentrum Kiels ein »Haus der Heimat«, um den Betrübten und Heimwehkranken Zuflucht und Trost zu geben. Hier fanden die Entwurzelten wenigstens für einen geselligen Nachmittag oder Abend ein Stück Ostpreußen, Pommern oder Schlesien wieder. Wimpel, Wappen und alte Bilder hingen an den Wänden, es gab Rat in Wohnungs- und in Rentenfragen, heimatliche Kultur wurde hochgehalten. Natürlich zog es auch uns Jüngere dorthin: zu großen Festen und Feiern oder auch nur, um mit dem inzwischen angeschafften Auto die Eltern von viel zu langen Sitzungen nach Hause zu chauffieren.

Namen sind mir ein Stück Heimat geworden: Bruno Schermutzki, Ernst Stadie, Eva Rehs, Arthur und Hannchen Wenk, die Petersdorfs, Walsdorffs, Chomotowskis, Karaschewskis…, um nur ein paar herauszugreifen. Viele habe ich vergessen, irgendwann nach einem Traum fällt mir plötzlich wieder einer ein. Wie hieß doch nur jener Landsmann Piechotka mit Vor-

namen, der irgendwo im Stadtteil Wellingdorf in einem Klein-
gartengelände lebte? Für meinen Vater war er der Inbegriff des
ostpreußischen Bauern: fleißig, gläubig, heimattreu und immer hilfsbereit. Noch im hohen Alter fuhr er mit dem Fahrrad
zu den Veranstaltungen ins »Haus der Heimat«, selten mit
Bus oder Straßenbahn. Geld hatte er wenig. Und was er hatte,
spendete er für jeden nur denkbaren guten Zweck. Er brauchte
eben nicht viel in seiner Gartenlaube. Der alte Piechotka
schaute aus dem Fenster, und was er sah, erinnerte ihn an zu
Hause.

Reden gehörten bei jedem Anlass dazu, und sie waren Sache
der Männer. Die Frauen waren eher für das Praktische und
Konkrete zuständig. Das entsprach auch dem ostpreußischen
Rollenverständnis. Meine Mutter hielt in der Vorweihnachts-
zeit Kurse ab, wie man Königsberger Marzipan bäckt. Oft, wenn
nach langer nächtlicher Sitzung vor lauter Grundsatzreferaten
nicht mehr erkennbar war, worum es eigentlich ging und was
denn nun beschlossen worden war, sorgten die Frauen dafür,
dass der Betrieb sinnvoll und reibungslos weiterlief. Ich höre
noch meine Mutter beim Frühstück seufzen: »Na, gestern
wurde wieder geredet...« Und dabei schaute sie auch vorwurfsvoll zu meinem Vater hin.

Und worüber wurde geredet? Eigentlich – soweit ich es in
Erinnerung habe – war nichts dabei, was man verurteilen
müsste. Vom Diktat von Jalta und Potsdam, von der Charta der
Vereinten Nationen, der Herrschaft des Rechts und nicht der
Gewalt, vom Recht auf Heimat und von der Selbstbestimmung
der Völker, vom kategorischen Imperativ... Immer wieder fand
ein Professor etwas heraus und trug im »Haus der Heimat«
vor, was den Mächtigen der Welt doch endlich zu denken geben müsse... Das Einzige, das all diesen Grundsätzen und
Erkenntnissen widersprach, war die Realität. Wie laut auch die
Redner ihre Stimme erhoben: Die Jahre vergingen, und es

rührte sich nichts. Die Welt war neu aufgeteilt, die Landkarte Osteuropas neu gezeichnet. Nicht nur zwölf oder gar vierzehn Millionen Deutsche waren durch Willkür und einen verlorenen Krieg hin und her geschoben worden, auch Polen, Ukrainer, Ungarn, Tschechen, Finnen, Balten und sogar Russen.[28] Selbst wenn die Sowjetunion von plötzlicher Einsicht und Reue befallen worden wäre: Wie sollte man einen solchen Horrorfilm wieder rückwärtsdrehen und mindestens zwanzig Millionen Menschen noch einmal in Bewegung setzen?

Einige der Redner im »Haus der Heimat« und in der Ostseehalle, die im Lauf der Jahre durch immer kleinere Räume ersetzt werden musste, haben ihre Brust stark aufgebläht und dabei auch von Formulierungen und Parolen Gebrauch gemacht, die es ihren Gegnern leicht machten, die ganze Veranstaltung als etwas Bedenkliches und Bedrohliches abzustempeln. Denn die Politik hatte inzwischen andere Sorgen. Zwei Großmächte, zwei Hälften der Welt, standen sich feindlich gegenüber und hatten Atomwaffen aufeinander gerichtet. Ein regionaler Konflikt, der außer Kontrolle geraten könnte, ein allzu forscher Ton in der Diplomatie oder ein nur versehentlich ausgelöster Alarm, und die Menschheit balancierte am Rand des Abgrunds. Die Raketenkrise um Kuba war der Beweis dafür. Mehr und mehr stellten sich die verfeindeten Lager deshalb auf Kompromisse ein und knüpften über den Stacheldraht hinweg wirtschaftliche und kulturelle Kontakte. Die beiden miteinander rivalisierenden deutschen Staaten erkannten einander an. Der Schwur der Bonner Regierungen davor, niemals einen solchen Schritt zu tun und die Zersplitterung Deutschlands hinzunehmen, war plötzlich vergessen. Entspannung und Bewahrung des Friedens wurden oberstes Gebot der Politik. Eine unvollkommene und höchst zerbrechliche Welt wurde hingenommen, wie sie nun einmal war. Die Mehrheit der Menschen in Westeuropa hatte sich zu dieser Einsicht durchgerungen. Warum denn nur diese

Vertriebenen nicht? Sie wurden – samt ihrem kategorischen Imperativ – allmählich lästig.

In den frühen Siebzigerjahren erkannte eines der großen politischen Lager in der Bundesrepublik die Realitäten an und suchte den Wandel durch Annäherung. Verblüffend ist es ja nicht, dass die Wortführer der Vertriebenenverbände vom neuen Kurs nicht begeistert waren. Das andere Lager schwor ihnen weiterhin Treue. Aber geschah das in ehrlicher Überzeugung, ihnen den Traum von der Heimkehr eines Tages erfüllen zu können, oder geschah es nur, um sich Wählerstimmen zu sichern? Feste und Veranstaltungen wie die im Kieler »Haus der Heimat« gerieten ins Zentrum des Parteienstreits.

Wer die Politik kennt, der weiß, mit welch harten Bandagen in dieser Arena gekämpft wird. Und die wirkungsstärkste Form der Wählerwerbung ist das Eindreschen auf den politischen Gegner und auf alle, die nach allgemeiner Erfahrung oder grobem Verdacht dessen Lager zugeordnet werden. Auf diesem Feld gibt es wenig Bemühen um Entspannung. Und so hatte mancher Aufgeklärte und Selbstgerechte in den hitzigen Debatten längst jede eigene Schuld an den Verbrechen des Nationalsozialismus von sich abgestreift und alles, was mit dem Namen »Hitler« zu verbinden war, den »Ewiggestrigen« zugeschoben: den Ostpreußen, Schlesiern und Pommern...

Aber was hilft es, über andere zu reden. Ich selbst war ja inzwischen ein Anhänger Willy Brandts geworden. Sein Ruf »Mehr Demokratie wagen!« hatte mich begeistert, seine Entspannungspolitik erschien mir der einzige Weg zur Versöhnung mit unseren Nachbarn in Osteuropa und mit der Realität. Es blieb mir erspart, mit meinen Kieler Ostpreußen darüber zu streiten, denn ich trieb mich ja meist im Ausland herum. Und doch beschlich mich manchmal das Gefühl: Hatte ich sie verraten? Hatte ich ein Versprechen gebrochen, das ich meinen Eltern gab? Das Versprechen, nie zu vergessen, dass ich ein Ostpreuße sei... In diesen von Tumulten und Demonstrationen geprägten Jahrzehnten bin ich ein sehr zurückhaltender, ziemlich stummer Ostpreuße gewesen.

Natürlich taten sie mir leid, die Piechotkas, Wenks und Chomotowskis. Für den Krieg hatten sie teurer bezahlt als die meisten anderen Deutschen, und nun waren sie auch in der neuen Heimat ungeliebt und ausgestoßen. Nur wenige außerhalb des »Hauses der Heimat« brachten noch die Toleranz auf, sich ihre Geschichten anzuhören, und wenn sie es dennoch versuchten, war mit Naserümpfen und ernster Belehrung zu rechnen. Und so redeten meine Ostpreußen nur noch zu sich selbst. Die ganz strengen Wächter der politisch sauberen Debatte hatten inzwischen herausgefunden, dass schon von »Königsberger Klopsen« oder »Tilsiter Käse« zu schwärmen auf eine bedenkliche Gesinnung schließen lasse. Wenn schon Klopse, dann bitte keine revanchistischen, sondern Kaliningrader oder eben Käse nach Sovjetsker Art.

Heute bin ich mehr denn je überzeugt, dass der Weg, den Willy Brandt einst vorgegeben hat, Europa das Glück und die Gnade bescherte, dass aus Gegnern Nachbarn und Verbündete werden konnten und dass all diese Sorgen von gestern in der öffentlichen Diskussion keine ernsthafte Rolle mehr spielen. Sie sind – um es mit Lenin zu sagen – auf dem Weg in den Mülleimer der Geschichte. Im Fernsehen tauchen lange unterdrückte Themen auf und wie alles Unterdrückte nun mit größerer Heftigkeit. Serien wie »Die Flucht«, »Dresden« oder »Die Gustloff« ziehen große Zuschauermassen an, ohne dass die politische Seele dadurch Schaden nähme. Selbst der Versuch, die Flammen durch die Diskussion neu zu entfachen, ob Deutschland denn nicht in Versuchung gerate, sich aus der Täterrolle in eine Opferrolle zu manövrieren, geht vor Ort ins Leere. Drei Monate bin ich durch das ehemalige Ostpreußen gezogen und habe nicht einen einzigen Polen, Russen oder Litauer getroffen, den eine solche Sorge bewegte.

In Wrony, ehemals Groß Warnau im Kreis Lötzen, traf ich zwei Landsleute, die die Probleme auf ihre Art gelöst hatten. Bei Erika und Ernst Rekowski waren wir zum Kaffee eingeladen. Sie und ich waren Landsleute in mehrfacher Hinsicht. Denn Gast und Gastgeber kamen aus Kiel. Die beiden sind – nennen wir es mal so – aus Ellerbek auf dem Ostufer der Kieler Förde nach Masuren geflüchtet. Und da ich ja einen großen Teil meiner Jugend im benachbarten Stadtteil Gaarden verlebte, wanderte ich nun mit zwei glücklichen Alten um einen malerischen See in Masuren und tauschte Kieler Geschichten aus. Ihre Erinnerungen an die schleswig-holsteinische Hauptstadt waren nicht so begeistert wie meine.

Zwanzig Jahre lang hatten die Rekowskis an der Förde eine Fischräucherei betrieben, bis Erika im September 1998 kategorisch erklärte: »Ich hab keine Lust mehr!« Sie übergaben den Kieler Betrieb an Schwiegersohn und Tochter, und weg waren sie. Zwei Monate später saßen sie bereits in einem Haus am Taitasee vor den Toren der Stadt Gizycko. Hier in Masuren, so schwärmten sie mir nun vor, sei alles ruhiger, friedlicher, schöner und auch preiswerter als in Kiel. Vor allem aber: Die Menschen seien netter. Auf meinen Einspruch hin gab der ehemalige Räuchermeister immerhin zu, er vermisse in seiner neuen Heimat Hochsee-, also Salzwasserfische. Aus Süßwasserfisch mache er sich nichts.

Neue Heimat, alte Heimat ... Natürlich ist es kein Zufall, dass es die beiden auf der Suche nach ihrem Glück ausgerechnet nach Masuren trieb. Ernst Rekowski ist in Steintal vor den Toren von Neidenburg geboren und war neun Jahre alt, als es im Winter 1945 über das Eis des Haffs auf die Flucht ging. Die Familie landete in Stakendorf im Kreis Plön. Er begann eine Gärtnerlehre, arbeitete in der Landwirtschaft, ging in die Fischindustrie und übernahm 1976 die Fischräucherei Alt-Ellerbek. Zwanzig Jahre lang ärgerte er sich bei jeder sich bietenden Gelegenheit und hörte nicht auf, von Masuren zu schwärmen. Auf einem Urlaub im Jahr 1995 zeigte er seiner Frau Erika zum ersten Mal, wie viel schöner doch die masurische Seenlandschaft sei als Kiel-Ellerbek. Und dann war es Erika – eine geborene Kielerin –, die den Beschluss fasste: »Wir bleiben hier!«

Und wenn eine Frau sich etwas in den Kopf setzt, dann wird das auch zügig realisiert. Natürlich gab es allerlei Hindernisse und Formalitäten, die der nicht ganz unberechtigten Sorge der Polen entsprangen, die Deutschen könnten sich einfach wieder zurückkaufen, was sie im Krieg verloren hatten. Und so ist es kein Wunder, dass sich die Rekowskis nicht mehr ganz so genau erinnern, wie es ihnen damals gelang, im ehemaligen Ostpreußen ein Haus zu erwerben. Tricks und Schliche gab es ja schon lange, die Restriktionen für den Landbesitz von Ausländern zu umgehen. Deutsche heirateten Polinnen und trugen den gemeinsamen Besitz auf den Namen der Ehefrau ein, man gründete Aktiengesellschaften mit komplizierten Rückversicherungen und Garantien für den, der das Geld mitbrachte. Schon auf unserer Expedition im Jahr 2003 hatten wir den ehemaligen Postbeamten Johann Peters aus Hückelhoven bei Düsseldorf getroffen, der in Najdymovo am Dadaj-See ein neues Leben als Züchter von wetterharten schottischen Hochlandrindern begann. Sein morgendlicher und abendlicher Blick auf den See war ebenso traumhaft schön wie der von Alicia und Albrecht von Klitzing, die schon 1995 auf einem ehemaligen Vorwerk bei Sorkwity, dem früheren Sorquitten, ein Hotel eröffnet haben. Wem immer ich es als Urlaubsherberge empfahl, der kam begeistert zurück.

Heute, da Polen Mitglied der EU ist, schmilzt das wechselseitige Misstrauen dahin. Polen – mit vergleichsweise niedrigen Bodenpreisen – fürchtete anfangs den größeren Reichtum der

Deutschen; Deutschland – mit vergleichsweise höheren Löhnen – fürchtete anfangs eine Überflutung durch billige polnische Arbeitskräfte. Zwar gibt es in beiden Bereichen noch Einschränkungen, aber im Alltag des größeren europäischen Marktes verflüchtigen sich die Ängste. Wer in Masuren ein Häuschen erwerben will, der schafft das auch. Die große Finanzkrise hat ohnehin alles durcheinandergebracht. Westlichen Investoren sitzt das Geld nicht mehr so locker, um Polen aufzukaufen, und auf dem deutschen Arbeitsmarkt haben sich die Verhältnisse für polnische Arbeitssuchende auch dramatisch verschlechtert.

Für die Entwurzelten und Heimwehkranken der Nachkriegsjahre kommen die neuen Zeiten natürlich zu spät. Selbst wenn sie das nötige Geld für eine Rückkehr hätten, sind sie aus dem Alter heraus, wo sie noch einmal ein neues Leben beginnen könnten. Es mag sie ein wenig trösten, dass sie den größten Teil dessen, was einmal Ostpreußen war, heute jederzeit und ohne große Umstände besuchen können. Morgens ins Auto gesetzt, abends da... Für uns Europäer ist die Heimat größer geworden.

Natürlich: Es bleibt eine schwer zu beschreibende Sehnsucht. Mehr Gefühl als politische Wirklichkeit. Und Heimatvereine gibt es über ganz Deutschland, über ganz Europa verstreut. Was hält sie zusammen? Nicht weit von meiner Kieler Schule steht das Denkmal eines schleswig-holsteinischen Dichters. Seine schönsten Gedichte haben wir auswendig gelernt – in plattdeutschem Dialekt, der genauso derb und dann wieder so zärtlich wie das Ostpreußische ist: von Matten, dem Hasen, der in seiner Begeisterung für das Tanzen dem Fuchs die Pfote reicht, und von der Wehmut, die Klaus Groth befiel, als er in fortgeschrittenem Alter an seine Kindheit dachte – an einen Himmel so hoch und eine Dämmerung so still, an eine glückliche Zeit mit seinem Bruder Johann:

»Ik wull, wi weern noch kleen, Jehann,
do weer de Welt so grot …«

Auch Hollywood weiß um solche Gefühle. Ein Film des Regisseurs Steven Spielberg hat uns zu Tränen gerührt – mit einer Geschichte, in der es um die Heimat geht. Ein außerirdisches Geschöpf wird von der Besatzung seines Raumschiffs auf der Erde abgesetzt und beim überhasteten Start dort zurückgelassen. Die Erwachsenen jagen es aus Sensationslust und wissenschaftlicher Besorgnis, nur die Kinder werden seine Freunde und Beschützer. Die Geschichte ist vielleicht etwas kunterbunt und märchenhaft, aber Rührung wogt durch die Kinosäle der ganzen Welt, wenn ein kleines verhutzeltes Wesen mit seinem übergroßen dürren Finger in den Sternenhimmel zeigt und krank vor Heimweh seufzt: »Nach Hause …«

Allein finden Sie das nie«, sagt der freundliche Polizist in Goldap. »Am besten, Sie fahren hinter uns her!« Der Streifenwagen braust durch die Stadt – vielleicht etwas schneller, als die Polizei erlaubt –, und wir haben alle Mühe, den Anschluss zu halten. Erst geht es durch einen Vorort, wir biegen in allerlei Nebenstraßen ein, dann wird die Bebauung dünner, kleine asphaltierte Strecken gehen in sandige Wege über. Die Landschaft ist hügelig, der Blick ist weit, zwischen Viehzäunen öffnet sich mal links und mal rechts eine schmale Durchfahrt. In diese biegen wir ein, an jener brausen wir vorbei, nach zwanzig Minuten sind wir am Ziel: Hof Suczki, früher Sutzken.

Der Hausherr erwartet uns, die Polizisten verabschieden sich freundlich, die Hausfrau hat eine Kleinigkeit zu essen vorbereitet. Die »Kleinigkeit« sind Platten mit verschiedenen Fischsorten, die für eine ausgehungerte Gesellschaft von etwa zwanzig Personen reichen würden. Wir aber sind nur ein kleiner Trupp von fünf zur Arbeit entschlossenen TV-Germanen, die eigentlich gerade gefrühstückt haben. »Es gibt ein altes polnisches Sprichwort«, sagt Jaroslav Sloma ein wenig entschuldigend, »Gast im Haus ist Gott im Haus!«

Wir treffen Sloma zum zweiten Mal. Vier Jahre zuvor war er noch stellvertretender Bürgermeister von Goldap und ist mit mir über den Marktplatz spaziert – am klotzigen Denkmal der polnisch-sowjetischen Waffenbrüderschaft vorbei zum Adler für Polens wiedergewonnene Freiheit. Er hatte mir lange Geschichten über diese Gegend erzählt: »Die Deutschordensritter sind nie bis Goldap vorgedrungen, hier gab es keine Burgen, hier war Wildnis, länger als anderswo ist die Region ein Rückzugsgebiet der alten Pruzzenstämme gewesen – der Sudauer,

Galinder und Nadrauer.« Im letzten Krieg sei Goldap zu rund fünfzig Prozent zerstört worden, und von den anderen fünfzig Prozent sei in den ersten Jahren danach noch einmal die Hälfte durch Nachlässigkeit oder Vandalismus verloren gegangen. All die Gebäude rund um den Marktplatz habe man dann in den Sechziger- und Siebzigerjahren neu gebaut oder restauriert.

Er zeigte uns den deutschen Friedhof in der Mazurska-Straße und den Gedenkstein mit der Inschrift: »Zum Gedenken an die 16 Generationen deutscher Bürger, die in Stadt und Kreis Goldap wirkten«. Und er erzählte von den guten Beziehungen zu Stade an der Unterelbe und zu der israelischen Stadt Givat Shmuel, von der Freundschaft mit der Kreisgemeinschaft Goldap, dem Zusammenschluss der Heimatvertriebenen. Vor der »Kirche der Heiligen Mutter Maria«, dem ehemals evangelischen Gotteshaus, blieben wir damals stehen. Er schilderte, wie die neue Glocke an allerlei Kontrollen vorbei ihren Weg von Deutschland nach Polen fand, und erinnerte an Lebensmitteltransporte, Kleidung und Medikamente, die die ehemaligen Bewohner der Stadt während des polnischen Kriegsrechts in den grauen Jaruzelski-Jahren an die heutigen Bewohner schickten. Voller Ehrfurcht sprach er von Elfriede Ellert, die man wegen ihrer Hilfe in der Not als »Mutter Goldap« verehre, und von ihrem Mann, der Vorsitzender der Kreisgemeinschaft Goldap war. Den Schlusspunkt der Führung setzte er in einem gemütlichen Lokal bei Kartasche oder Keilchen – eine osteuropäische Variante zum Thema Kartoffelknödel – und Sauerampfersuppe. Sauerampfer, diese anspruchslose Pflanze, die eigentlich auf Wiesen und in Straßengräben wächst, nimmt unter meinen Lieblingsgerichten die Führungsrolle ein. Nur leider komme ich bestenfalls alle zwei Jahre mal irgendwo vorbei, wo man Sauerampfersuppe auf ostpreußische oder polnische Art zuzubereiten weiß.

Und nun sitzen wir wieder um den großen Tisch, Jaroslav

Sloma ist inzwischen Mitglied der Regionalregierung Warmia i Mazury (Ermland und Masuren) in Olsztyn. Das wäre bei uns so etwas wie Minister für Landwirtschaft und Umwelt eines Bundeslands. Vor sich hat er allerlei Urkunden und Fotos ausgebreitet. Wir schauen auf Bilder von den Treffen der Familie Sloma mit der Familie Skierlo, die früher den Hof bewohnte und heute in Itzehoe und in Magdeburg lebt. Mit fast wissenschaftlicher Präzision blättert er uns den Stammbaum und die Erbfolge der deutschen Besitzer auf – bis zur Familie Jorzig und deren ersten verbrieften Lebensdaten im Jahr 1820. Nach dem Imbiss, den wir, um die Gastfreundschaft nicht zu verletzen, trotz gut gefüllter Mägen zu uns nehmen, klettern wir gemeinsam auf den Tartarenberg, die mit dreihundertacht Metern dritthöchste Erhebung Masurens. Weit in der Ferne sieht man Goldap und die Grenzübergangsstelle in Kaliningrader Gebiet.

Dann wird es Zeit, wieder ins Auto zu steigen und zum Goldaper See zu fahren. Musik dringt durch den Wald, es riecht nach Bratwurst, so etwa dreihundert Menschen sitzen an langen Tischen, mit großem Hallo wird Jaroslav Sloma empfangen: Die Deutschen, die ehemaligen Goldaper feiern ihr Sommerfest. Sogar aus Russland sind Gäste angereist, die sich als alte Goldaper fühlen. Ein polnischer Chor singt, Reden werden gehalten, es fließt das Bier, es kreisen die Geschichten. Sie treffen sich hier schon zum dreizehnten Mal in einer Stadt und einer Landschaft, die sie »Heimat« nennen.

Stephan Grigat, ein Rechtsanwalt aus Detmold, ist der Kreisvertreter, der Sprecher, der Vorsitzende der Veranstaltung. Der Name lässt auf ostpreußische Wurzeln schließen, doch geboren ist er zwanzig Jahre nach dem Krieg in der Stadt im Teutoburger Wald. Wir wollen ein paar Worte mit ihm reden und klettern den Hang hinunter zum See, um der lauten Musik zu entgehen. Im Verhältnis zu den polnischen Behörden und Bewohnern, so sagt er, gebe es eigentlich keine nennenswerten

Probleme. Nur aus Kaliningrad hätten sich ursprünglich zwanzig Mitglieder angemeldet, gekommen seien jedoch nur acht. Das sei auf die verschärften Visabestimmungen zurückzuführen. Am See stehen Zelte und hölzerne Sommerbungalows, Kinder baden und toben herum, das Wasser soll eine Tiefe von etwa sechzig Metern haben. Im Winter 1944/45, so sagt der Goldaper aus Detmold, sei hier eine Hauptkampflinie verlaufen. Sowjetische Panzereinheiten hätten versucht, über das Eis zu den deutschen Stellungen vorzudringen, und seien im See versunken. Die Besatzungen in ihren eisernen Särgen müssten wohl noch heute in den Tiefen des lieblichen Gewässers ruhen.

Wir verabschieden uns, das Fest dauert noch bis tief in die Nacht. Jaroslav Sloma will uns ein Geschenk mitgeben – etwas Besonderes, das man nirgendwo außer in Goldap in dieser Reinheit und Güte finde: zwei große hölzerne Rahmen, aus deren Waben frischer Lindenblütenhonig tropft. Der Honig duftet, das Ganze klebt ein wenig, wir sind in einer heiklen Situation. Höflich, dankbar, aber auch voller Bedenken versuchen wir, unserem überaus großzügigen Gastgeber klarzumachen, dass wir mit unserem kleinen Trupp noch wochenlang unterwegs sein würden. Für solch ein Geschenk seien wir einfach die falsche Adresse, weil der Honig ganz sicher auslaufen werde, bevor wir wieder in Mainz einträfen. Und so sind wir schließlich überzeugt, er habe das eingesehen. Doch beim nächsten Stopp an einer Tankstelle stellt unser Kameraassistent Jan Beck plötzlich die Frage: »Was machen wir denn nun mit dem Honig?« Sloma hat die große Plastiktüte einfach heimlich irgendwo zwischen die Sitze des Kamerawagens geschoben.

Die Lage ist ernst. Wegwerfen – oder auch nur irgendwo hinstellen und dann vergessen – darf man so etwas Gutgemeintes, Kostbares auf keinen Fall. Da plötzlich sitzt auf der Straße zwischen Wegorzewo und Gizycko eine alte Frau vor ihrem

Häuschen in der Sonne. Ich habe eine Idee, Hanna führt sie aus. Und als sie glücklich und erleichtert ohne die große Tüte wiederkommt, schüttelt sie sich vor Lachen: »Die alte Dame hat einmal kurz in die Tüte geschaut und das Geschenk ganz selbstverständlich angenommen. Wahrscheinlich kommen hier öfter mal Leute vorbei und verschenken Honig. Sie hatte nur eine Frage: ›Wann holen Sie die Rahmen wieder ab?‹ Ich hab gesagt, sie solle sich darüber keine Gedanken machen, aber sie fragte wieder. Also habe ich gesagt: ›Wenn wir das nächste Mal vorbeikommen.‹«

Solche Freundschaften zwischen Deutschen, Polen und Russen treffen wir immer wieder auf der Reise durch das Land, das einmal Ostpreußen war. Viele der so oft gescholtenen Heimatvertriebenenfunktionäre sind inzwischen Ehrenbürger ihrer nun polnischen oder russischen Heimat. Russische und polnische Delegationen reisen im Gegenzug nach Deutschland, um an den Treffen derer teilzunehmen, die diese Heimat nicht vergessen können. Natürlich muss man damit rechnen, dass in diesem oder jenem Kopf noch verbitterte und verbohrte Gedanken brüten. Aber alles in allem habe ich den Eindruck gewonnen: Vor Ort ist die Lage entspannt.

Wenn nur die Politiker nicht immer neuen Anlass fänden zu aktueller Erregung. Denn das Werben mit eigenen Erfolgen und Programmen hat beim Wähler nur mäßigen Erfolg oder Unterhaltungswert, und so sind bei uns wie in Polen die Parteien immer auf der Suche nach einer Möglichkeit, dem innenpolitischen Gegner eins auszuwischen. Selbst wenn es um eine Gedenkstätte der Versöhnung geht. So bekam ich denn die Einladung, an einer Fernsehsendung mit dem hübschen Titel teilzunehmen: »Flucht und Vertreibung – eskaliert jetzt der deutsch-polnische Zoff?«

Die freundliche Redakteurin, die mich betreute, schrieb mir nach der Sendung eine begeisterte E-Mail: »Wir hatten eine ordentliche Quote und irre viel Feedback...« Letzteres ist die Resonanz, die sich heute nicht nur in Briefen oder Anrufen beim Sender niederschlägt. Da wird »gechattet«, »gebloggt« und »getwittert«, es werden vorher und nachher Meinungsumfragen ins Internet gestellt. Wir Journalisten stehen bereit, wenn schon nicht zur Lösung, so doch zu den Problemen beizutragen. Nicht nur der Sender oder die Sendung selbst öffnen die Schleusen, um auf allen nur möglichen technischen Wegen mit dem Publikum ins Gespräch zu kommen. Wenn die aufgeworfene Frage emotionales Potenzial verspricht, sind auch die Internetportale der Zeitungen und Magazine freigeschaltet für den großen Strom der Meinungen, Fakten und Vorurteile. Diese Sendung war so ein Fall. Bei den Älteren, persönlich noch Betroffenen, machte sich ein lange unterdrücktes Thema Luft, und auch bei den nachwachsenden Generationen war ein überraschend starkes Interesse geweckt.

Also, es war die Kollegin Anne Will, die zur sonntäglichen Runde eingeladen hatte, denn urplötzlich war wieder einmal ein Streit unter Nachbarn entbrannt – ein kurzes Wiederaufflackern eigentlich schon erloschener Glut. Es ging dabei um eine Frau. In Berlin vor der Gedächtniskirche und in Slubice am östlichen Ufer der Oder waren Reporter ausgeschwärmt, hielten den Passanten ein großes Foto unter die Nase und testeten deren politisches Wissen: »Kennen Sie diese Frau?« Die verblüfften Deutschen tippten, es könne eine Sportlerin sein, vielleicht jemand aus der Politik oder gar vom Fernsehen... Die Polen hingegen bekamen sofort alarmierte Gesichter und riefen erregt ins Mikrofon: »Erika Steinbach!« Einer stellte sogar fest, die Frau auf dem Bild habe deutliche Ähnlichkeit mit Adolf Hitler.

Was war geschehen? Es ging um die Errichtung einer Gedenkstätte und eines Dokumentationszentrums in Berlin zum Thema »Flucht, Vertreibung und Versöhnung«. Die CDU-Bundestagsabgeordnete und Vorsitzende des Bundesverbands der Vertriebenen, Erika Steinbach, und der inzwischen verstorbene SPD-Politiker Peter Glotz hatten die Idee zu dieser umfassenden Darstellung deutscher Schuld und europäischer Schicksale. Die offizielle Linie sollte sein, die erste Hälfte des vergangenen Jahrhunderts als Epoche großen Leids und gewaltsamer Völkerverschiebungen darzustellen. Etwa sechzig, vielleicht auch achtzig Millionen Menschen sind in Kriegen und Bürgerkriegen und in den Zeiten davor und danach heimatlos geworden – von den Finnen, Litauern und Polen bis zu den Armeniern und den Völkern auf dem Balkan.[29] Und eben auch Deutsche. Mein Gefühl sagt mir, dass es den Initiatoren vor allem um die letztere Gruppe ging. Aber da Deutschland nun einmal das Unheil jener Epoche angerichtet hat, tun wir uns schwer, eigenen Opfern ein Denkmal zu setzen, und verstecken uns vorsichtshalber in der großen europäischen Gruppe.

Streit um dieses Projekt war schon oft entflammt, inzwischen war es wieder ruhig geworden. Auf polnischer Seite gab es keine Begeisterung, aber auch keinen leidenschaftlichen Widerstand mehr dagegen. Dass der deutsche Bundesverband der Vertriebenen im Stiftungsrat dieses »Zentrums gegen Vertreibung« mit drei von dreizehn Sitzen vertreten sein sollte, hatten alle, die sich für das Thema interessierten, als sachlich und fair hingenommen. »Aber nicht Erika Steinbach!«, erscholl es plötzlich aus Polen. Und dieser »Zoff« war nun Anlass der Talkshow.

Steffen Möller, ein sympathischer deutscher Schauspieler und Kabarettist, der seit fünfzehn Jahren in Warschau lebt und durch allerlei Fernsehsendungen die Herzen der Polen erobert hat, versuchte uns die Gefühle zu erklären, die unsere Nachbarn plötzlich so aufwühlten: Bei diesem Sturm der Entrüstung sei sicher auch viel Ungerechtigkeit dabei, aber Erika Steinbach symbolisiere nun einmal alles, was man an den Deutschen nicht möge. Das ist natürlich ein weites Feld, doch dieser für sein Engagement zur deutsch-polnischen Verständigung mehrfach ausgezeichnete Diskutant war auch in einer schwierigen Rolle. Er war sozusagen die einzige Stimme Polens in der Debatte, und das auch nur zu fünfzig Prozent.

Die Vertreter der Parteien taten das, was wir in solchen Diskussionen so an ihnen lieben: Sie fielen übereinander her. In diesem Fall forderte Renate Künast, Fraktionsvorsitzende der Grünen im Bundestag, die Bundeskanzlerin und CDU-Vorsitzende Angela Merkel auf, sie solle sofort eingreifen und ein Machtwort sprechen; der stellvertretende Vorsitzende der Unionsfraktion, Wolfgang Bosbach, bemühte sich, die Kanzlerin aus dem für sie heiklen Streit herauszuhalten, und lobte Frau Steinbachs Versöhnlichkeit.

Ich machte den Versuch, einen ja sonst so schwer erklärbaren Streit aus der Psyche von Journalisten heraus zu deuten und mich in das Denken der polnischen Kollegen hineinzuversetzen, die so manches Titelblatt mit einem Gruselbild von Frau Steinbach schmückten: »Ich stelle mir vor, die Vertriebenen wären durch einen üblichen Verbandsfunktionär vertreten – einen älteren Herren, ein bisschen dicklich ... Kein polnischer Grafiker oder Journalist käme auf die Idee, den Mann durch Fotomontage und digitale Zauberei in eine SS-Uniform zu stecken und auf dem Rücken eines Bundeskanzlers oder einer Bundeskanzlerin reiten zu lassen. Solch ein Titelbild böte einfach keinen Kaufanreiz und hätte keinen Unterhaltungswert. Aber weil sie eine Frau ist und auch noch blond, hat die arme Frau Steinbach so allerlei abgekriegt.« Der Historiker Arnulf Baring nahm diesen sicherlich nicht ganz seriösen Gedanken auf und zitierte den *Spiegel*-Kolumnisten Henryk M. Broder: »Wenn die Steinbach nicht groß und blond wäre und einen festen Händedruck hätte, sondern klein, hutzelig und schwarzhaarig wäre, hätten wir den ganzen Ärger nicht.«

Es kam dann auch noch die Frage auf, ob ich als ostpreußischer Flüchtling von den Polen etwas wiederhaben wolle. Denn es war ein Vertreter der sogenannten »Preußischen Treuhand« im Studio, die sich nach dem Zusammenbruch des Kommunismus für die Rückgabe des Eigentums aus den Vertreibungsgebieten einsetzt. Nein, sagte ich. Mir liege es nicht am Herzen, noch einmal den Zweiten Weltkrieg aufzuarbeiten und rückwärts aufzurollen. Denn immer, wenn ein Ostpreuße oder Schlesier einen Polen vom Grundstück drängen würde, müsste der wieder in eine frühere Heimat zurück und dort die nächste inzwischen heimisch gewordene Familie vom Hof jagen. Es wäre eine Kettenreaktion, die einen riesigen Kessel noch einmal zur Explosion bringen könnte. Mir – das sagte ich auch in jener Sendung – fällt solch ein Verzicht allerdings schon deshalb leicht, weil ich an konkreten Werten kaum etwas verloren habe. Sowohl in väterlicher als auch in mütterlicher Linie gab es ältere Großonkel und Onkel, deren Söhnen und Töchtern das Haus in der Nähe von Lötzen oder das Gut bei Gerdauen als Erbe zugefallen wären. Und so führte ich als ein Vorbild der Versöhnung den Grafen Udo zu Eulenburg aus Bielefeld an: »Ihn verbindet eine wunderbare Freundschaft mit der polnischen Familie Palyska, die heute das Gut Galiny – ehemals Gallingen – besitzt. Graf Eulenburg wäre der Erbe eines riesigen Anwesens, wenn es den Krieg nicht gegeben hätte. Nun besitzt es ein anderer, er gönnt es ihm, fordert es nicht zurück. Er verfolgt es mit Freude, dass ein Pole den schon fast zur Ruine verkommenen Betrieb gerettet und zu einem berühmten Gestüt ausgebaut hat. Und so gönne auch ich jedem, der heute in Ostpreußen wohnt, seine Heimat. Es ist schön, dass frühere wie auch heutige Besitzer freundschaftlich zusammensitzen können in dem Gefühl: ›Meine Heimat ist auch deine!‹«

Wir wissen ja, wie die Sache ausgegangen ist: Frau Steinbach hat von sich aus auf ihren Sitz im Stiftungsrat verzichtet – aber dann doch wieder nicht so ganz und rundum versöhnlich;

um das deutsch-polnische Verhältnis war es eine kurze Zeit lang still. Und einer Bundeskanzlerin blieb erst einmal eine undankbare Entscheidung erspart, bei der sie entweder die polnische Regierung brüskiert hätte oder einen Flügel ihrer Partei.

Natürlich kam beim Glas Wein nach der Sendung der Gedanke auf, dass es unsere Beziehungen zu Polen durchaus festigen könnte, wenn die deutsche Seite bei einem Streit mit unseren Nachbarn auch mal widerspräche. Vor allem dann, wenn wir das Problem oder die Erregung nicht so ganz verstehen. Ich stelle es mir jedenfalls ziemlich öde vor, wenn es sich jemand zur festen Gewohnheit machte, mir immer gleich zuzustimmen, kaum dass ich etwas sage. Meine Frau beispielsweise tut mir diesen Kummer nicht an, und auch das liebe ich an ihr. Immer nur die Schuld bei anderen zu suchen zeigt keinen sicheren Charakter; doch eisern darauf zu beharren, bei jedem Streit im Unrecht zu sein, ist wohl auch eine Form von Arroganz. Möglicherweise kann solch eine übertriebene Sensibilität sogar den Verdacht wecken, man nähme den anderen nicht ganz ernst.

Für mich hatte diese Fernsehdiskussion noch ein betrübliches Nachspiel, und ich hoffe, dass die Zeit die Wunden heilt. Ausgerechnet aus meiner Heimat Kiel erreichte mich ein bitterböser Brief des Vorstands der »Ostpreußen Hilfsgemeinschaft«, deren Mitglied ich nun schon seit mehr als fünfzig Jahren bin. Meine Äußerungen in dieser Fernsehrunde hätten Empörung und Unruhe ausgelöst. Man stelle sich die Frage, ob meine Worte nicht ein Fußtritt in Richtung meiner Eltern seien, und frage sich, wie ich sie noch mit meiner Mitgliedschaft in der Ostpreußen-Gemeinschaft vereinbaren könne.

Ich bin mir derart schwerer Schuld nicht bewusst, und doch stimmt mich der Brief traurig. Was ich gesagt habe, ist meine Überzeugung, die sich im Lauf eines halben Jahrhunderts nun einmal verändert hat. Und doch: Auch die immer kleiner werdende »Ostpreußen Hilfsgemeinschaft« ist für mich wie eine Familie, in die ich als Kind hineingewachsen bin. Das Band zu lösen hieße, wieder etwas zu verlieren – wieder eine Heimat, um die ich mich wenig gekümmert habe, die mir aber fehlen würde, wenn es sie nicht mehr gäbe.

Ein halbes Jahr später – zu meinem Geburtstag – wieder ein Brief aus Kiel. Und zwischen all den guten Wünschen lese ich mit Freude und Erleichterung: »Masurische Seen fluten wild, und sie beruhigen sich auch wieder …«

Die Burg – oder das Schloss – Heilsberg, heute Lidzbark Warminski, ist ein wuchtiges Stück Mittelalter, ein alles überragender Fels der Frömmigkeit und der Macht. Mehr als vier Jahrhunderte lang haben die Bischöfe des Ermlands hier residiert, bis ihr Fürstentum schließlich 1772 in den preußischen Staat eingegliedert wurde. Sie waren souverän und unabhängig vom Ritterorden, geistliche und über weite Teile auch weltliche Herrscher eines Gebiets, das, grob skizziert, von Elbing bis an die Ostsee bei Königsberg reichte. Mal haben ihre Heere mit dem Deutschen Orden gegen die Pruzzen, Litauer und Polen gekämpft und dann wieder gemeinsam mit dem polnischen König gegen den Ritterorden. Russen, Schweden und Napoleons Truppen sind in Heilsberg durchgezogen, haben belagert und geplündert. Die rote Backsteinfestung ist eine der Bühnen von siebenhundert Jahren wechselhafter Geschichte in einer Ecke Europas, auf die der bittere Scherz zutrifft, nur zwei Historikern sei es je gelungen, das nationale Durcheinander zu entschlüsseln. Der eine sei verschollen und der andere darüber verrückt geworden.

Die Burg mit ihren vier Türmen und Fenstern so schmal wie Schießscharten liegt auf einer Anhöhe und ist von einem Wehrgraben umgeben. Am Fuß ihrer Mauern mündet das Flüsschen Symsarna in die Lyna, zu deutsch Alle. Das Hochschloss ist gotisch und wird ergänzt und umklammert von einem hufeisenförmigen Mittelschloss im Barockstil. Die Anlage war ausgelegt, längere Belagerungen zu überdauern – eine Festung mit allem, was den heutigen Touristen ins Staunen und ins Gruseln versetzt: Wehrturm, Remter, Kreuzgänge, Kirche und Kerker.

Auf dem Hof treffen wir Sergej Muschinski aus Chernyachovsk, dem früheren Insterburg. Der junge Russe ist gerade dabei, eine wetterfeste Paste anzurühren, um am steinernen Standbild der heiligen Katharina die Schäden und Risse zu verspachteln. Die Burg ist heute ein Museum. Die Direktorin kommt hinzu und erklärt uns das Konzept der Praktika und Volontariate: jeweils in Gruppen zu dritt und jeweils aus drei Nationen – einen oder eine aus Polen, aus Russland und aus Deutschland. Diese Studentinnen und Studenten verschiedener Disziplinen werden je nach ihren Interessen auf dem Bau oder beim Katalogisieren eingesetzt. Vor allem aber will man den jungen Leuten auf dieser siebenhundert Jahre alten Wehranlage Achtung vor der Geschichte beibringen.

Szenenwechsel. Wir sind nach Jonkowo westlich von Olsztyn unterwegs. Da irgendwo geht es rechts ab von der großen Straße nach Godki und gleich wieder rechts den Feldweg hoch. Wenn der sich gabelt, müssen wir immer am Wald entlang. An der Stelle wird die Orientierung allerdings etwas schwierig, denn Wald ist hier überall. Wir probieren mal eine Richtung aus, fahren ein paar Kilometer vor, dann den Weg wieder zurück, weil der Wald sich zu lichten beginnt. Ein einsamer Radfahrer kommt uns entgegen, aber er kennt sich hier auch nicht aus. Wir probieren alle möglichen Wege und Pfade durch, und irgendwann sind wir am Ziel. Der Wald öffnet sich, vor uns liegt ein Bauernhof, bunt gekleidetes Volk tobt über die Lichtung. Es sieht ein bisschen wie Karneval aus: Geistliche und Krankenschwestern, Ritter und Demonstranten, Bauern und Feuerwehrleute munter im Gespräch. Einer ist bandagiert und verkündet stolz, er sei Napoleon. Man spricht polnisch, russisch und deutsch.

Wir sind in dieser Einsamkeit zu einer Theateruraufführung eingeladen. Was steht auf dem Programm? Eine junge Dame stellt sich als Alexandra vor und klärt uns auf: »Ein Schloss im Wandel der Zeiten« – dargestellt am Beispiel Lidzbark Warminski, also der viel belagerten Bischofsburg Heilsberg. Fünf Tage haben die jungen Schauspieler zusammengesessen und über Heilsbergs Geschichte geredet und darüber, was man heute mit solch einem steinernen Monument alles anstellen könne – Hässliches und Schönes, Verträumtes und finanziell Lohnendes. Aus all diesen Überlegungen heraus haben sie ein Spektakel entworfen und die dazu passenden Kostüme und Bühnenbilder gebastelt.

Das Gebäude, von dessen wechselhafter Geschichte das Schauspiel handeln soll, hat auf den ersten Blick wenig Ähnlichkeit mit dem Bauwerk, um das es geht. Zuschauer ohne guten Willen und etwas Fantasie würden das, was da auf einem masurischen Bauernhof steht und worum immer neue Heere blutige Schlachten schlagen werden, ganz unromantisch einen Schuppen nennen. Und das Textbuch der Inszenierung stimmt – na sagen wir mal – in groben Zügen mit der wahren Geschichte überein ...

1. Akt, aufgeführt in polnischer Sprache, wir schreiben das Jahr 1350:

Ein Bischof betritt die Bühne. Man merkt ihm an, dass er seine Rolle genießt. An der rechten Hand trägt er einen glitzernden Plastikring, und jeder, der sich ihm nähert, muss niederknien und diesen Ring küssen. Huldvoll winkt er Ritter, Bauern und Architekten heran und befiehlt ihnen, ein Schloss zu bauen. Das Schloss wächst empor, das Schloss brennt wieder ab, der Bischof nimmt es gelassen. Für ihn ist jede dieser Katastrophen eine günstige Gelegenheit, immer aufs Neue Bauern, Bürger und Architekten heranzuwinken und sich den Ring küssen zu lassen: »Schloss wieder aufbauen!«

2. Akt, auch noch auf Polnisch, ein Sprung ins 18. Jahrhundert:

Der letzte Bischof hat das Schloss verlassen, eine Weile steht es nun leer, dann wird ein Krankenhaus daraus. Die Zeit verrinnt, Russen und Preußen vereinen ihre Heere und haben sich auf der Burg verschanzt. Es nähert sich Napoleon, um sie herauszutreiben. Dem Korsen geht es nicht gut, er wird – was die Geschichtsbücher allerdings nicht so recht belegen – bei Heilsberg verwundet und von den Heilsbergern liebevoll wieder gesund gepflegt. Das Schlachtgetümmel zieht weiter.

3. Akt, aufgeführt in russischer Sprache, wir sind im Jahr 1900:

Ein Bürgermeister betritt die Bühne. Der Stadtrat tagt, und es fällt die Entscheidung: Das Schloss wird verkauft! Alle Patienten werden entlassen, das Krankenhaus ist nicht mehr zu halten. Kaufinteressenten umkreisen die Immobilie, Soldaten und Demonstranten ziehen hin und her. Die Lage bleibt irgendwie unklar.

4. Akt in deutscher Sprache, wir sind in der Gegenwart gelandet:

Demonstranten laufen um den Schuppen herum und schwenken zu Sprechchören ihre Plakate: »Rettet das Schloss!« Am Tischlein sitzt nun eine Bürgermeisterin und wartet auf den Helden dieser Szene. Auftritt von rechts, der Investor betritt die Bühne… Er ist sich der Bedeutsamkeit seiner Rolle ebenso bewusst wie einst der mächtige Bischof. Kaum hat die Bürgermeisterin die Sitzung eröffnet, ergreift er auch schon das Wort und stellt die Beschlusslage klar: »Das Schloss wird abgerissen! Wir bauen ein Einkaufszentrum mit Eisbahn!« Die Pläne seien schon ausgearbeitet, die Finanzierung gesichert. Aufschrei der Demonstranten. Es gibt ein Gerangel, die Diskussion geht ein bisschen hin und her, und schließlich lenkt der Investor ein: »Also gut, das Schloss kann bleiben… Kein Shoppingcenter, wir bauen ein Hotel!« Doch auch das ist noch nicht das letzte Wort, das Happy End kennen wir ja: Schloss und Burg Heilsberg werden ein Museum.

Die Erkenntnis, die hier auf Russisch, Polnisch und Deutsch

zu erarbeiten und zu verinnerlichen war, lautet: Es ist nicht ganz einfach mit diesen Schlössern. Im früheren Ostpreußen gab und gibt es einfach zu viele, und der Bedarf an Museen ist doch begrenzt. So müssen eben in der Denkmalpflege manchmal wirtschaftliche Lösungen und Kompromisse her, aber – das stellt der Spielleiter fest – keine faulen! Anastasia und fünf weitere junge Russinnen und Russen sind aus Kaliningrad und Chernyachovsk zu dieser Theateraufführung angereist, das deutsche Kontingent stellt die Jugendbauhilfe Görlitz, die Polinnen und Polen sind sozusagen zu Hause. Veranstalter und Träger dieses internationalen Dienstes zum Schutz der Kulturlandschaft Ermland und Masuren ist wieder einmal jene Organisation mit dem etwas provozierenden Namen »Borussia«.

Die Gruppe löst sich auf, die Arbeit ist getan, man wird sich wiedertreffen. Wem die geschichtsgetränkte Landschaft mit all ihren steinernen Zeugen gehört, ist in diesem Kreis längst ausdiskutiert. Sie leben in einer Welt, in der die nationalen Grenzen verblassen. Gemeinsam sind ihnen die Sorge um die Zukunft und das Bewahren von dem, was die unzähligen Kriege und Schlachten überdauerte. Neuen Generationen fällt es leichter als den Generationen zuvor, damit zu leben, dass die Welt doch praktisch jedem von uns gehört.

Wir reisen und lernen fremde Kontinente kennen. Ein Klick im Internet, und wir sind in Kontakt mit Japan oder Australien. Natürlich birgt auch das seine Gefahren. Ein Klick zu viel an weit entfernten Börsen, und Polens Währung geht in die Knie; ein neuer Streit zwischen Russland und der Ukraine, und halb Europa friert; Fieber auf Amerikas Märkten, und in Deutschland steigt die Arbeitslosigkeit. Wahrscheinlich stört es die wunderbare Stimmung, nun auch noch in den Wäldern von Masuren über globale Krisen zu grübeln.

Es sind verschiedene Bühnenstücke, und die Weite und Stille Masurens bilden doch eher das Gegenprogramm zu Hast und Geldrausch und Größenwahn. Wir bewegen uns in einem Raum komplizierter Gefühle. Braucht denn der Mensch eine Heimat? Muss nicht das Leben Aufbruch zum ewig Neuen sein? Viele Antworten bieten sich an. Ostpreußen, es war einmal. Ein Märchen, ein Paradies... Und doch: Es ist nicht versunken, es ist noch da. Wir müssen nur lernen, mit Paradiesen umzugehen.

1 Marion Gräfin Dönhoff: Namen, die keiner mehr nennt. Ostpreußen – Menschen und Geschichte, München, 2002.

2 Gunter Nitsch: Weeds like us. Bloomington, Indiana/USA, 2006.

3 Andreas Kossert: Ostpreußen – Geschichte und Mythos. München, 2005.

4 Friedrich Wilhelm Bautz (Hrsg.): Biographisch-bibliographisches Kirchenlexikon, Nordhausen, 2008 und www.bautz.de

5 Helmut Freiwald: Hat sich europäische Vergangenheit nach der Gegenwart zu richten oder zu welcher Nation gehörte Nikolaus Kopernikus? Aus: Geprägte Form. Festschrift für Robert Rie, State University College at Fredonia, New York und Wien, 1975.

6 vgl. www.Kaliningrad.Aktuell.ru, 10. Februar 2009: »Deutscher Wirtschaftsexperte gegen Panik«.

7 vgl. www.Kaliningrad.Aktuell.ru vom 13. August 2008.

8 vgl. www.Russland.Aktuell.ru vom 21. Januar 2009.

9 Igor Odinzew: Kafedralnyj sobor v Kaliningrade/Der Königsberger Dom, Kaliningrad, 2005.

10 ebd., S. 45.

11 »Hilfe zur Selbsthilfe e. V. Elze« E-Mail: heinzhohmeister@aol.com Konto Nr.: 100 224 8100, BLZ: 259 900 11 Volksbank Leinetal eG, Elze

12 Anm. d. Verf.: Für einen Euro gab es damals 35 Rubel, das Ganze kostete also rund 515 Euro.

13 Vgl. Wulf Dietrich Wagner: Kultur im ländlichen Ostpreußen. Menschen, Geschichte und Güter im Kreis Gerdauen, Husum, 2008.

14 Marion Gräfin Dönhoff: Bemerkungen zur Geschichte Ostpreußens. Vorwort zu Malgorzata Jackiewicz-Garniec und Miroslaw Garniec: Schlösser und Gutshäuser im ehemaligen Ostpreußen (polnischer Teil), Olsztyn, 2001, S. 15.

15 Vgl. Wagner: Kultur im ländlichen Ostpreußen, a. a. O.

16 Malgorzata Jackiewicz-Garniec und Miroslaw Garniec: Schlösser und Gutshäuser im ehemaligen Ostpreußen (polnischer Teil), Olsztyn, 2001.

17 Ebd., S. 13.

18 Vgl. www.nakomiady.pl

19 Michael Wieck: Zeugnis vom Untergang Königsbergs. Ein »Geltungsjude« berichtet, München, 2005.

20 Michael Wieck: Ewiger Krieg oder ewiger Friede? 14 Betrachtungen eines Betroffenen, Frankfurt a. M., 2008, S. 36 ff.

21 Siegfried Lenz: So zärtlich war Suleyken, Hamburg, 2008.

22 Siegfried Lenz: Heimatmuseum, Hamburg, 1978.

23 Siegfried Lenz: Kummer mit jütländischen Kaffeetafeln, Hamburg, 2006.

24 Anm.: heute Oblast Kaliningrad, an der Ostgrenze zu
Litauen.

25 Kurt Schulz: Der Anfang aus der
Hoffnungslosigkeit, in: Willy
Diercks (Hrsg.): Flüchtlingsland
Schleswig-Holstein. Erlebnis-
berichte vom Neuanfang, Heide,
1997, S.17.

26 Fritjof Berg: 60 Jahre Ostpreußen-
Hilfsgemeinschaft Kiel in der
Landsmannschaft Ostpreußen
1948–2008, Kiel, 2008, S.6, Gruß-
wort der Oberbürgermeisterin.

27 Siegfried Lenz: So zärtlich war
Suleyken, a. a. O., S.71.

28 Brigitte Vogel und Stefan Bresky
(Hrsg.): Flucht, Vertreibung,
Integration. Begleitmaterial zur
Ausstellung im Deutschen Histori-
schen Museum, Berlin, 2006, S.14.

29 Ebd., S.4.

30 Harald Breede: Königsberger,
Kaliningrader Gespräche II –
eine Liebeserklärung; Eigenverlag
Harald Breede, Dornrade 1, 23701
Eutin, S.14.

Es ist nicht leicht, sich auf dem Schauplatz dieser Begegnungen zu orientieren. Wir jonglieren mit vier Sprachen: Polnisch, Russisch, Litauisch und Deutsch. Viele Leser kennen ja noch die alten Namen, doch um sie auf der modernen Straßenkarte Europas zu finden, ist es schon hilfreich, auch die heutigen zu kennen. Deshalb das folgende Verzeichnis. Es gibt natürlich auch Karten, auf denen neben jedem Punkt oder Kreis immer mehrere Einträge stehen. Zum Beispiel die Karte der Tourismusbehörde des Bezirks Kaliningrad, die alle Orte zunächst in kyrillischer Schrift verzeichnet, dann das Russische in lateinische Buchstaben oder Klangmalerei überträgt und schließlich die früheren deutschen Namen daruntersetzt. Das ist eine versöhnliche, aber bei der Vielzahl der Einträge auch leicht verwirrende Geste. Um solch ein Gedränge an Information zu vermeiden, enthält die Karte am Schluss dieses Buches auch nicht alle der wichtigen Städte oder historischen Monumente des ehemaligen Ostpreußens, sondern vor allem die, in denen uns der Zufall mit Menschen und Schicksalen zusammenführte – und seien die Orte der Handlung auch noch so klein.

Bagrationovsk/Preußisch Eylau
Baltysk/Pillau
Bartążek/Klein-Bertung
Bartoszyce/Bartenstein
Braniewo/Braunsberg
Chernyachovsk/Insterburg
Dobrovolsk/Pillkallen/ später Schlossberg
Elbląg/Elbing
Ełk/Lyck
Frombork/Frauenburg
Gdańsk/Danzig
Giżycko/Lötzen
Gołdap/Goldap
Gusev/Gumbinnen
Kaliningrad/Königsberg
Kąty Rybackie/Bodenwinkel

Kętrzyn/Rastenburg
Klaipéda/Stadt Memel
Leningrad/heute wieder
Sankt Petersburg
Lidzbark Warmiñski/Heils-
berg
Lwofskoje/Gudwallen
Majakovskoje/Nemmersdorf
Mamonovo/Heiligenbeil
Mazuchowka/Masu-
chowken/später Rodental
Mikołajki/Nikolaiken
Moschenskoje/Rüttelsdorf/
später Neu Pillkallen
Mrągowo/Sensburg
Najdymovo/Neudims
Nakomiady/Eichmedien
Nida/Nidden
Nidzica/Neidenburg
Novozelovo/Groß-Röders-
dorf
Odoje/Nickelsberg
Olecko/Marggrabowa/
später Treuburg
Olsztyn/Allenstein

Orzysz/Arys
Ozersk/Darkehmen/später
Angerapp
Polessk/Labiau
Rusné/Ruß
Rybatschi/Rossitten
Ryn/Rhein
Schelesnodoroschnij/
Gerdauen
Šiluté/Heydekrug
Sorkwity/Sorquitten
Sovjetsk/Tilsit
Stare Juchy/Fließdorf
Suczki/Sutzken
Sulejki/Suleiken (literarisch:
Suleyken)
Szczurkowo/Schönbruch
Toruń/Thorn
Warmia/Ermland
Węgorzewo/Angerburg
Wielewo/Willkamm
Wrony/Groß Warnau
Zalgerriu/Bismarck
Zelenogradsk/Cranz
Żywkowo/Schewecken

© Jan Beck: Sämtliche Abbildungen des Buches und des Schutzumschlages bis auf die folgenden:
© Heinz Hohmeister: Abbildungen 2 und 14
© Reinhard Borner: geografische Karte

Das Foto auf der Rückseite des Schutzumschlages, zeigt den Autor vor der »Königin-Luise-Brücke« in Sovjetsk/Tilsit. Am Portal dieses Grenzübergangs nach Litauen hängt wieder das Bild der von den russischen Bewohnern sentimental verehrten Gemahlin eines Preußenkönigs. Vergebens hatte Luise im »Frieden von Tilsit« den Sieger Napoleon um Gnade für ihr Land gebeten.

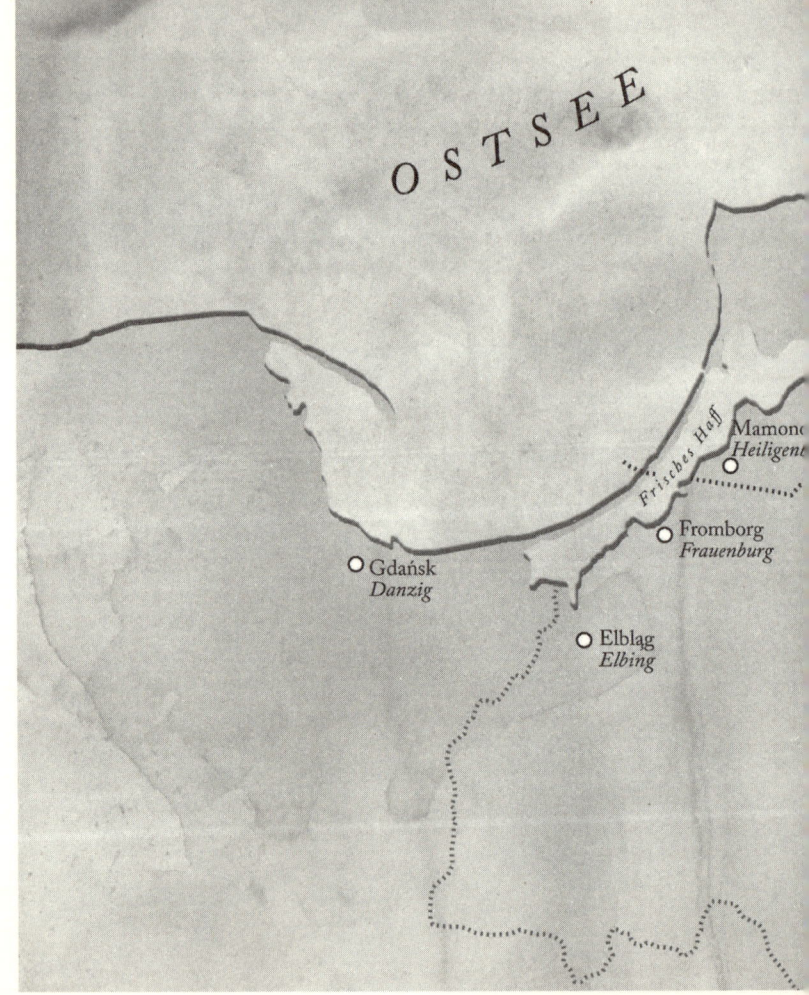

EHEMALS
OSTPREUSSEN

OSTSEE

Frisches Haff

Mamono
Heiligent

Fromborg
Frauenburg

Gdańsk
Danzig

Elbląg
Elbing

Klaipéda
Memel

LITAUEN

Nida
Nidden

Zalgerriu
Bismarck

Rybatschi
Rossitten

Kurisches Haff

Sovjetsk
Tilsit

elenogradsk
anz

RUSSLAND

Kaliningrad
Königsberg

Chernyachovsk
Insterburg

Gusev
Gumbinnen

Lwofskoje
Gudwallen

Schelesnodoroschnij
Gerdauen

Gołdap
Goldap

Żywkowo
Schewecken

Szczurkowo
Schönbruch

Węgorzewo
Angerburg

Bartoszyce
Bartenstein

Kętrzyn
Rastenburg

Giżycko
Lötzen

idzbark Warmiński
eilsberg

Nakomiady
Eichmedien

Sulejki
Suleiken

POLEN

Ełk
Lyck

Mrągowo
Sensburg

Mikołajki
Nikolaiken

Olsztyn
Allenstein

Werden Sie Teil der Bastei Lübbe Familie

- Lernen Sie Autoren, Verlagsmitarbeiter und andere Leser/innen kennen

- Lesen, hören und rezensieren Sie Bücher und Hörbücher noch vor Erscheinen

- Nehmen Sie an exklusiven Verlosungen teil und gewinnen Sie Buchpakete, signierte Exemplare oder ein Meet & Greet mit unseren Autoren

Willkommen in unserer Welt:

 www.luebbe.de

 www.facebook.com/BasteiLuebbe

 www.twitter.com/bastei_luebbe

 www.youtube.com/BasteiLuebbe